edition suhrkamp

Redaktion: Günther Busch

Gisela Brandt, Johanna Kootz und Gisela Steppke arbeiten als Assistentinnen bzw. Lehrbeauftragte an der Pädagogischen Hochschule und der Freien Universität in Berlin.

»Bildungsdefizit der Mädchen«, »Berufstätigkeit der Mütter«, »Akkordarbeit« oder »Weiblichkeitswahn« werden in diesem Buch nicht isoliert gesehen, sondern im Zusammenhang der gesellschaftlich produzierten Probleme der Frauen. Die Autorinnen analysieren die Funktion der erwerbstätigen Frau für den kapitalistischen Verwertungsprozeß und, als Korrelat dieser äußeren Zwänge, die psychischen Unterdrückungsmechanismen, die die Frau gerade auch in ihrem Selbstverständnis ideologisch an ihre »Rolle« binden. Das Autorenkollektiv arbeitet die wichtigsten Forschungsergebnisse über geschlechtsspezifische Sozialisation in Familie, Ausbildung und am Arbeitsplatz auf und diskutiert sowohl von den objektiven Lebensbedingungen als auch von der Persönlichkeitsstruktur der Frau her die Chancen einer gesellschaftlichen Emanzipation, die sich nicht in formaler Gleichberechtigung erschöpft.

Gisela Brandt
Johanna Kootz
Gisela Steppke

Zur Frauenfrage im Kapitalismus

Suhrkamp Verlag

edition suhrkamp 581
3. Auflage, 15.–18. Tausend 1976
 Satz in Linotype Garamond. Druck bei Nomos Verlagsgesellschaft, Baden-Baden. Gesamtausstattung Willy Fleckhaus.

Inhalt

1. Einleitung und Begriffsbestimmung

Wir wollen einen Beitrag zur näheren Bestimmung der sozialen Lage der erwerbstätigen Frau in der Bundesrepublik Deutschland leisten; es soll versucht werden, darzustellen, wie die besondere Lage dieser Gruppe von der Struktur des Gesamtsystems geprägt wird und welche Funktion die Daseinsbedingungen dieses Teils der Bevölkerung für die politisch-ökonomischen Verhältnisse haben.

Seit der Veröffentlichung der Frauen-Enquete 1966 haben Gesetzgebung, Wirtschaftsverbände, Gewerkschaften, das Fernsehen und der Rundfunk neben einer Fülle von Publikationen in Zeitschriften und Büchern die verschiedenen Aspekte einer Problematik der Öffentlichkeit vorgestellt, die den größten Teil der Bevölkerung direkt betrifft, aber anscheinend erst in den letzten Jahren wieder als gesellschaftlich bedeutsam angesehen wird. Die Aktualisierung der sogenannten Frauenfrage weist darauf hin, daß in einem gesellschaftlich wichtigen Bereich Widersprüche aufgebrochen sind und in dem Maße negativ wirksam werden, wie den durch sie ausgedrückten veränderten gesellschaftlichen Bedürfnissen angemessene Reaktionen ausbleiben.

Der Problemzusammenhang, der in Titeln wie »Mütter im Beruf«, »Zwischen Kind und Akkord«, »Die Frau in unserer Gesellschaft«, »Frauenlöhne«, »Die gehetzte Eva«, »Bankrott der Männerherrschaft,« »Weiblichkeitswahn« etc. zum Ausdruck kommt, wird in der sozialwissenschaftlichen Literatur unter der Kategorie »Frauenemanzipation« aufgenommen.

Will man die heute gebräuchliche Anwendung des Begriffs Emanzipation bestimmen, so fällt zunächst auf, daß er in gängigen Wörterbüchern der Philosophie und Psychologie nicht vorkommt; für die übrigen Nachschlagewerke ist das Zitat im Fremdwörter-Duden repräsentativ: »Emanzipation: Freilassung, Befreiung aus einem Zustand der Abhängigkeit, Verselbständigung, Gleichstellung; bei den Römern die Freilassung eines Familienmitgliedes aus der väterlichen Gewalt; [...] emanzipiert: frei, unabhängig, ungebunden, betont vorurteilsfrei, entfraulicht.«[1] Der Begriff wird unhistorisch dar-

1 *Der Große Duden*, Bd. 5, Mannheim 1966, S. 186.

gestellt, ohne theoretische und politische Implikationen. Freilassung, Befreiung, Unabhängigkeit wovon, wann, unter welchen Bedingungen? Wenn man dem *Duden* folgt, handelt es sich einfach um ein Synonym für deutsche Wörter. Der Begriff, der einst auf sozialhistorische Prozesse wie die Emanzipation der amerikanischen Neger oder die Klassenkämpfe des 19. Jahrhunderts angewandt wurde, gehört heute nicht mehr zum Vokabular der Politik. Daß er die Nebenbedeutung »entfraulicht« erhalten hat, zeigt, daß er zu einer der stereotypen Benennungen geworden ist, deren Anwendung allgemein üblich ist bei einem Sachverhalt, der als bedrohlich empfunden wird und durch Vorurteile abgewehrt werden muß.

Wenn wir diesen Begriff aufnehmen, so bedeutet das den Versuch, zu rekonstruieren, was inhaltlich seiner Bestimmung durch Marx und Engels zugrunde liegt. Darüber hinaus sollen die neuen Ausdrucksformen, die die Gleichberechtigungs- bzw. Emanzipationsbestrebungen annehmen, auf ihren affirmativen oder systemtranszendierenden Inhalt untersucht werden. Marx gibt dem Begriff Emanzipation eine historische Dimension, indem er die Fragen stellt: »Wer soll emanzipieren? Wer soll emanzipiert werden? [. . .] Von welcher Art der Emanzipation handelt es sich? Welche Bedingungen sind im Wesen der verlangten Emanzipation begründet?«[2] In seiner Auseinandersetzung mit Bruno Bauer über den Emanzipationsanspruch der Juden gegenüber dem christlichen Staat unterscheidet Marx politische und menschliche Emanzipation und zeigt, daß die Gleichsetzung der Konstituierung des modernen bürgerlichen Staates mit der erreichbaren Emanzipation des Menschen eine apologetische Unterstellung zugunsten der bürgerlichen Gesellschaft und ihrer Staatsform ist. In seiner historisch-ökonomischen Analyse kommt Marx zu folgendem Ergebnis: Der Kampf um Emanzipation entsteht aus dem Wirkungszusammenhang bestimmter materieller Verhältnisse, in denen die Veränderung der Produktions- und Distributionsbedingungen die Überwindung hinfällig gewordener ökonomischer und damit gesellschaftlicher Zwänge ermöglicht. Die Inhalte der Emanzipationsbestrebungen sind spezifisch für die jeweilige

2 Marx, K. und F. Engels, *Zur Judenfrage*, Studienausgabe Bd. 1, Frankfurt 1966, S. 34 f.

historisch-ökonomische Epoche; sie beziehen sich auf qualitativ unterschiedliche Widersprüche zwischen dem Entwicklungsstand der Produktivkräfte und den Produktionsverhältnissen.

Die politische Emanzipation der bürgerlichen Gesellschaft von dem feudalen Staatswesen war die Bedingung für die Errichtung des modernen bürgerlichen Staates in seiner heutigen Form. Der feudale Staat war dadurch gekennzeichnet, daß der Bürger ein durch Zünfte, Korporationen – gleichsam Gesellschaften in der Gesellschaft – vermitteltes Verhältnis zur Staatsmacht hatte. Seine besondere Art der Tätigkeit und Lebensweise als Bauer, Handwerker oder Kleriker bestimmte seine Zugehörigkeit zu einer der Sub-Gesellschaften; »sie schlossen das Individuum vom Staatsganzen ab, sie verwandelten das besondere Verhältnis seiner Korporation zum Staatsganzen in sein eigenes allgemeines Verhältnis zum Volksleben, wie seine bestimmte bürgerliche Tätigkeit und Situation in seine allgemeine Tätigkeit und Situation.«[3] Sein religiöses Bekenntnis und seine wirtschaftlichen Unternehmungen waren nicht Ausdruck persönlicher Entscheidungen, sondern kennzeichneten seinen sozialen und politischen Status innerhalb eines besonderen Rechtsverhältnisses gegenüber der Staatsmacht.

Dieses starre Beziehungssystem (besonders deutlich in den detaillierten Rechtsvorschriften der Zunftordnungen) war selbst Resultat der Unentwickeltheit der Produktivkräfte und hatte andererseits eine Stagnation der wirtschaftlichen Entwicklung zur Folge, die erst mit der Durchsetzung der kapitalistischen Warenproduktion im Prozeß der Industrialisierung überwunden werden konnte. Die Elemente des feudalen Staates wurden in ihre Atome aufgelöst, in die einzelnen Bürger. Die bestimmte Lebenstätigkeit der Individuen und damit ihr besonderes politisches Verhältnis zum Allgemeinen wurde jetzt ihr allgemeines Verhältnis zum Staatsganzen. Die bürgerliche Gesellschaft hatte sich von den Bindungen an besonderes Recht, Korporationen und Zünfte befreit, aber damit auch den Bürger aus seinen spezifischen menschlichen Beziehungen herausgelöst, ihn als isoliertes Individuum in ein unmittelbares Verhältnis zum Staat versetzt und in ein vermitteltes zur Ge-

3 Marx, K., *Zur Judenfrage*, a.a.O., S. 51.

samtheit der vereinzelten Mitglieder der Gesellschaft. Die trennenden Privilegien wurden aufgehoben; erst als ein freier Handel konnte sich der Handel weltweit entfalten, erst die Freiheit des Besitzerwerbs ermöglichte die Konkurrenz jedes Einzelnen gegen den anderen. »Wie nämlich der antike Staat das Sklaventum, so hat der moderne Staat die bürgerliche Gesellschaft zur Naturbasis, d. h. den unabhängigen, nur durch das Band des Privatinteresses und der bewußtlosen Naturnotwendigkeit mit dem Menschen zusammenhängenden Menschen, den Sklaven der Erwerbsarbeit und seines eigenen wie des fremden eigennützigen Bedürfnisses. Der moderne Staat hat diese seine Naturbasis als solche anerkannt in den allgemeinen Menschenrechten.«[4]

Die Postulate der Menschenrechte beziehen sich ideell auf den freien Menschen, der fähig ist, diese Rechte zu seinem Vorteil anzuwenden und gleichzeitig als moralisches Subjekt die Freiheit und Gleichheit seiner Mitbürger zu respektieren. Indem der bürgerliche Staat in den Menschenrechten die Unterschiede an Eigentum, Bildung, Herkunft, Religion und praktischer Tätigkeit als politische aufhebt und in die private Lebenssphäre des Einzelnen verweist, kann er die politische Gleichheit aller Bürger proklamieren, sofern er von der wirklichen Ungleichheit abstrahiert. »Jene individuelle Freiheit, wie diese Nutzanwendung derselben, bilden die Grundlage der bürgerlichen Gesellschaft. Sie läßt jeden Menschen in dem anderen Menschen nicht die Verwirklichung, sondern vielmehr die Schranke seiner Freiheit finden.«[5]

Die praktische Unmöglichkeit der allgemeinen Freiheit ist die notwendige Bedingung der kapitalistischen Warenproduktion, deren ökonomische Basis das Privateigentum, die Trennung von Arbeit und Kapital, die »Teilung der Gesellschaft in Eigentümer und eigentumslose Arbeiter« ist. Der Arbeiter ist gezwungen, unter kapitalistischen Produktionsverhältnissen mit seiner Arbeit sich selbst als Ware ständig zu reproduzieren; er erhält von seinem Produkt nur den Teil, der ihn befähigt, als Arbeitskraft zu funktionieren. In der kapitalistischen Produktionsweise – bei zunehmender Arbeitsteilung und indem der Arbeitsprozeß durch Entwicklung der

4 Marx, Engels, *Die heilige Familie*, Berlin 1965, S. 1.
5 Marx, Engels, Studienausgabe, a.a.O., S. 48.

Maschinerie nicht länger der lebendigen Arbeit angepaßt, sondern den Gesetzmäßigkeiten des Arbeitsinstruments unterworfen wird – hat der Arbeiter keinen Einfluß auf die Art und Weise der Produktion, die Anwendung seiner Produkte.[6]

Die Arbeit als das produktive Leben des Menschen ist die Lebenstätigkeit, die ihn als spezifisches Gattungswesen konstituiert. Wenn nach Marx die freie, bewußte Tätigkeit den Gattungscharakter des Menschen bestimmt, so ist die Einengung dieser Tätigkeit auf das bloße Mittel zur Erhaltung der physischen Existenz die Entfremdung des Menschen von sich selbst. Die entfremdete Lebenstätigkeit, d. h. die Entfremdung in seinem Gattungsleben, läßt ihn auch dem anderen Menschen entfremdet gegenübertreten. Indem Marx Gleichheit als »das Bewußtsein des Menschen von sich selbst im Element der Praxis, d. h. also das Bewußtsein des Menschen vom anderen Menschen als dem ihm Gleichen« definiert, als »Ausdruck für die menschliche Wesenseinheit, für das Gattungsbewußtsein und Gattungsverhalten des Menschen, für die praktische Identität des Menschen mit dem Menschen, d. h. also für die gesellschaftliche oder menschliche Beziehung des Menschen zum Menschen«[7], zeigt er die Unvereinbarkeit des Gleichheitsanspruchs des politisch emanzipierten Bürgertums mit der Verwirklichung der menschlichen Emanzipation, der Vermenschlichung des Menschen als Gattungswesen.

Obgleich die Selbstentfremdung ebenso auf die Eigentümer der Produktionsmittel wie auf die eigentumslosen Arbeiter zutrifft, fühlt die besitzende Klasse »sich in dieser Selbstentfremdung wohl und bestätigt, weiß die Entfremdung als ihre eigene Macht und besitzt in ihr den Schein einer menschlichen Existenz«[8], während die lohnabhängigen Arbeiter die Wirkungslosigkeit der politischen Emanzipation in ihrem alltäglichen Dasein physisch und psychisch erleben. Der »freie« Lohnarbeiter erfährt seine Freiheit als Abhängigkeit von dem Kapital, dem er sich als Ware anbieten muß. Nur durch die Aufhebung des ständig mit ihrer Arbeitskraft reproduzierten Kapitalverhältnisses können die am meisten Entfremdeten

6 Vgl, Marx, *Texte zur Methode und Praxis* II, Reinbek 1966, S. 52.
7 Marx, Engels, *Die heilige Familie*, a.a.O., S. 40 f.
8 A.a.O., S. 37.

und am meisten der menschlichen Emanzipation Bedürftigen diese Emanzipation verwirklichen. Sie können sie nicht vom bürgerlichen Staat und mit Hilfe seiner Gesetzgebung einfordern, denn die bürgerlich-demokratischen Verfassungen abstrahieren von der Lebenssituation der lohnabhängigen Klasse ebenso wie von der Herrschaft des Kapitals.

Wir orientieren uns an der von Marx und Engels entfalteten Begriffsdifferenzierung der politischen und menschlichen Emanzipation, weil ihre Analyse sich auf diejenige Entwicklungsform gesellschaftlicher Verhältnisse bezieht, die für die bestehende Gesellschaftsformation charakteristisch sind. Der Produktion und Reproduktion des gesellschaftlichen Lebens, dem Verhältnis der gesellschaftlich Produzierenden zu den Bedingungen ihrer Produktion liegt der Antagonismus der Interessen von Lohnarbeit und Kapital als Bewegungsgesetz der gesellschaftlichen Entwicklung zugrunde, d. h. vorausgesetzt wird der Widerspruch zwischen individuellem und gesellschaftlichem Interesse.[9]

Wenn wir die Kritik der politischen Emanzipation aufnehmen, so gehen wir davon aus, daß bei dem heutigen Stand der Produktivkräfte konkrete Möglichkeiten aufgezeigt werden können, gesellschaftliches und individuelles Interesse in Übereinstimmung zu bringen, und daß deren Verhinderung gleichzusetzen ist mit der Stabilisierung von Herrschaftsstrukturen und der Verhinderung gesellschaftlichen Fortschritts. Das bedeutet, daß die Forderung nach menschlicher Emanzipation nicht in den Bereich des theoretisch-utopischen Denkens verwiesen werden kann.

Zur Begründung, warum wir das Verhältnis von politischer und menschlicher Emanzipation mit der Darstellung der sozialen Lage der erwerbstätigen Frauen in der BRD zu bestimmen versuchen, vorerst nur soviel: Einerseits ist die lohnabhängige Frau rechtlich und politisch den gleichen Lebensbedingungen wie die gesamte Arbeiterklasse unterworfen, andererseits lassen sich unserer Meinung nach an der Lebensweise der erwerbstätigen Frau die Widersprüche zwischen dem den bürgerlich-demokratischen Staat konstituierenden Postulat,

9 Dazu: Tjaden-Steinhauer, M. und K. H. Tjaden, *Zur Analyse der Sozialstruktur des deutschen Kapitalismus*, in: *Argument* 61, S. 645 ff., Berlin 1970.

dem Individuum die Möglichkeit zu freier Entfaltung und Entwicklung zu garantieren, und dessen Realisierungschance für den einzelnen Bürger besonders deutlich aufzeigen. In der objektiven Lage der erwerbstätigen Frau sind die in der Praxis nicht eingelösten Ansprüche der bürgerlich-demokratischen Revolution voll erkennbar. Gleichzeitig ermöglicht die Analyse der Situation derer, denen die Teilhabe an »vorhandenen« Emanzipationsmöglichkeiten verwehrt wird, Aussagen zu machen über die Funktion sozialer Benachteiligung. Sucht die Frau den von der Gesellschaft an sie gestellten widersprüchlichen Anforderungen – zugleich Hausfrau, Erzieherin und Lohnarbeiterin zu sein – gerecht zu werden, so wirkt sich diese Bemühung um Integration als Integrationsunfähigkeit im Sinne des geltenden Wertsystems aus. Diesem Konflikt und den von ihm erzeugten psychischen und physischen Beschädigungen ist sie aufgrund ihrer ökonomischen Lage immer wieder ausgesetzt. Ihr Selbstbewußtsein macht sich weitgehend an der gelungenen bzw. mißlungenen Bewältigung der ihr aufgezwungenen Lebenstätigkeit fest. Jeder Versuch, diesen Zwang aufzuheben, weist zurück auf seinen Ursprung in den bestehenden Produktionsverhältnissen und auf die Notwendigkeit systemverändernder Praxis.

Kann unterstellt werden, daß mit der Analyse der Lebensverhältnisse der Arbeiterklasse – da sie samt ihren Familien unter das kapitalistische Produktionssystem subsumiert ist – die wesentliche Bestimmung ihrer Existenzbedingung durch die kapitalistischen Produktionsverhältnisse schon geleistet ist? Selbstverständlich ist die materielle Existenz jeder Gruppe in einer Gesellschaft von den Produktionsverhältnissen abhängig. Um die besondere Situation der Frauen als Teil des Gesamtarbeiters zu bestimmen, müssen jedoch einerseits die spezifischen Bedingungen ihrer individuellen Reproduktion und ihre Stellung im und zum Produktions- und Reproduktionsprozeß unter gegebenen historisch-ökonomischen Verhältnissen untersucht werden. Andererseits muß deutlich gemacht werden, welche ihrer emanzipatorischen Bedürfnisse sich bei dem erreichten Stand der Produktivkräfte artikulieren können und Aussicht auf praktische Verwirklichung haben.

Wenn wir von der sozialistischen Emanzipationstheorie und -praxis ausgehen, die die Möglichkeit politischer und menschlicher Emanzipation der Frau von ihrer Teilnahme am Produktionsprozeß abhängig macht – eine These, die nicht ohne kritische Differenzierung übernommen werden sollte –, so müssen wir die anderen Schlüsselstrukturen: Sozialisationsprozeß, Ehe und Familie, auf ihre Veränderbarkeit hin prüfen. Ohne den Nachweis, daß diese starren Strukturen ersetzt werden können durch neue, mit qualitativ anderem Inhalt, bleibt die Integration der Frauen in den Produktionsprozeß eine systemfunktionale Perversion des Emanzipationsanspruchs.

Um diese Tendenzen abschätzen zu können, wollen wir die historisch-ökonomische Entwicklung der konkreten Lebensbedingungen der erwerbstätigen Frauen verfolgen, d. h. die Basis ihrer gesellschaftlichen Stellung – in Familie und Beruf – von ihrem materiellen und ideologischen Ursprung her untersuchen und so über Erscheinungsformen ihrer Daseinsweise die dieser wesentlichen Bedeutungsgehalte erschließen.

2. Frauenemanzipationsbewegungen im Kapitalismus

Wir haben der Analyse der ökonomischen und sozialen Situation erwerbstätiger Frauen in der BRD, den sich abzeichnenden Veränderungen und Formen des Protestes der Betroffenen einen kurzen Rückblick auf die Geschichte der Frauenemanzipationsbewegungen in Deutschland seit Entstehung der »Frauenfrage« vorangestellt. Die Auseinandersetzung mit der Tradition der Frauenbewegung kann den derzeit entstehenden neuen Organisationen und der öffentlichen Diskussion einige Bestimmungsmomente ihrer Ausgangs- und Kampfbedingungen vermitteln.[1]

Emanzipationsfragen, der Stand der Reflexion und der politischen Praxis sind vermittelter Ausdruck der Bewegungsgesetze des Kapitals. Eine zureichende Darstellung hätte diese Vermittlungsschritte auf dem Hintergrund der Entwicklung des Kapitalismus in Deutschland im einzelnen aufzuzeigen. Dies kann hier nicht geschehen. Wir konzentrieren uns darauf, die beiden Formen der Frauenbewegung und ihre grundsätzlichen Differenzen herauszuarbeiten, um zu zeigen, daß die scheinbar geschlechtlich-naturhafte Gemeinsamkeit der Frauen sich spätestens dann als unzureichender Bestimmungsgrund erweist, wenn diese zur Stellung der Frau im Gesamtreproduktionsprozeß der Gesellschaft in Beziehung gesetzt wird. Da unter kapitalistischen Produktionsverhältnissen alle Bereiche des gesellschaftlichen und privaten Lebens durch den Klassenantagonismus gekennzeichnet sind, hatte auch die Theorie und Praxis der Frauenbewegung Klassencharakter.

Die Forderungen der bürgerlichen Frauenbewegung stellten dennoch wichtige Ausgangsbedingungen dar. Die Realisierung der Interessen »der Frauen« auf legaler Basis brachte für

1 Wir verweisen in diesem Zusammenhang auf neuere Darstellungen zur Geschichte der Frauenemanzipationsbewegungen: Bölke, G., *Die Wandlung der Frauenemanzipationstheorie von Marx bis zur Rätebewegung*, Berlin (um 1970); Menschik, J. *Gleichberechtigung oder Emanzipation?* Frankfurt 1971; Merfeld, M., *Die Emanzipation der Frau in der sozialistischen Theorie und Praxis*, Hamburg 1972; Thönnessen, W., *Frauenemanzipation*, Frankfurt 1969.

die Proletarierinnen die Erkenntnis der Begrenztheit des bürgerlichen Gleichheitsanspruchs. In Verfolgung ihrer eigenen Interessen wurden die Frauen der Lohnabhängigen und die Arbeiterinnen auf den Scheincharakter der angebotenen Chancen und die Notwendigkeit der gemeinsamen Organisation mit den Arbeitern verwiesen.

2.1. Bürgerliche Frauenbewegung

Mit der Entfaltung der kapitalistischen Produktionsweise und der Konstitution des bürgerlichen Staates war die Lösung des Einzelnen von feudalen Herrschaftsstrukturen vollzogen. Die herkömmliche Familienwirtschaft[2] war aufgehoben und damit die traditionelle Basis der sozialen Stellung der Frau zerstört. Infolge der Industrialisierung wurden nicht nur die in der Hauswirtschaft notwendigen »produktiven« Tätigkeiten reduziert, sondern auch weibliche Arbeitskräfte in der Familie freigesetzt; der Lebensunterhalt für alle weiblichen Familienmitglieder konnte durch die Familie nicht mehr gewährleistet werden.

Die Frauen der bürgerlichen Schichten waren von den auf dem Privateigentum beruhenden Freiheiten und Rechten weitgehend ausgeschlossen: 1848 wurde in den USA – der damals am höchsten entwickelten Demokratie – von den Frauen die Forderung nach Gleichberechtigung erhoben, die sie aus den proklamierten Menschenrechten ableiteten.[3] Sie verlangten alle staatsbürgerlichen Rechte und Gleichheit vor dem Gesetz als Voraussetzung ihrer persönlichen Unabhängigkeit; sie forderten das Wahlrecht und die Beteiligung in den gesetzgebenden Körperschaften, in denen sie ihre Belange selbst vertreten wollten; als gleichberechtigte Bürgerinnen wollten sie nicht länger darauf verzichten, Ehevertrag, Scheidung und Verfügungsrecht über ihre Kinder eigenverantwortlich zu bestimmen. Die Aufhebung der Verfügungsgewalt des Mannes über das persönliche Eigentum der Frau sollte ihr die Mög-

2 In der im Feudalismus vorherrschenden Familienform als Produktions- und Reproduktionseinheit wurde ein Großteil der notwendigen Gebrauchsgüter von den Frauen hergestellt, die deshalb auch als Ledige in dieser Lebensgemeinschaft bleiben konnten.

3 Vgl. Zetkin, C., *Zur Geschichte der proletarischen Frauenbewegung Deutschlands*, Berlin 1958, S. 35 ff.

lichkeit geben, unabhängig von seiner Vormundschaft privatrechtliche Verträge zu schließen.
Daraus ergibt sich, daß die bürgerliche Frau als Mitglied der bürgerlichen Klasse die Grenzen ihrer Emanzipation nicht im gegebenen Gesellschaftssystem begründet sah, sondern in der Tatsache, daß ihr durch männliche Willkür Privilegien vorenthalten wurden; sie führte keinen Klassen-, sondern einen Geschlechterkampf.
Während für die besitzende Bürgerin in erster Linie das Recht, frei über ihr Eigentum verfügen zu können, der Garant ihrer Freiheit und Gleichheit war, bildete für die nichtbesitzende Bürgerin das Recht auf Arbeit die Grundlage, von der aus sie die bürgerlichen Rechte überhaupt erst wahrnehmen konnte. Ihr mußte die Arbeit als ein Ausweg aus dem »goldenen Käfig des Haushalts«[4] erscheinen, der für sie zusehends an Sinn verlor, während gleichzeitig die Ehe immer mehr den Charakter einer lebenslänglichen Versorgungsinstitution einbüßte.
1865 gründete Luise Otto-Peters den »Allgemeinen Deutschen Frauenverein«, in dessen Programm das Recht auf Arbeit gefordert wurde: »§ 1 – Wir erklären, nach dem Beschluß der ersten deutschen Frauenkonferenz: Die *Arbeit*, welche die Grundlage der ganzen neuen Gesellschaft sein soll, für die *Pflicht* und *Ehre* des weiblichen Geschlechts, nehmen dagegen das *Recht* auf Arbeit in Anspruch und halten es für notwendig, daß alle der weiblichen Arbeit im Wege stehenden Hindernisse entfernt werden. § 2 – Wir halten es für ein unabweisbares Bedürfnis, die weibliche Arbeit von den Fesseln des Vorurteils, die sich von den verschiedensten Seiten gegen sie geltend machten, zu befreien.«[5]
Entsprechend der bürgerlichen Gleichheitsforderung, dem auf Konkurrenz- und Leistungsprinzip beruhenden Individualitätsbegriff und dem Streben nach Abbau aller traditionellen Privilegien lehnten die Frauen des Bürgertums für sich jegliche Sonderbestimmungen und -rechte ab. Konsequenterweise verlangten sie den Zugang zu allen Berufen, worin die Zulassung zu den Bildungsinstitutionen eingeschlossen war. Da die

4 Müller-Plantenberg, U., *Zur Geschichte der Lage der Frauen in Deutschland*, Berlin 1962, S. 21/22.
5 Zahn-Harnack, A., *Die Frauenbewegung*, Berlin 1928, S. 166.

Berufstätigkeit die in den Menschenrechten postulierte freie Entfaltung der Persönlichkeit gewährleisten sollte, wurden von den bürgerlichen Frauen nur solche Berufe angestrebt, deren Ausübung »Befriedigung« versprach, also die »gehobenen« Berufe.

Die Forderungen der bürgerlichen Frauenbewegung konnten allerdings nur dort durchgesetzt werden, wo sie nicht mit der Funktionsbestimmung der Frau in der kapitalistischen Gesellschaft und den Klassenschranken kollidierten. So wurden von allen Ansprüchen der bürgerlichen Frau nur das Recht auf Bildung – und auch das nur partiell – erfüllt.[6] Da die primäre Bestimmung der Frauen durch die Familie aufrechterhalten und von diesen selbst nicht in Frage gestellt wurde, engte sich die Erwerbsmöglichkeit schließlich auf diejenigen Berufe ein, die mit ihrer familialen Funktion in Beziehung standen. Der Bildung, soweit sie nicht einer Vorbereitung auf soziale Berufe diente, war von vornherein jeder Zusammenhang mit beruflicher Praxis genommen.[7] Sie galt lediglich als notwendige Ergänzung der Ausbildung für die traditionellen Aufgaben der Hausfrau und Mutter, diente dem Prestige des Mannes und seiner gesellschaftlichen Repräsentation.

Entsprechend dem Primat der Familie gab es für die Entfaltungsmöglichkeiten der bürgerlichen Frau folgende Rangordnung: nur wenn die Erhaltung der Familie gesichert war, durfte die Frau sich einer beruflichen Tätigkeit widmen. »Andererseits kann aber auch von den Frauen in diesen qualifizierten Berufen wohl angenommen werden, daß sie sowohl materiell imstande sind als auch die Einsicht und das Verantwortungsgefühl besitzen, um sich vor der Heirat noch in Kursen, für deren Errichtung gesorgt werden müßte, die elementarsten hauswirtschaftlichen Kenntnisse zu verschaffen.«[8]

6 Erst 1900 wurde im BGB die zivilrechtliche Gleichstellung der unverheirateten Frau mit dem Mann formuliert, und noch 1911 verlangten die Frauen die staatsbürgerliche Gleichberechtigung. Vgl. Scheffler, E., *Die Stellung der Frau in Familie und Gesellschaft,* Berlin 1970, S. 7.

7 Ab 1895 durften die Frauen zwar die Universitäten besuchen, jedoch nur als Hospitantinnen.

Vgl. *So ist es geworden*, Frankfurt 1969, S. 21.

8 Lange, H., *Die Frauenbewegung in ihren modernen Problemen,* Leipzig 1908, S. 39.

Diese Verkehrung der ursprünglichen Forderungen der bürgerlichen Frauen – »gleiche Betätigungsfreiheit auf allen Gebieten des sozialen Lebens« – in die Betonung der weiblichen Eigenart und die Aufwertung der Mutterschaft zum Beruf ist einerseits als Kompensation gesellschaftlich verwehrter Persönlichkeitsentfaltung zu sehen, andererseits Ausdruck der Widersprüche der bürgerlichen Gesellschaft, in der die demokratischen Forderungen der bürgerlichen Revolution vor dem Machtanspruch des Proletariats haltmachten und den Charakter eines Kompromisses annehmen mußten. Der Klassencharakter der bürgerlichen Frauenbewegung wird nicht nur in ihrer Beschränkung auf systemimmanente Korrekturen deutlich, sondern vor allem in ihren Stellungnahmen zur Arbeiterinnenfrage. Der »Deutsche Arbeiterinnenverein« wollte durch »belehrende und unterhaltende Vorträge und soziale Hilfe« für die »armen Schwestern« sowie gewerkschaftliche Organisation das Elend der Arbeiterinnen mildern. Die Forderung nach Organisation entsprechend »den Prinzipien der Selbsthilfe und Assoziation«[9] bedeutete, daß soziale Mißstände, die in der Gesellschaftsstruktur ihre Wurzel hatten, von den Betroffenen selbst ausgeglichen und abgeschwächt werden sollten.
Deutlich zeigten sich die Grenzen der bürgerlichen Frauenbewegung im Kampf um das Koalitionsrecht. Aus der eigenen produktiven Tätigkeit leiteten die bürgerlichen Frauen das Recht auf politische Betätigung ab. Das gleiche traf zwar auch für die Proletarierinnen zu, wurde ihnen aber verwehrt, da sie dieses Recht benutzen mußten, um die ihnen von der bürgerlichen Gesellschaft aufgezwungene Existenzweise zu verändern. Beim Streik der Berliner Konfektionsarbeiterinnen 1896 verhielten sich die bürgerlichen Frauen entsprechend: während sie selbst die politische Gleichberechtigung, die die Beteiligung an politischen Verbänden einschloß, erkämpften, nahmen sie das preußische Vereinsgesetz zum Vorwand, um die streikenden Arbeiterinnen im Stich zu lassen.[10]
Die sich verschärfenden Klassengegensätze konnten in der Theorie nur durch Reduktion der zunächst für alle Frauen gestellten Forderung nach Gleichberechtigung auf die indi-

9 Vgl. Thönnessen, W., *Frauenemanzipation*, a.a.O., S. 16.
10 Vgl. Bloch, E., *Kampf ums neue Weib*, Frankfurt 1962, S. 51/52.

viduelle Fähigkeit des Einzelnen – unter Absehung von der wirklichen Ungleichheit – aufgehoben werden. Damit wurde auch der gemeinsame Kampf um das Recht auf Arbeit aufgegeben, ebenso wie die Forderung an gesellschaftliche Institutionen, den Frauen Erwerbstätigkeit unter gleichen Bedingungen wie den Männern zu ermöglichen. »Der einzelnen Persönlichkeit muß die Freiheit gegeben werden, nach dem Maß ihrer Kräfte und nach innerster Überzeugung Beruf mit Ehe und Mutterschaft zu vereinigen, und es wird immer Frauen geben, die körperlich so kräftig und seelisch so reich sind, daß sie das Recht haben, eine doppelte Last auf sich zu nehmen.«[11] Die Situation der Proletarierinnen, die diese »doppelte Last« auf sich nehmen mußten, wurde als »schicksalhaft« dargestellt: »Bei unserer industriellen Arbeitsteilung ist eben vielfach die ungelernte Arbeiterin ein totes Geleise, von dem keine Verbindung zu höher qualifizierten Berufsleistungen führt; es ist ein furchtbares Schicksal, wenn jemand sein ganzes Leben auf diesem Geleise stehen muß, ein Schicksal, das aber in den meisten Fällen unabwendbar für den ist, der ihm einmal verfallen ist«.[12] Gleichzeitig wurde versucht, die Klassengegensätze zu verschleiern, indem die Situation aller erwerbstätigen Frauen als gleich dargestellt wurde: »Neben Haushalt und Kindererziehung leisten Hunderttausende von Frauen volle Berufsarbeit in und außer dem Hause, und zwar körperliche und geistige Arbeit. Und grundsätzlich ist die Lage für die Textilarbeiterin, die acht Stunden an der Maschine steht, nicht anders als für die verheiratete Ärztin, die eine umfangreiche Praxis zu versorgen hat. [...] Wie soll man sich mit diesem Zustand abfinden? Zunächst: man muß ihn als etwas gegebenes hinnehmen.«[13] Aus dieser »gleichen« Problemlage leiteten die bürgerlichen Frauen eine Übereinstimmung ihrer Interessen mit denen der Proletarierinnen ab und befürworteten im Kampf um einzelne Ziele die Zusammenarbeit mit den proletarischen Organisationen. Sie ließen jedoch keinen Zweifel daran, daß die revolutionäre Programmatik der organisierten Arbeiterinnen nicht ihre Unterstützung finden würde und bezeichneten sie als utopisch.

11 Zahn-Harnack, a.a.O., S. 54.
12 Lange, H., a.a.O., S. 39.
13 Zahn-Harnack, A., a.a.O., S. 72.

2.2. Proletarische Frauenbewegung

Mit der Einführung der kapitalistischen Produktionsweise wurden Arbeiterfrauen verstärkt in den industriellen Produktionsprozeß einbezogen. – Der Frühkapitalismus zeichnete sich durch eine außerordentliche Produktionssteigerung aus, die vor allem in extensiven Ausbeutungsmethoden ihren Grund hatte. Die durch die Zerlegung der Arbeit und die maschinelle Produktion bewirkte Dequalifizierung der Arbeitskraft führte zur Konkurrenz der Arbeiter untereinander, wobei die billigen Arbeitskräfte die anderen verdrängten und gleichzeitig der Arbeitstag bis an die Schranken der physischen Belastbarkeit der Arbeiterklasse ausgedehnt werden konnte. »Je weniger die Handarbeit Geschicklichkeit und Kraftäußerung erheischt, d. h. je mehr die moderne Industrie sich entwickelt, desto mehr wird die Arbeit der Männer durch die der Weiber verdrängt. Geschlechts- und Altersunterschiede haben keine gesellschaftliche Geltung mehr für die Arbeiterklasse. Es gibt nur noch Arbeitsinstrumente, die je nach Alter und Geschlecht verschiedene Kosten machen.«[14] Wo Frauen und Kinder, die ihre Arbeitskraft – als zusätzliche – billiger verkaufen konnten als die Männer[15], diese nicht vom Arbeitsplatz verdrängten, verminderten sie immerhin den Wert ihrer Arbeitskraft. »Der Wert der Arbeitskraft war bestimmt nicht nur durch die zur Erhaltung des individuellen erwachsenen Arbeiters, sondern durch die zur Erhaltung der Arbeiterfamilie nötige Arbeitszeit. Indem die Maschinerie alle Glieder der Arbeiterfamilie auf den Arbeitsmarkt wirft, verteilt sie den Wert der Arbeitskraft des Mannes über seine ganze Familie. Sie entwertet daher seine Arbeitskraft.«[16]

Die Situation der Proletarierin unterschied sich besonders durch zwei Merkmale von der der Bürgerin: Die von der Industrialisierung geschaffenen Möglichkeiten der Entlastung von Hausarbeit konnten von ihr in weitaus geringerem Maße in Anspruch genommen werden. Dasselbe galt für die Erziehung als gesellschaftlich notwendige Arbeit, deren pri-

14 Marx, K. und F. Engels, *Manifest der Kommunistischen Partei*, Berlin 1965, S. 51.
15 Vgl. dazu Kapitel 3.5.1.
16 Marx, K., *Das Kapital*, Bd. I, a.a.O., S. 417.

vate Finanzierung dem Proletariat nicht möglich und deren gesellschaftliche Finanzierung aufgrund privatwirtschaftlicher Kalkulation ausgeschlossen war (und ist). Während also den Proletarierinnen Haushalts- und Erziehungsarbeit im Privatbereich der Familie ohne Entgelt zugemutet wurde, mußten sie im Produktionsbereich Lohnarbeit leisten. Im Gegensatz zu den bürgerlichen Frauen wurde ihnen das »Recht« auf Arbeit aufgezwungen.

Die Arbeiter, die ihre Existenz zuerst von der Maschinerie und dann von der Frauenarbeit bedroht sahen, richteten ihren Zorn – vergleichbar mit der Maschinenstürmerei – auf die Erwerbsarbeit der Frau, in der Hoffnung, durch die Entfernung der Frauen vom Arbeitsmarkt, also die Verringerung des Arbeitskräfteangebots, höhere Löhne erringen zu können. Als Legitimationsgrundlage bot sich die bürgerliche Familienideologie an: »Schafft Zustände, worin jeder herangereifte Mann ein Weib nehmen, eine durch Arbeit gesicherte Familie gründen kann. [. . .] Den Frauen und Müttern gehören die Haus- und Familienarbeiten, die Pflege, Überwachung und erste Erziehung der Kinder, wozu allerdings eine angemessene Erziehung der Frauen und Mütter vorausgesetzt werden muß.«[17] Antifeminismus[18], Maschinenstürmerei und individuelle Auflehnung (Alkoholismus, Eigentumsdelikte) waren häufige Ausdrucksformen des Protestes gegen Lebens- und Arbeitsbedingungen, deren wirkliche Ursachen noch nicht benannt werden konnten. Organisierten Widerstand verhinderte im wesentlichen die lokale und nationale Zersplitterung des Proletariats.[19]

Nach der Revolution von 1848 und in den folgenden Jahren des wirtschaftlichen Aufschwungs kündigte sich die Krise der extensiven Ausbeutungsmethode an: die für diese Phase typische Verlängerung des Arbeitstages und Senkung des Lohns

17 *Der Vorbote*, Jg. 1866, S. 44, zit. nach Bölke, G., *Die Wandlung der Frauenemanzipationstheorie...*, a.a.O., S. 17.

18 Thönnessen spricht von »proletarischem Antifeminismus«, wenn sich der Protest der männlichen Arbeiter gegen die Frauenerwerbstätigkeit generell richtet – unter Absehung von ihrer Notwendigkeit, spezifischen Formen und Auswirkungen im Kapitalismus. (Vgl. Thönnessen, a.a.O., Hauptteil A)

19 Vgl. Engels, F., *Die Lage der arbeitenden Klassen in England*, MEW Bd. 2, S. 344.

auf das Existenzminimum drückten gleichzeitig die Leistungen des Arbeiters pro Stunde herab. Katastrophale Wohnverhältnisse, Unterernährung und totale Erschöpfung führten zu Arbeitsunfähigkeit und Krankheiten, die sich auch auf die nachfolgende Generation auswirkten. Diese Naturschranke der Ausbeutung der lebendigen Arbeitskraft zwang das Kapital zu Zugeständnissen, die gleichzeitig eine intensivere Ausnutzung der Produktionskräfte bedeuteten: Maschinerie und Arbeitsprozeß wurden verbessert. Die Stundenleistung des Arbeiters mußte sich entsprechend erhöhen. Dazu waren drei Voraussetzungen nötig: Die Arbeitszeit mußte verkürzt (bessere körperliche Verfassung), der Reallohn erhöht (bessere Ernährung) und die Ausbildung verbessert werden[20] (Fähigkeit zur Bedienung komplizierterer Maschinen).

Der Übergang zur Intensivierung der Arbeit war verknüpft mit der wachsenden Konzentration des Kapitals und der Zusammenfassung größerer Arbeitermassen in einem Betrieb. Gleichzeitig mit der allmählichen Verbesserung der Lebensbedingungen der Arbeiterklasse vergrößerten sich die Möglichkeiten ihres organisierten Widerstandes.

Damit waren die Voraussetzungen für die Organisation des Proletariats erfüllt. Statt vereinzelt gegen Erscheinungsformen ihrer Ausbeutung zu rebellieren, war es jetzt der Arbeiterbewegung möglich, die eigene Situation unter kapitalistischen Produktionsverhältnissen zu analysieren. Dazu gehörte selbstverständlich die begriffliche Durchdringung der Frauenarbeit und deren Bedeutung für das kapitalistische System. – Auf dem Genfer Kongreß der Internationale 1866 wurde zum ersten Mal eine Unterscheidung zwischen »Frauenarbeit als solcher« und »Frauenarbeit unter kapitalistischen Produktionsbedingungen« getroffen. Nun war der Weg frei zur Einbeziehung der Frau in den Klassenkampf; nun konnte auch die systemstabilisierende Funktion des Antifeminismus erkannt werden, die darin bestand, daß die Arbeiterschaft selbst eine Spaltung der gesamten Klasse nach Geschlechtern vollzog.

20 Allgemein war das Bildungsniveau angestiegen; die Mehrheit der Arbeiter konnte seit den sechziger Jahren lesen und schreiben, und damit war die Voraussetzung für eine einheitliche Verbreitung der neuen Ideen gegeben. Vgl. Kuczynski, J., *Die Bewegung der deutschen Wirtschaft von 1800 bis 1946*, Meisenheim 1948, S. 85.

Die sozialistische Theorie der Frauenemanzipation[21] leitete die soziale Situation der Frau und damit auch ihr »Wesen« aus den jeweils verschiedenen Bedingungen der gesellschaftlichen Produktion und Reproduktion ab. Engels arbeitete aus der historischen Entwicklung den Zusammenhang zwischen der Entstehung des Privateigentums und der Unterdrückung der Frau in Familie und Gesellschaft heraus.[22] Der erste Schritt zur Aufhebung der Unterdrückung der Frau durch den Mann und die Familie sei ihre Einbeziehung in den Produktionsprozeß. Aber gerade die Proletarierin mußte erfahren, daß sie ihre wirtschaftliche Unabhängigkeit teuer erkauft hatte: »Aus einer Sklavin des Mannes ward sie die des Arbeitgebers: Sie hatte nur den Herrn gewechselt.«[23] Statt durch ihre Erwerbstätigkeit der Familie zu besseren Lebensbedingungen zu verhelfen, machten die kapitalistischen Produktionsverhältnisse sie zur »Schmutzkonkurrentin« des Mannes, wodurch die Not in den proletarischen Familien sich noch vergrößerte. Der Widerspruch zwischen Frauenarbeit und Familie unterm Kapitalismus manifestiert sich demnach in der quasi naturbedingt erscheinenden Doppelbelastung der Frau und in Auflösungserscheinungen der Familie.

Die Sozialisten blieben jedoch nicht bei der Interpretation der Erscheinungsformen der Frauenarbeit stehen – lohndrückende Konkurrenz, Doppelbelastung, Auflösungserscheinungen der Familie –, sondern führten die zunehmende Verelendung des Proletariats auf die gesellschaftlichen Produktionsverhältnisse zurück und betonten die progressiven Inhalte der Frauenarbeit als solcher, die darin liegen, daß »die Arbeitszeit, welche jedes Individuum der Gesellschaft widmen muß, vermindert wird oder daß die Reichtümer der Gesellschaft wachsen.«[24] Für diese progressiven Inhalte der Frauenarbeit gilt jedoch, daß sie sich nicht von selbst einstellen, sondern daß sie mittels politischer Organisation der Frauen

21 Zur Verbreitung der sozialistischen Emanzipationstheorie unter Arbeiterfrauen und Arbeiterinnen trug Bebels Buch *Die Frau und Der Sozialismus* wesentlich bei.

22 Engels, F., *Der Ursprung der Familie, des Privateigentums und des Staates*, Berlin 1969.

23 Zetkin, Clara, *Ausgewählte Reden*, Bd. 1, Berlin 1957, S. 7.

24 Zetkin, a.a.O., S. 101.

in der Arbeiterbewegung durchgesetzt werden müssen. Das bedeutet, daß sich die Proletarierin den Gesetzmäßigkeiten des Kapitalismus unterwerfen, durch Lohnarbeit zum Ausbeutungsobjekt des Kapitalisten werden muß, um zusammen mit dem Proletarier den Kampf um die Emanzipation der Gesellschaft führen zu können. Erst im Zuge der Herauslösung aus dem vorkapitalistisch organisierten Bereich der Hauswirtschaft und die Unterwerfung unter den vergesellschafteten Produktionsprozeß kann die Proletarierin die Gleichheit ihrer Interessen mit denen der Arbeiter insgesamt erkennen, sich ihrer Klassenlage bewußt werden und so in den politischen und gewerkschaftlichen Kampf einbezogen werden.
Die Notwendigkeit der gemeinsamen Organisation wurde von Clara Zetkin trotz aller Schwierigkeiten[25] immer wieder betont; sie beschrieb, wie das Kapital versucht, die organisierten Arbeiter im Kampf um höhere Löhne und bessere Arbeitsbedingungen gegen die nicht organisierten Arbeiterinnen auszuspielen und so die Arbeiterklasse zu spalten. Die Aufhebung des Ausschlusses der Frau von jeder politisch-organisatorischen Tätigkeit wurde auf dem Gothaer Parteitag der SPD 1885 im Programm verankert, nachdem sie noch 1869 abgelehnt worden war. Das *Erfurter Programm* (1891) schließlich enthält die Forderung nach dem Wahlrecht für die Frau und nach Abschaffung aller die Frau benachteiligenden Gesetze.[26]
Es blieb jedoch nicht bei diesen abstrakten Postulaten, die unter den damaligen Umständen für die Organisation konsequenzlos gewesen wären: die Zulassung von Frauen als »Vertrauenspersonen«, die die Verbindung der Arbeiterschaft zu den sozialdemokratischen Wahlvereinen herstellen sollten, und die Möglichkeit der »inoffiziellen Mitgliedschaft« waren durchaus realistische Versuche, die Frauen in die Arbeiterorganisation einzubeziehen. – Die von gesetzlichen Bestimmungen erzwungene relative Eigenständigkeit entsprach in gewisser Hinsicht der mangelnden beruflichen und politischen Erfah-

25 Dem gemeinsamen Kampf stand auch nach Aufhebung der Sozialistengesetze das preußische Vereinsgesetz entgegen, das bis 1908 in Kraft war. Ihm zufolge war Frauen, Geisteskranken, Schülern und Lehrlingen die Mitgliedschaft in politischen Vereinen bei Strafe untersagt. Vgl. *So ist es geworden*, a.a.O., S. 11.
26 Vgl. Bölke, a.a.O., S. 23.

rungen der Frauen. So war es historisch berechtigt, daß die Agitation zunächst auf die speziellen Probleme der Frauen einging, und dies vor allem, weil der durch körperlich und nervlich belastende Berufsarbeit überforderten Frau der Rückzug in die Familie immer noch als erstrebenswerte Alternative erscheinen mußte.

Obschon Clara Zetkin »Rücksichtnahme« auf diese Rückständigkeit der Frauen akzeptierte, wollte sie diese in den Organisationen als gleiche geachtet sehen. Die Frage eines speziellen Arbeiterinnenschutzes wurde zunächst ausgespart. »Wir verlangen keinen anderen Schutz, als den, welchen die Arbeit im allgemeinen gegen das Kapital fordert.«[27] Dieses Prinzip erwies sich jedoch als unhaltbar, da die Frauen im Vergleich zu den Männern stärker ausgebeutet waren: Sie wurden geringer entlohnt und hatten darüber hinaus die Lasten von Hausarbeit und Kindererziehung zu tragen.

1877 wurde erstmals im Reichstag ein Gesetzeswerk zum Schutz der Arbeiterin gefordert. (Die Einführung eines Arbeiterinnenschutzes geschah erst 1891).[28] Diese Gesetze sollten die Möglichkeit der Gewinnung von Extramehrwert durch Frauenarbeit einschränken und die Konkurrenz der Arbeiter untereinander verringern. Allerdings wurden die Kosten des Arbeiterinnenschutzes letztlich durch geringere Entlohnung der Frauen wettgemacht.

Obschon dem Kapital im allgemeinen nur Reformen abgerungen werden konnten, die seinem Interesse nicht grundsätzlich widersprachen, wurde die emanzipatorische Wirkung von Reformen höher eingeschätzt als ihre integrierende. »Für uns sind alle Reformen, die wir überhaupt erreichen können – und wir haben auch die kleinste genommen – nicht ein Ansatz zur Verwirklichung der Sozialisierung der Gesellschaft, sondern ein Mittel, das Proletariat kampffähiger zu machen.«[29]

Nachdem Klarheit über die Notwendigkeit des Arbeiterinnenschutzes herrschte, stand die politische und juristische Gleichstellung der Frauen im Vordergrund der Agitation. Das Wahlrecht sollte der Frau ähnlich wie ihre gewerkschaftliche Orga-

27 Zetkin, C., in: *Pr. des Internationalen Arbeiterkongresses Paris, 1889*, zit. nach Thönnessen, a.a.O., S. 41/42.
28 *So ist es geworden*, a.a.O., S. 13, 17 f.
29 Zetkin, a.a.O., S. 185.

nisierung dazu dienen, ihre Interessen wahrzunehmen, soweit dies innerhalb des kapitalistischen Systems möglich war; die Erweiterung der legalen Basis sollte ihr einen größeren Spielraum für politische Aktivität geben. Der Kampf um die politische Gleichberechtigung wurde in dem Bewußtsein geführt, daß er nur einen Teil des Klassenkampfes darstellt, der den Klassengegensatz an sich nicht aufheben kann. Einerseits sollten die Frauen erfahren, daß politische Emanzipation den Widerspruch zwischen dem Gleichheitsbegriff der bürgerlichen Ideologie und der ökonomischen Realität – die doppelte Ausbeutung der Frau – nicht beseitigen konnte. Andererseits sollte die Tatsache, daß die Proletarierinnen als Mehrheit der potentiellen Wählerinnen nun ein politischer Faktor waren, diejenigen Mitglieder der SPD, die Politik immer noch als Männersache betrachteten, veranlassen, die Frauen endlich in die politische Schulung und Organisation einzubeziehen.[30]
Wie richtig und notwendig dieser Hinweis auf frauenfeindliche Tendenzen innerhalb der Partei war, beweist die diskriminierende Haltung der Parteibürokratie gegenüber Funktionärinnen, die auch der allgemeinen Revision der revolutionären Parteitheorie entsprach.
Diese Revision fand ihren Ausdruck in der Annahme, daß der Kapitalismus durch Reformen allmählich überwunden werden könne; die Konsequenz dieser Einschätzung war die Aussöhnung mit der Bourgeoisie im Zeichen des Liberalismus. In den veränderten Erscheinungsformen des Kapitalismus im imperialistischen Stadium sahen Revisionisten wie z. B. Bernstein[31] ein Indiz für die Notwendigkeit der »Verbesserung« und »Weiterentwicklung« der marxistischen Theorie.
Die immanenten Gesetzmäßigkeiten der kapitalistischen Pro-

30 Zur begrenzten und dennoch wichtigen Funktion des allgemeinen Wahlrechts für den Kampf der Sozialisten und die Beteiligung der proletarischen Frauen an diesem vgl.: *Aus der Rede zur Begründung der Resolution auf dem Internationalen Sozialistenkongreß zu Stuttgart 1907*, in: Zetkin, C., *Ausgewählte Reden*, Bd. 1, a.a.O., S. 345 ff.
Zur Einbeziehung der Frauen in die politische Praxis der SPD vgl.: a.a.O., S. 351/352.

31 Vgl. dazu: Bernstein, E., *Die Voraussetzungen des Sozialismus und die Aufgaben der Sozialdemokratie*, Stuttgart 1902.

duktion machten eine Ausdehnung der Produktion auf immer höherer Stufenleiter und die Erschließung neuer Absatzgebiete, notfalls durch militärische Auseinandersetzung mit den Konkurrenzländern, unabdingbar.
Aufgrund des Zusammenschlusses von Einzelkapitalien zu Aktien- und Monopolgesellschaften und die Ausweitung des Kreditwesens konnten die Produktivkräfte, die durch die Schranken des Einzelkapitals gehemmt wurden, weiter entfaltet werden. Das Eingreifen des Staates in den kapitalistischen Markt, die Abschwächung der Anarchie der freien Konkurrenz durch die Monopolisierung und die Verlagerung der Krisen auf den Weltmarkt bewirkten innerhalb Deutschlands eine relative wirtschaftliche Stabilität. Entsprechend änderten sich die Erscheinungsformen der Ausbeutung: Mit einer scheinbaren Verbesserung der Lage der Arbeiterklasse durch Verkürzung der Arbeitszeit ging eine Steigerung der Arbeitsproduktivität – und damit eine verstärkte Ausbeutung der Arbeitskraft – bei stagnierenden Reallöhnen einher.
Diese Entwicklung verleitete die Revisionisten dazu, die marxistische Theorie fallenzulassen und ihr die »Anpassungstheorie« entgegenzusetzen. Der »Plankapitalismus« (Bernstein) sollte das evolutionäre, friedliche Hinüberwachsen in den Sozialismus gewährleisten, das durch die »Vergesellschaftung« der Produktion in Form von Aktienkapital und den Aufstieg breiter Schichten des Proletariats in den »Mittelstand« schon eingeleitet schien. Die Gewerkschaften sollten nicht mehr »Erziehungsmittel« der Arbeiterklasse zur proletarischen Revolution«[32] sein, sondern durch Lohnkämpfe und den Kampf um soziale Reformen, durch Verringerung der Unternehmerprofite (in Form von Konsumvereinen und -genossenschaften) den friedlichen Übergang des Kapitalismus in den Sozialismus beschleunigen.[33]
Der organisatorische Aufstieg der SPD, die in der auf die Aufhebung der Sozialistengesetze 1890 folgenden Reichstagswahl die stärkste Reichstagsfraktion stellte, ließ eine Schicht von Parlamentariern, Arbeiterbürokraten und Verwaltungsfunktionären entstehen, die *von* der Partei lebten und die

32 Luxemburg, R., a.a.O., S. 45/46.
33 Vgl. Luxemburg, R., *Sozialreform oder Revolution*, in: *Politische Schriften*, Leipzig 1970, S. 57 ff.

soziale Basis für die Verbreitung des revisionistischen Programms auch innerhalb der Partei bildeten.
Die SPD entwickelte sich von der Kampforganisation zur Massenpartei, die sich auf legale Kampfmittel beschränkte und die Wahlen als Gradmesser des politischen Einflusses ansah.[34]
Die Differenz zwischen der sozialdemokratischen Parteitheorie und der marxistischen soll, im Hinblick auf die Frauenfrage, anhand von E. Fischers *Frauenarbeit und Familie* dargestellt werden. Bereits 1905 hatte Fischer in den *Sozialistischen Monatsheften* seine Vorstellungen über das »Wesen der Frau« vorgetragen, denen zufolge es das Lebensziel der Frau sei, »Mutter zu sein und der Pflege und Erziehung der Kinder zu leben«.[35] Die von der sozialistischen Frauenbewegung geforderten Maßnahmen zur Entlastung der Frau von unproduktiver und gesellschaftlich nicht notwendiger Arbeit waren für Fischer »ein Traum – und keineswegs ein schöner! – aus den Kinderjahren der sozialistischen Bewegung«.[36] Damals waren diese Thesen noch heftig diskutiert worden und auf Ablehnung gestoßen. 1914 – im Jahr des Erscheinens von *Frauenarbeit und Familie*, das dieselben Gedanken wiederaufnimmt – war die Revision der Theorie und Praxis in der SPD so weit fortgeschritten, daß man ihre Veröffentlichung als exemplarisch für die Position der Partei zur Frauenfrage betrachten kann.
Die marxistische Theorie hatte die bestehenden Formen und Auswirkungen der Frauenerwerbsarbeit als Folge der ökonomischen Entwicklung definiert und die Zu- bzw. Abnahme der Anzahl erwerbstätiger Frauen aus den Erfordernissen des Kapitalismus erklärt. Fischer dagegen führte den – übrigens anzweifelbaren[37] – Rückgang der Frauenarbeit nicht mehr auf die Struktur des kapitalistischen Produktionsprozesses, sondern auf psychologische Ursachen, nämlich auf den Wunsch der Frau nach Entfaltung innerhalb der Familie zurück. Er nahm – wie die Antifeministen – ihre Erscheinung

34 Vgl. Abendroth, W., *Sozialgeschichte der europäischen Arbeiterbewegung*, Frankfurt/M. 1965, S. 53.
35 Fischer, E., *Die Frauenfrage*, in: *SM*, Jg. 1905, Bd. 1, S. 265–266, zit nach Thönnessen, a.a.O., S. 114.
36 Fischer, E., *Die Familie*, in: *SM*, Jg. 1905, Bd. 1, S. 539, zit. nach Thönnessen, a.a.O., S. 115.
37 Vgl. Thönnessen, a.a.O., S. 110.

für das Wesen der kapitalistischen Produktionsweise und sah in der Frauenarbeit an sich ein »kapitalistisches Übel«[38], das mit dem Kapitalismus verschwinden werde.
Clara Zetkin wollte durch Schulung und politische Praxis die psychologischen Hindernisse für die Emanzipation der Frau, die sie als gesellschaftlich bedingt und daher als überwindbar ansah, abbauen, während Fischer die Aufgabe der Partei in der Anpassung der Sozialpolitik an die in seinem Sinne wünschenswerten und erstrebenswerten Bedürfnisse der Frau erblickte.
Wie das »Wesen der Frau« selbst war für Fischer die Familie, und zwar in der bestehenden Form, naturgegeben und somit nicht fragwürdig. »Es müssen hier wohl besondere Ursachen im Spiele sein, die einen so großen Aufwand an Kraft, Zeit und Geldmitteln, wie die privathauswirtschaftliche Nahrungsversorgung erfordere, rechtfertigen und täglich von neuem durchführen können. Es sind dies die tausend Imponderabilien, die nicht nur die Kleinbetriebe aufrechterhalten, sondern die eine Reform der Nahrungsmittelversorgung fast undurchführbar machen.«[39] Das unter kapitalistischen Verhältnissen notwendige Festhalten an der privaten Haushaltstätigkeit pries er als einen »Sieg des Ideellen über das Materielle«.[40] Der offensichtlichen Reduktion traditioneller Familienfunktionen setzte Fischer ein Programm der Kindererziehung nach wissenschaftlichen Maßstäben und die nur in der Familie mögliche Kompensation entfremdeter Arbeit entgegen. »Dem Streben der Frauen nach einer höheren Berufstätigkeit, als Künstlerin, Gelehrte, Rechtsanwalt, Politiker usw., wird nach Erlangung der völligen politischen und gesellschaftlichen Gleichberechtigung kein wesentlich größeres Hindernis mehr im Wege liegen als dem der Männer. Nur ein sehr kleiner Teil der Männer erreicht die oberste Sprosse der sozialen Stufenleiter oder eine berufliche Beschäftigung, die zugleich die Lebensfreude spendet, die ein Genuß ist, die geistig befriedigt, und anders kann es natürlich auch bei den Frauen nicht werden. Für die große Masse bleibt zum individuellen Ausleben immer mehr nur noch die Familie, wo der Erwerbs-

38 Vgl. Thönnessen, a.a.O., S. 109.
39 Fischer, E., *Frauenarbeit und Familie*, Berlin 1914, S. 25.
40 Ebda.

tätige allein noch seinen individuellen Neigungen leben kann, und wo er für die Bitternis des beruflichen Lebens in der Liebe seiner Familienmitglieder eine Entschädigung findet.«[41]
Daß die Erwerbstätigkeit der Frau (und damit ihre Rolle in der Familie) nicht abhängig ist von den Bedürfnissen der Frauen und der Familien selbst, sondern von dem jeweiligen Bedarf an weiblichen Arbeitskräften, bestätigt die Entwicklung der Frauenarbeit und ihrer Bedingungen im und nach dem Ersten Weltkrieg. Die massenhafte Einbeziehung der Frauen in den Produktionsprozeß ab 1916 – vor allem in Munitionsfabriken und in der Elektroindustrie –, die Beseitigung aller Arbeitshemmnisse für Frauen – Heranziehung zur Schwerstarbeit und Außerkraftsetzung aller Vorschriften über Arbeiterinnen-, Jugend- und Kinderschutz für die Dauer des Krieges –, machten Fischers Vorstellungen vom »Wesen« der Frau gegenstandslos.
Die sozialistische Frauenbewegung interpretierte diese Entwicklung nicht wie die Sozialdemokratie opportunistisch als Symptom des »Kriegssozialismus«, sondern wies nach, daß die »Gleichberechtigung« der Frau unter den bestehenden Produktionsverhältnissen größere Ausbeutungsmöglichkeiten bedeutete und der Notwendigkeit entsprach, männliche Arbeitskräfte für die Front freizusetzen. Die Geschichte der Frauenerwerbsarbeit in der Nachkriegszeit gab dieser Interpretation recht: die mit den Demobilisierungsverordnungen eingeleitete Verdrängung der Frauen aus den Arbeitsplätzen, die dazu dienen sollte, die Auflösung der Armee und die Integration der Soldaten in die Wirtschaft zu ermöglichen, um ihre Teilnahme an revolutionären Aktionen zu verhindern[42], zerstörte endgültig alle Illusionen des »Kriegssozialismus«. Weder die Sozialdemokratische Partei noch die Gewerkschaften hatten versucht, die durch die Politik erzwungene Erwerbstätigkeit der Frau zur Stärkung ihrer Position durch arbeitsrechtliche und tarifliche Forderungen zu institutionalisieren. Die Verdrängung der Frauen aus den Arbeitsplätzen hatte die Wirkungslosigkeit der verfassungsrechtlichen Verankerung der Gleichberechtigung (die 1918 eingeführt wurde und – als Zugeständnis an die erhalten gebliebenen Produktionsverhältnisse

41 Fischer, a.a.O., S. 41.
42 Vgl. Thönnessen, a.a.O., S. 104.

– das Wahlrecht, gleiche staatsbürgerliche Rechte und die Gleichberechtigung in der Ehe beinhaltete) für eine qualitative Verbesserung der Lebensbedingungen der Frauen gezeigt.

Das Rezept, mit dem man der Unzufriedenheit der Frauen über die Ergebnisse der Revolution und ihren Anspruch auf praktische und relevante Tätigkeiten in Gesellschaft, Partei und Gewerkschaft zu begegnen suchte, war ihre Fixierung auf »Sozialarbeit«. Die Folgeerscheinungen dessen, was Partei und Regierung nicht hatten verhindern können – Krieg und Elend sowie die Auswirkungen der kapitalistischen Produktionsweise –, deklarierte man nun zum Betätigungsfeld für Frauen: die Reparatur gesellschaftlicher Schäden statt Auseinandersetzung mit ihren Ursachen; »innere Befriedigung« und damit Aussöhnung mit dem »weiblichen Wesen« statt Emanzipation durch politischen Kampf.

Die Differenzen zwischen opportunistischer und linker Sozialdemokratie machten sich nicht nur an der »Frauenfrage« fest, sondern betrafen die Beurteilung der gesamten Partei-Strategie im Hinblick auf den Weltkrieg und die Revolution von 1918. Während die sozialdemokratische Reichstagsfraktion 1914 der Bewilligung der Kriegskredite zustimmte und sich mit dem Programm des »Burgfriedens« selbst zur passiven Hinnahme der Kriegspolitik und zur Preisgabe der internationalen Solidarität der Arbeiterklasse verurteilte, riefen 1911 die sozialistischen Frauen auf dem Internationalen Frauentag alle Frauen zum Kampf gegen Imperialismus und Militarismus[43] auf. Die sozialistische Frauenbewegung folgte auch während des Krieges den Grundsätzen des Sozialistenkongresses von 1907[44] und interpretierte den Krieg als Machtinstrument von Kapitalinteressen.

Während in der Novemberrevolution 1918 die Führer der KPD die Arbeiter zum Aufbau eines sozialistischen Deutschlands mobilisierten, suchten die Führer der Mehrheitssozia-

43 Vgl. *Um eine ganze Epoche voraus*, Leipzig 1970, S. 43.

44 »Falls der Krieg dennoch ausbrechen sollte, ist es die Pflicht, für dessen rasche Beendigung einzutreten und mit allen Kräften dahin zu streben, die durch den Krieg herbeigeführte wirtschaftliche und politische Krise zur Aufrüttelung des Volkes auszunutzen und dadurch die Beseitigung der kapitalistischen Klassenherrschaft zu beschleunigen.« (Beschluß des Internationalen Sozialistenkongresses in Stuttgart 1907, zit. nach: *Um eine ganze Epoche voraus*, a.a.O., S. 47.)

listen und Gewerkschaften in einem Bündnis mit der Staatsbürokratie, der Obersten Heeresleitung und den Vertretern des Kapitals sozialistische Konsequenzen der Revolution zu verhindern.

Aufgrund ihres Festhaltens an der revolutionären Theorie und den Prinzipien des Internationalismus hatten die Vertreterinnen der sozialistischen Frauenbewegung schon vor dem Krieg und im Verlauf des Krieges die Unterstützung der sozialdemokratischen Parteiführung verloren. Sie schlossen sich der Linken in der Partei an (Gruppe Internationale und Spartacus), die den Kampf gegen den Krieg und für den Sozialismus weiterführte. Mit der Gründung der KPD 1918 war die Trennung von den opportunistischen und zentristischen Kräften der Sozialdemokratie auch für die sozialistische Frauenbewegung vollzogen.[45] Dennoch stellte der X. Parteitag der KPD 1925 fest, daß es nicht gelungen war, genügend Frauen zu gewinnen. »[...] von der gesamten Mitgliedschaft [wurde gefordert], daß sie sich mehr als bisher dieser wichtigen Arbeit zuwendet«.[46] 1925 wurde der Rote Frauen- und Mädchen-Bund (RFMB) gegründet. Er war in der Weimarer Republik die einzige proletarische Frauenorganisation und zählte 1926 rund 35 000 Mitglieder, von denen drei Viertel parteilos waren.[47] Doch auch der RFMB konnte in Konkurrenz mit den vielen bürgerlichen und sozialdemokratischen Frauenorganisationen keine breite Basis finden, so daß der XII. Parteitag 1929 wiederum zur politischen Agitation der Frauen aufforderte.

Die Massenentlassungen während der Wirtschaftskrise betrafen in erster Linie die Frauen, wie sich auch Brünings Notverordnungen 1931 vor allem gegen sie richteten. In den Genuß von Arbeitslosenversicherungsgeld kamen Frauen nur dann noch, wenn sie »bedürftig« waren; das bedeutete, daß 34,9 % der arbeitslosen Frauen die Unterstützung verloren[48]. Die

45 Vgl. die Ausführungen in: *Um eine ganze Epoche voraus*, a.a.O., S. 63 ff.

46 Beschlüsse des X. Parteitages der KPD, Berlin 1925, S. 75, zit. nach: *Um eine ganze Epoche voraus*, a.a.O., S. 79.

47 Ebda. S. 82.

48 1931 fand in Berlin der Norddeutsche Landeskongreß werktätiger Frauen (einer von vielen) statt, der der größte Frauenkongreß in der Geschichte der deutschen Arbeiterbewegung vor 1945 war.

Krankenversicherung für Schwangere, das Stillgeld für Wöchnerinnen, die Invalidenrenten für Witwen und die Endbindungsbeihilfen wurden gesenkt oder gestrichen.
Erst in dieser Situation zeitigte die Politik der KPD mit der »Bewegung der Konferenzen werktätiger Frauen« mehr Erfolg.[49] Es stand nun neben den »Frauenproblemen« im Kapitalismus vor allem das Thema der Einheitsfront gegen den Faschismus im Vordergrund. 1931 brachte die KPD-Reichstagsfraktion[50] den Antrag zu einem Gesetzentwurf ein, der in »10 Punkten [...] das bisher umfassendste Programm für die Gleichberechtigung der Frau [formulierte], das eine Partei jemals in Deutschland vorgelegt hatte.«[51] Gleicher Lohn für gleiche Arbeit, Außerkraftsetzung aller die Frauen benachteiligenden Gesetze, gleiche Rechte für unverheiratete Mütter, volle Entscheidungsfreiheit und Gleichberechtigung der Ehefrauen u. a. waren die zentralen Forderungen. Der Antrag wurde abgelehnt.
Der Faschismus – als Reaktion auf die veränderten Kräfteverhältnisse innerhalb des Kapitalismus seit dem Ersten Weltkrieg – konnte nur durch die Vernichtung der revolutionären und oppositionellen Kräfte und die Abschaffung der bürgerlich-demokratischen Freiheiten die Stabilisierung des kapitalistischen Systems garantieren. Mit der Wiederherstellung der uneingeschränkten Macht des Kapitals (Verbot von KPD und SPD 1933, Ersetzung der Gewerkschaften durch die Deutsche Arbeitsfront 1934) wurde jede Diskussion über die Frauenfrage abgeschnitten. »Die deutsche Frau braucht sich in den wirklich guten Zeiten des deutschen Lebens nie zu emanzipieren.«[52] Damit war die patriarchalisch-autoritäre Familienform zum Leitbild erhoben. »Ihre endgültige Zerstörung würde das Ende jedes höheren Menschentums bedeuten. So groß die Tätigkeitsbereiche der Frau gezogen werden können, so muß doch das letzte Ziel einer wahrhaft organischen und logischen Entwicklung immer wieder in der Bildung der Familie liegen. Sie ist die kleinste, aber wertvollste Einheit im

49 Vgl. *Um eine ganze Epoche voraus*, a.a.O., S. 95.

50 Die kommunistische Reichstagsfraktion hatte unter allen Parteifraktionen den höchsten Frauenanteil.

51 Vgl. *Um eine ganze Epoche voraus*, a.a.O., S. 98.

52 Hitler, A., *Reden*, zit. nach Murray, F.H., *Die Frauen im deutschen Faschismus*, 1969, S. 19.

Aufbau des ganzes Staatsgefüges. Die Arbeit ehrt die Frau wie den Mann, das Kind aber adelt die Mutter.«[53]

1933 verloren die Frauen das passive Wahlrecht, d. h. Staat und Wirtschaft waren nun auch formal wieder Sache der Männer. Die Frauen wurden mit Ehestandsdarlehen, Steuervergünstigungen und Unterhaltszuschüssen in die Ehe und an den häuslichen Herd getrieben. Frauen, die diese Vergünstigungen wahrgenommen hatten, unterlagen dem Arbeitsverbot.

Die Familienpolitik des Nationalsozialismus hatte nicht nur die Funktion, die Frau aus dem öffentlichen Leben, vor allem aus dem Produktionsprozeß, in ihren »Naturberuf« als Ehefrau und Hausfrau zurückzuführen, sondern war auch – die Propagierung der Vermehrung und Erhaltung der Rasse[54] läßt dies deutlich erkennen – der Machtsteigerung der Nation untergeordnet. Mit der Heroisierung der Mütter der künftigen Rekruten (Mutterkreuz, Muttertag) allein war die Einbeziehung der Frauen in die neuen Kriegsvorbereitungen noch nicht abgeschlossen: die Rüstungsindustrie brauchte die weibliche Arbeitskraftreserve. 1937 wurde das Arbeitsverbot für Frauen, die ein Ehestandsdarlehen erhalten hatten, aufgehoben. 1938 wurde der weibliche Arbeitsdienst Pflicht. Ab 1939 wurden zunehmend Arbeitsschutzbestimmungen und Arbeitsbeschränkungen für verbotene Frauenberufe außer Kraft gesetzt (ab 1941 war es gesetzlich möglich, Frauen wieder in Bergwerken zu beschäftigen).[55] 1939 waren 12,7 Millionen Frauen erwerbstätig, 1942 betrug der Anteil der Frauen an den Beschäftigten 40,8 %, und 1944 waren bereits ca. 20 Millionen Frauen zur Erwerbsarbeit herangezogen.[56] – Ganz allgemein gilt: die staatliche und offizielle politische Reaktion auf die »Frauenfrage« ist im Faschismus durch ähnliche Maßnahmen wie in der Periode nach dem Ersten Welt-

53 Hitler, A., zit. nach Reich, W., *Massenpsychologie des Faschismus,* 1933, S. 95/96.

54 (Die Verfolgung kinderloser Ehen wurde sogar als Aufgabe einer neuen Frauenbewegung bezeichnet.) Vgl. Meusel, A., *Die Familie in der deutschen Geschichtsauffassung seit 1933,* in: *Autorität und Familie,* Bd. 2, Paris, 1936, S. 355 f.

55 *Die Frau und ihre Rechte – gestern und heute,* IG Metall, Frankfurt M. 1970, S. 14.

56 *Die Frau und ihre Rechte,* a.a.O., S. 14.

krieg gekennzeichnet. Je nach Bedarf der Wirtschaft wird den familialen oder den produktiven Aufgaben der Frau eine besondere Bedeutung zugesprochen. Bei Arbeitslosigkeit der Männer wird die Frau aus dem Produktionsprozeß verdrängt, bei gesteigertem Arbeitskräftebedarf der Wirtschaft wird sie durch »Arbeitszwang« dem Produktionsprozeß einverleibt.

2.3. Zusammenfassung und Schlußfolgerungen

Die sozialistische Frauenemanzipationstheorie hat folgende Prinzipien als Bedingungen für die Befreiung der Frau herausgearbeitet:

1. Die Befreiung der Frau kann nur im Zusammenhang mit der Befreiung der gesamten Arbeiterklasse durchgesetzt werden. Männer und Frauen müssen in der Arbeiterbewegung gemeinsam dieses Ziel verfolgen.
2. Die Frau muß unter den bestehenden Produktionsverhältnissen dem Stand der Produktivkräfte gemäß die gleichen Bedingungen der Lohnarbeit erfahren wie der Mann. Die produktive Arbeit im vergesellschafteten Produktionsprozeß ist die wesentliche Voraussetzung, um die Proletarierin zum Bewußtsein ihrer Klassenlage zu bringen.
3. Die Auflösung der alten Familienverhältnisse ist unumgänglich. Die Industrialisierung erlaubt eine Verlagerung familiärer Funktionen in den gesellschaftlichen Bereich; solange aber diese Möglichkeiten von der Mehrheit der Frauen nicht genutzt werden können, sollen sich Mann und Frau in die familiären Pflichten teilen und damit die Diskriminierung der Frau in der proletarischen Familie aufheben. Der gemeinsame Kampf von Männern und Frauen soll nicht auf die Parteiebene beschränkt bleiben.
4. Tagespolitische Erfolge und soziale Reformen (Mutterschutz, Achtstundentag, Lohngleichheit, Wahlrecht) werden als Mittel der Stärkung der Arbeiterbewegung für die revolutionäre Umgestaltung der Gesellschaft betrachtet.

An welchen Momenten der Umsetzung dieser Theorie in politische Praxis läßt sich das Scheitern der proletarischen Frauenbewegung festmachen? Aus der Sozialdemokratie selbst kam der Vorwurf des Intellektualismus. Der hohe theoretische Anspruch der Propaganda- und Agitationsschriften habe der Mehrheit der Frauen den Zugang zur sozialistischen Zielsetzung und damit zur Frauenorganisation versperrt. Hinter diesem Vorwurf stand die revisionistische Fraktion der Sozialdemokratie, die die Anwendung der marxistischen Theorie als Opposition gegen die opportunistische Praxis verstehen mußte. Clara Zetkin allerdings hatte nie einen Zweifel daran gelassen, daß es die Aufgabe der *Gleichheit* – seit 1891 das offizielle Organ der sozialistischen Frauenbewegung – war, diejenige Gruppe des weiblichen Proletariats, »die zum Teil schon in der allgemeinen Bewegung eine größere Schulung erhalten hatte, zusammenzuhalten und noch weiter zu erziehen«.[57]

Der Vorwurf des Intellektualismus kann, wie wir meinen, für die damalige Phase nicht aufrechterhalten werden. Nachdem die Avantgarde der sozialistischen Frauenbewegung die Vorbereitung für eine breite Aufklärung der Frauen geschaffen hatte, ging durch die revisionistische Entwicklung innerhalb der Sozialdemokratie die Basis für die Fortsetzung der organisatorischen Arbeit verloren; die Partei der Arbeiterklasse selbst hatte die revolutionäre Zielsetzung aufgegeben. Die SPD-Führung bemühte sich, die Niederlage der sozialistischen Revolution nach 1918 zu verhüllen, indem sie den Eindruck zu erwecken versuchte, die meisten ihrer Ziele seien erreicht worden. Diese falsche Interpretation der eigenen Rolle in der historischen Entwicklung mußte zu Widersprüchen in der Einschätzung der »Frauenfrage« führen. Sie zeigten sich in der Haltung zur Frauenagitation, zu den weiblichen Parteimitgliedern und in der Reflexion über das Problem von Frauenarbeit und Familie.

a) Frauenagitation

Der Wandel in der Agitationspolitik für die Frauenarbeit gipfelte in der Entlassung Clara Zetkins aus der Redaktion der *Gleichheit* (1917). Das richtungweisende theoretische Organ der sozialistischen Frauenbewegung wurde reduziert auf eine Publikation, die außer politischer Schulung »leichtverständliche Belehrung und wertvolle Unterhaltung« ver-

57 Zit. nach Bölke, a.a.O., S. 48.

breiten sollte.[58] Der Widerstand gegen diese Tendenz wurde mit dem Argument abgetan, die Senkung des theoretischen Anspruchs eröffne mehr Frauen den Zugang zu der Frauenorganisation. Die Partei benutzte die Psychologie im Sinne der Werbung; die vorfindbaren Einstellungen der Frauen wurden registriert, um die Agitation nach ihnen auszurichten. Veröffentlichungen, die sich mit der täglichen Elendssituation auseinandersetzten, wurden als destruktiv abgelehnt, mit der Begründung, die notleidenden Frauen dürften erwarten, daß ihnen wenigstens auf dem Papier ihre Lage nicht ständig vor Augen geführt würde.[59] Die Orientierung am Grundsatz der »Allgemeinverständlichkeit« verhinderte jedoch das Verständnis für die auf der Grundlage des wissenschaftlichen Sozialismus erarbeitete Programmatik der Sozialdemokratie.

b) Einstellung zu den weiblichen Parteimitgliedern

Die Parteiführung hatte sich weder für die verstärkte Einbeziehung der Frauen in den Produktionsprozeß noch für die Erweiterung ihres Einflusses in den Parteigremien und im Parlament eingesetzt. Im Gegenteil, sie bevormundete die Parteiarbeit der Frauen auf diskriminierende Weise. Aus den Parteitagsprotokollen wird deutlich, daß Anträge der Frauen auf Verbesserung ihrer Stellung in der Partei selten eingehend diskutiert und zum Teil mit zynischen Bemerkungen abgetan wurden.[60] Man riet den Frauen lediglich, ihre Möglichkeiten und Rechte besser zu nutzen, d. h. für die Praxis: den Frauen wurde die Sozialarbeit (Arbeiterwohlfahrt) als Betätigungsfeld überlassen.

c) Frauenarbeit und Familie

Die Tatsache, daß die Frau nach wie vor Konkurrentin des Mannes im Kampf um den Arbeitsplatz war, daß sie in der Partei und in der Familie weiter unterdrückt wurde, daß die bürgerliche Familienstruktur fortbestand, verstärkte die Tendenz, die besondere Bedeutung der Frauenarbeit unter

58 *Gleichheit*, Jg. 1916/17, Nr. 18, zit. nach Thönnessen, a.a.O., S. 89.
59 Vgl. Thönnessen, a.a.O., S. 138.
60 Vgl. Thönnessen, a.a.O., S. 140 ff.

kapitalistischen Bedingungen nicht länger zu betonen. Die Befreiung der Frau von der Hausarbeit und ihre Teilnahme am gesellschaftlichen Produktionsprozeß wurden als utopisch bezeichnet: Forderungen dieser Art erübrigten sich, zumal da die Berufstätigkeit den Bedürfnissen der Frau widerspräche. So ist es nicht verwunderlich, daß sich bei den männlichen Parteimitgliedern wenig Bereitschaft zeigte, ihre Rolle und ihr Verhalten in Familie und Partei im Hinblick auf die reale Beteiligung der Frau an der politischen Praxis zu überprüfen. Dies alles hatte zur Folge, daß, selbst unter verbesserten Voraussetzungen des Emanzipationskampfes (Wahlrecht und juristische Gleichberechtigung), vielen Frauen nicht mehr klar war, wie sie ihre Befreiung durch Erwerbstätigkeit vorantreiben konnten.

Die in der Partei verbliebenen Frauen paßten sich der revidierten Theorie über ihre Funktionen in Produktionsprozeß, Familie und Partei an. Trotz der Einschränkungen der Berufsmöglichkeiten auf das Gebiet der Fürsorge betrachteten sie ihre Forderungen nach Gleichberechtigung – entsprechend der revidierten Parteitheorie – mit dem Wahlrecht als erfüllt. »Über Nacht waren Jahrtausende alte Fesseln zerrissen. Gestern noch waren die deutschen Frauen unfrei, ein unterdrücktes Geschlecht. Heute sind sie die freiesten Frauen der Welt. Über Nacht brachte ihnen der Sozialismus die Freiheit, die Gleichheit.«[61]

Diese Gleichsetzung der Gleichberechtigung mit Freiheit und Emanzipation, die auch die bürgerliche Frauenbewegung auszeichnete, und die Beschränkung auf »Ausgestaltung« dieser Freiheit innerhalb des kapitalistischen Systems machten ein Zusammengehen mit der bürgerlichen Frauenbewegung möglich. Clara Zetkin schrieb damals über die sozialdemokratische Frauenbewegung: »Sie ist heute ihrem Ziel und Inhalt nach bloße Reformbewegung, eine besondere Spielart bürgerlicher Frauenrechtlerei, bürgerlicher Demokratie.«[62] Noch 1932 hatte sie im Deutschen Reichstag auf parlamentarischer Ebene zum Widerstand gegen den Faschismus aufgerufen. Vor und während der nationalsozialistischen Herrschaft beteiligten sich die Anhängerinnen der sozialistischen Frauenbewegung trotz

61 Blos, A., *Die Frauenfrage im Lichte des Sozialismus,* Dresden 1930, S. 95.
62 Zetkin, *Zur Geschichte,* a.a.O., S. 213.

Kriminalisierung, Illegalität und Zerschlagung ihrer organisatorischen Basis durch Streiks und Aktionen am antifaschistischen Kampf. Da die Mehrheit der Frauen jedoch vom politischen Leben ausgeschlossen und aus dem Produktionsprozeß herausgedrängt worden war und infolge der wirtschaftlichen Notlage auch ihren traditionellen Aufgaben nicht gerecht werden konnte, mußte die Aufwertung der Familie und der Mutterschaft dem Bedürfnis der Frauen nach Sicherung der Lebensverhältnisse und Selbstbestätigung entgegenkommen, zumal auch die Sozialdemokratie keine Alternative zu der auf bürgerlicher Familienideologie beruhenden Familienpolitik entwickelt hatte.

Aus der historischen Darstellung der Frauenemanzipationsbewegungen von der Mitte des 19. Jahrhunderts bis 1945 ergibt sich:

1. Seit rund hundert Jahren wird um das Recht der Frau auf Erwerbstätigkeit, staatsbürgerliche und privatrechtliche Gleichstellung, ihr Recht auf Bildung, gleichen Lohn für gleiche Leistung und Verbesserung des Arbeitsschutzes gekämpft.
2. Den Frauen wurden alle die Rechte gewährt, die für ihre Integration in den bürgerlichen Staat und die Bedürfnisse der fortschrittlichen Kapitalfraktionen funktional waren. Auf die billige Arbeitskraft der Frau und die unmündige Staatsbürgerin konnte nicht verzichtet werden.
3. Alle ideologischen Bestimmungen, die sich mit den sozialpolitischen Leitbildern der Bourgeoisie vertrugen, blieben für die soziale Rollenzuweisung der Frau erhalten: Primat der Familie und Ehe, Haupterzieherin der Kleinkinder; innerhalb der Hierarchie des kapitalistisch organisierten Arbeitsprozesses: Unterordnung unter die Männer.
4. Alles, was sie zum Emanzipationskampf befähigen könnte, wurde ihr verwehrt: Befreiung von familialen Aufgaben, Gleichberechtigung im Produktionsprozeß (gleicher Lohn und Qualifikation); selbst die Forderung nach formaljuristischer Gleichbehandlung ist nur bedingt eingelöst worden.
5. Sobald die bürgerlich-demokratischen Errungenschaften (Wahlrecht, Sozialgesetzgebung), die ihre Lebensbedingungen tendenziell verbesserten, den Verwertungsbedingungen des Kapitals widersprachen, wurden auch diese aufgehoben bzw. eingeschränkt.

Nach 1945 sind die Forderungen der bürgerlichen Frauenbewegung weitgehend durchgesetzt worden. Eine willkürliche Aufhebung von Schutzbestimmungen hat nicht stattgefunden. Geblieben sind: die Forderungen nach gleichem Lohn, nach beruflicher Qualifikation und allgemeiner Verbesserung der Bildungsmöglichkeiten, nach Übernahme von Hausarbeit und Erziehungsfunktionen durch gesellschaftliche Institutionen, nach Aufhebung der männlichen Bevormundung in allen Bereichen der Gesellschaft und Wirtschaft.
Es ist nun allerdings zu fragen, ob die Strukturveränderungen innerhalb des Kapitalismus die Voraussetzungen für den Kampf um diese Forderungen verbessert haben, und welcher Art die Bestrebungen sind, mit denen das politische System darauf antwortet.

3. Allgemeine Bestimmungsmomente der sozialen Lage der erwerbstätigen Frau in der BRD

3.1. Abriß der gesamtgesellschaftlichen Entwicklung der BRD seit 1945

Da wir uns mit den bestehenden Produktionsverhältnissen und ihren spezifischen Erscheinungsformen, die sich nach 1945 herausgebildet haben, beschäftigen müssen, um zu klären, ob und wie an der gesellschaftlichen Wirklichkeit orientierte Forderungen im Interesse der erwerbstätigen Frauen praktisch durchgesetzt werden können, wollen wir versuchen, die für unseren Zusammenhang wesentlichen Entwicklungsmomente der Ökonomie und Gesellschaftspolitik in der BRD aufzuzeigen.[1]

Das Hauptinteresse an den sozioökonomischen Veränderungen der letzten 25 Jahre gilt der Sozialstruktur der Bevölkerung im Hinblick auf die Verteilung der Einkommen, den Arbeitskräftebedarf und die Qualifikationsanforderungen unter den Bedingungen der technisch-wissenschaftlichen Entwicklung der Produktivkräfte. – Nach der kurzen Phase der Nachkriegsgeschichte, in der Parteien und Gewerkschaften den Zusammenhang von kapitalistischer Wirtschaftsstruktur und Faschismus noch wahrzunehmen bereit waren, in ihren Programmen zur gesellschaftlichen Konzeption noch Sozialisierungs- und Mitbestimmungsvorstellungen artikulieren mußten, und nachdem die Pläne zur Entindustrialisierung Deutschlands von den Alliierten aufgegeben worden waren, begann die kapitalistische Restauration des westdeutschen Wirtschafts- und Gesellschaftssystems. Das private Eigentum an den Produktionsmitteln blieb weitgehend erhalten; die vom gesamten Volk erbrachten Leistungen beim Wiederaufbau der Wirtschaft verhalfen aufgrund steuerlicher Präferenzen und gesetzlicher Bestätigung den früheren Kapitalbesitzern zur An-

1 Soweit sie die konkrete Lage der Frauen im Produktionsprozeß betreffen, werden diese Momente in den folgenden Kapiteln ausführlich behandelt.

sammlung von Einfluß und Machtbefugnissen mittels der wiederhergestellten wirtschaftlichen Kapazitäten. Truman-Doktrin, Marshall-Plan, Währungsreform, Gründung der BRD, Beitritt zur NATO und EWG, Wiedereinführung der Wehrpflicht und Ausschaltung der sozialistischen Opposition (1956 KPD-Verbot) vollzogen und besiegelten wirtschaftlich, politisch und militärisch die Integration Westdeutschlands in das internationale kapitalistische Organisationssystem.
Die der kapitalistischen Produktionsweise immanenten Widersprüche hatten in den folgenden Jahren entscheidende wirtschaftliche und gesellschaftspolitische Maßnahmen zur Folge. Die hieraus erwachsenden Probleme der Garantie des wirtschaftlichen Wachstums und des technischen Fortschritts, der Kapitalverwertung und der Konkurrenzfähigkeit gegenüber sozialistischen (Kalter Krieg) und kapitalistischen Ländern erforderten außenpolitisch Sicherung durch Interessenausgleich innerhalb des westlichen Staatensystems und innenpolitisch wirksame Einflußmöglichkeiten staatlicher Institutionen auf die gesamte wirtschaftliche und gesellschaftspolitische Entwicklung.
Mit Hilfe ausländischer Gelder, des Überangebots an Arbeitskräften und qualifizierten Facharbeitern aus der DDR erreichte die westdeutsche Wirtschaft relativ schnell wieder den Standard der Weltwirtschaft. In dem Jahrzehnt von 1950 bis 1960 stieg »die Produktivität der gesellschaftlichen Arbeit in der Industrie (Nettoproduktionswert je Beschäftigten) jährlich durchschnittlich um 4,6 %, [...] das durchschnittliche jährliche Wachstum der industriellen Nettoproduktion um 9,6 %«.[2] »Das Bruttosozialprodukt und das Volkseinkommen haben sich von 1950–1966 jeweils verfünffacht. Zieht man die Preissteigerungen ab, so ergibt sich noch immer eine Steigerung um 300 %. Die Zahl der Erwerbstätigen nahm ca. ein Drittel auf 27 Mio. zu, und das Produkt pro Erwerbstätigen stieg von 5 600 DM im Jahre 1950 auf 13 700 DM im Jahre 1968, was eine Produktivitätssteigerung um fast 145 % bedeutet.«[3]

2 Tjaden-Steinhauer, K.H. Tjaden, *Zur Analyse der Sozialstruktur des deutschen Kapitalismus*, S. 656/657, in: *Argument* 61/1970, S. 645–664.
3 Huffschmid u.a., *Die Widersprüche des westdeutschen Kapitalismus und die Wirtschaftspolitik der SPD*, Berlin 1970, S. 40/41.

Diesem Wirtschaftswachstum entsprechend stiegen die Einkommen der Selbständigen (wobei ihre Anzahl stetig abnahm), während der absolute Lebensstandard der Familien der Lohnabhängigen sich nur langsam verbesserte. Das »war nicht zuletzt ein Resultat der Mitarbeit von mehreren Haushaltsangehörigen: 1960 trugen in mehr als der Hälfte aller Arbeiterhaushalte mehrere Angehörige zum Lebensunterhalt bei, was auch für einen beträchtlichen Teil der Angestellten- und Beamtenhaushalte galt.«[4] (S. a. Tabelle 4)[5].

Unmittelbar nach Kriegsende waren die Frauen aus der Kriegsproduktion entlassen worden; aber schon in den Jahren 1949/50 setzte ihre Wiedereingliederung in den Produktionsprozeß ein. 1950 waren 31 von 100 Erwerbstätigen Frauen; bis 1961 stieg dieses Verhältnis auf 33 von 100 an. Die Quote der berufstätigen verheirateten Frauen nahm demgegenüber weit stärker zu (von 25 % auf 32 %). »Der Anteil der arbeitenden Frauen an den im ›verarbeitenden Gewerbe‹ Beschäftigten stieg von 1950 bis 1961 bei den Angestellten von 32 % auf 37 %, bei den Arbeitern von 28 % auf 29 %. Die absolute Zahl der Arbeiterinnen erhöhte sich um rund 360 000, von 3,2 Mio. auf 3,6 Mio., die der Angestellten von rund 1,5 Mio. auf 2,9 Mio. Das war fast eine Verdoppelung, so daß jeder zweite Angestellte in der westdeutschen Wirtschaft 1961 eine Frau war.«[6] Der Anteil der Frauen an den Beschäftigten war besonders hoch im Handel, im Geld- und Versicherungswesen, im Dienstleistungsbereich sowie bei den traditionellen Frauenarbeitsplätzen der Industrie: Textil-Bekleidung, Metallverarbeitung, Elektrotechnik, Nahrungs- und Genußmittelherstellung.[6a]

Bis 1958 war das inländische Arbeitskräftepotential (Arbeitslose, Flüchtlinge, Frauen) so weit ausgeschöpft, daß ab 1959 bis 1960 die industrielle Reservearmee einiger europäischer Länder auch für die westdeutsche Wirtschaft genutzt werden mußte (bis 1964 gab es 1 Mio. ausländischer Arbeiter in der BRD, bis 1969 2 Mio.)

Parallel dazu lief eine Konzentration und Zentralisierung

4 Tjaden, a.a.O., S. 658.

5 S. Anhang: Statistische Tabellen.

6 Neelsen, Karl, *Wirtschaftsgeschichte der BRD.* Berlin 1971. S. 176.

6 a Vgl. a.a.O., S. 176 ff.

des Kapitals, so daß der Anteil der wenigen großen Industrieunternehmen am Gesamtumsatz stetig zunahm: »1954 vereinigten die 50 größten Industrieunternehmen ein Viertel, 1966 aber bereits 40 % des Industrieumsatzes auf sich, die 10 größten sogar 16,5 % des Umsatzes und 14 % der Beschäftigten. [...] Der Schwerpunkt der westdeutschen Industrieproduktion [verschob] sich von der Schwerindustrie zur Leichtindustrie. [...] Chemie, Elektroindustrie und Fahrzeugbau [traten] deutlich in den Vordergrund.«[7] Westdeutschlands Anteil am Welthandel stieg 1966 auf 10,3 %. Aber: »Die zunehmende Polarisierung von Arbeiterklasse und Kapitalistenklasse in der ersten Entwicklungsphase der BRD drückte sich darin aus, daß der Anteil der unselbständigen Erwerbstätigen an den Erwerbstätigen insgesamt von 1950–1960 von 68 % auf 77 % stieg, während der Anteil ihres Nettoeinkommens von 46 % auf 45 % sank.«[8] Der Sozialbericht der Bundesregierung über den Zeitraum 1950–1969 zeigt, daß sich die Einkommensverteilung weiter verschlechtert hat. »Das Nettoeinkommen von 25 Prozent aller Arbeiterhaushalte liegt dem Bericht zufolge unter 800 Mark pro Monat. 0,1 Prozent aller Haushalte der Bundesrepublik verfügen demgegenüber über zirka 14 Prozent des gesamten Volksvermögens. Diese Verhältnisse sind von 1935 bis 1969 gleich geblieben.«[9]
Huffschmid[10] führt in seiner Studie zur Konzentration und Wirtschaftspolitik näher aus, welchen kumulativen Effekt die Polarisierung der Einkommen im Gegensatz zum Anteil an der Schöpfung des gesellschaftlichen Reichtums für die Arbeiterklasse hat. Die kleinen Einkommen erlauben nur Ausgaben für den baldigen Verbrauch, was dem Interesse der Kapitalverwertung entspricht: die geringen Sparvermögen lassen selbständige Unternehmensgründung nicht zu, stehen aber den Banken als Investitionskredite für die Industrie zur Verfügung. Der hohe Vergesellschaftungsgrad der Produktion, der wissenschaftlich-technische Fortschritt und die Vermehrung des gesellschaftlichen Reichtums haben zwar die Bedingungen her-

7 Huffschmid, *Die Widersprüche...*, a.a.O., S. 42.
8 Tjaden, a.a.O., S. 658.
9 *Frankfurter Rundschau* vom 16. 4. 1970.
10 Huffschmid, J., *Die Politik des Kapitals*, Frankfurt/Main 1969, S. 26 f.

gestellt, »die materiellen und geistigen Mittel für die Vermehrung der disponiblen Zeit für die Gesellschaft zu schaffen, die Arbeitszeit für die ganze Gesellschaft fortlaufend zu reduzieren, um so die Zeit freizumachen für die Entwicklung der Individuen selbst«[11]; aber diese Emanzipation von ökonomischen Zwängen und die Einschränkung der gesellschaftlich notwendigen Arbeitszeit bedeuten unter dem Kapitalismus nur ein Mehr an Zeit für Surplus-Arbeit, lediglich mit dem Zugeständnis von Freizeit zur Wiederherstellung der vollen Arbeitskraft. Die Produktivkraft Arbeit kann, nach gesetzlicher Begrenzung des Arbeitstages und optimaler Anpassung der lebendigen Arbeitskraft an die Maschinerie, nur durch die ständige Revolutionierung der Produktionstechnik vergrößert werden. Anfang der fünfziger Jahre war die Lohnarbeit durch die Zunahme der Beschäftigtenzahl und extensive Arbeitszeit gekennzeichnet. Mit der Mechanisierung und Teilautomatisierung veränderten sich die Bedingungen der Anwendung der menschlichen Arbeitskraft. Das bedeutet für deren Ausbildung (ganz allgemein) einerseits, daß ein großer Teil der rein manuellen Tätigkeiten durch Automatisierung und Mechanisierung ersetzt wird und Kontrollfunktionen über Abschnitte des Produktionsvorgangs und Apparaturen an ihre Stelle treten; andererseits wird Flexibilität, Disponibilität, Austauschbarkeit der Arbeitskraft im ständig sich wandelnden Fertigungsprozeß zum notwendigen Qualifikationsmerkmal. Da aber keineswegs alle Produktionsbereiche gezwungen sind, auf gleich fortschrittlicher Stufenleiter zu produzieren[12], wird es auch weiterhin Bedarf an unqualifizierter repetitiver Arbeit geben.

In hohem Maß wurden Frauen zur mechanischen Fertigung am Fließband im Maschinenbau, der Elektrotechnik, der Bekleidungs- und Lebensmittelindustrie herangezogen. Die sich verändernde Qualifikationsstruktur spiegelt sich auch hier in der Statistik wider; der Facharbeiteranteil der Frauen sank zwischen 1951 und 1961 von 11,3 % auf 6,3 %, der Anteil

11 Heß, P., *Monopole, Staat und das Problem des gesellschaftlichen Fortschritts im gegenwärtigen Kapitalismus*, in: *Marxistische Blätter*, Sonderheft 1/1967, S. 17–30, hier S. 18.

12 Ursache und Bedeutung dieser Entwicklung können im Rahmen dieser Arbeit nur im Kapitel über die besonderen Bedingungen der Qualifikation des weiblichen Arbeitsvermögens dargestellt werden.

der Angelernten blieb bei knapp 45 %, während der der Ungelernten von 43,4 % auf 48,9 % stieg.[13]
Die mit der Verknappung des Arbeitskräftepotentials einhergehende Veränderung der Produktionstechniken und die Intensivierung der Arbeit führten zur verschärften Auspowerung der Arbeitskräfte; ihr sichtbarster Ausdruck war die Zunahme der Arbeitsunfälle, der Frühinvalidität und der Frührentnerschaft. Die von den Gewerkschaften durchgesetzten Verbesserungen der Arbeitsbedingungen wurden zum großen Teil durch neuerliche Intensivierungs- und Rationalisierungsmaßnahmen wieder aufgewogen. Die einzige Möglichkeit für das Kapital, die gesellschaftlichen Widersprüche in ihrer Wirkung abzuschwächen, die für den gesellschaftlichen Fortschritt obsolet gewordene Profitorientierung aufrechtzuerhalten, war die Zentralisierung und Konzentration. »Denn die Produktion kann nur in dem Maße entwickelt werden, wie sie Profit abwirft und nicht, wie sie gesellschaftliche Bedürfnisse befriedigt. [...] Das Wertgesetz, das dem Einzelkapital als Zwangsgesetz der Konkurrenz erscheint und es unter den Bedingungen der freien Konkurrenz nötigt, ständig die in einer Ware gebundene Arbeitskraft zu senken, reduzierte die zur Produktion notwendige Arbeit ebenso beständig auf das gesellschaftlich notwendige Maß. Der Zwang zur laufenden Rückverwandlung des Profits in produktives Kapital, die Akkumulation, ließ die Einzelkapitale ständig wachsen.«[14]
Die mit der Steigerung der Produktivkraft der Arbeit und mit der technologischen Umwälzung verbundene erhöhte organische Zusammensetzung des Kapitals verringerte jedoch die Profite und verschlechterte den Verwertungsgrad des Kapitals derart, daß es 1966/67 zur Krise kam. Um dem krisenhaften Verlauf der Akkumulation entgegenzuwirken, wurde die Staatstätigkeit über politische und wirtschaftliche Stabilitätsmaßnahmen sowie über infrastrukturelle Voraussetzungen zur Profitsteigerung (z. B. Bildungswesen) forciert. Die SPD/FDP-Koalitionsregierung ergriff Maßnahmen zur antizyklischen Konjunktursteuerung, längerfristigen Lohn- und Einkommenspolitik, Bildungs- und Forschungsplanung, um den Widerspruch zwischen vergesellschafteter Produktion und

13 Vgl. *Wirtschaft und Statistik* 6/1969, S. 287.
14 Heß, a.a.O., S. 19.

privater Aneignung und Verfügung über die Produkte abzuschwächen. Die öffentliche Diskussion dieser Maßnahmen, die Erstellung von Gutachten durch einen Sachverständigenrat und die Hearings zu umstrittenen Gesetzesvorlagen erweckten den Eindruck, als nähmen die Vertreter aller sozialen Gruppierungen gleichberechtigt an den Entscheidungen teil, die im Interesse des Allgemeinwohls getroffen werden, als könnten die Abgeordneten aller Fraktionen durch die »neue« soziale Rolle des Staates und der Regierung optimal und kompetent die Interessen der Allgemeinheit wahrnehmen und die unübersehbaren Diskrepanzen in allen sozialen Bereichen, zum Beispiel die Wohnungsmisere, die Schwierigkeiten in der Krankenversorgung, der Bildungsnotstand, die Lage der berufstätigen Frauen, seien Ausdruck von Sachzwängen, nicht der Sozialstruktur der Gesellschaft.

Die sozialstaatliche Vorstellung politischer Institutionen geht davon aus, daß der Staat umfassende Möglichkeiten hat, regulierend in den Kapitalverwertungsprozeß einzugreifen, d. h. sozialstaatliche Maßnahmen (z. B. Vermögensverteilung) werden als unabhängig von der Produktionssphäre angesehen. Daß der Staat die im Verwertungsprozeß der Kapitale angelegten Widersprüche lediglich dämpfen und die Bedingungen von Verwertung und Realisierung des Kapitals nur modifizieren, Produktion und Verwertung des Kapitals jedoch nicht planen kann, bleibt dabei außerhalb der Betrachtung.

Durch Appelle an Unternehmer, Gewerkschaften und Verbraucher, zur Stabilitätssicherung beizutragen, und durch die Übernahme sozialer Aufgaben (Erziehung, Altersversorgung, Subvention benachteiligter Regionen) versucht der Staat, im Bewußtsein der Bürger sich als diejenige Instanz zu legitimieren, die eine Umverteilung des gesellschaftlichen Reichtums zugunsten aller zu bewirken vermag. Daß staatliche Bildungsinvestitionen oder Sicherung der Altersversorgung nicht Umverteilung von Reichtum, sondern Rückerstattung einbehaltener Lohnanteile darstellen, ist indes so wenig erkannt, daß sie als Legitimationsstützen des das Allgemeinwohl besorgenden sozialen Staates erscheinen können. »Wirtschaftswunder« und Sozialstaats-Ideologie haben sich jedoch spätestens seit den Septemberstreiks 1969 als ein klar begrenztes Mittel zur gesellschaftlichen Befriedung erwiesen.

Das Wiederaufleben der Klassenkämpfe zeigt, daß der Konflikt zwischen Lohnarbeit und Kapital weiterbesteht und langfristig nicht verdeckt werden kann.
Wie stellt sich unter diesen politischen und ökonomischen Voraussetzungen die Situation der erwerbstätigen Frau in der Bundesrepublik dar?

3.2. Zur rechtlichen Situation der Frau in der BRD

Am 23. März 1949 wurde durch Art. 3 Abs. 2 und 3 GG die rechtliche Gleichstellung der Frauen im öffentlichen und privaten Recht verkündet. Außer für die staatsbürgerlichen Rechte war die Anpassung der Rechtsnorm für das Privatrecht, Steuerrecht, Staatsangehörigkeitsrecht und Beamtenrecht bis zum 31. 3. 1953 gesetzlich befristet.[15] Bei der Verwirklichung des Gleichheitsgrundsatzes auf diesen Gebieten, z. B. des Steuerrechts, konnten teilweise erst Entscheidungen des Bundesverfassungsgerichts die Rechtswirksamkeit durchsetzen, da in der inhaltlichen Bestimmung, daß niemand »wegen seines Geschlechtes benachteiligt oder bevorzugt werden« darf, die praktische Anwendung ungenügend berücksichtigt worden war. Aus den Entscheidungen des Bundesverfassungsgerichtes geht hervor, »daß rechtliche Differenzierungen, die auf dem Geschlechtsunterschied beruhen, unzulässig seien und die Gestaltungsfreiheit des Gesetzgebers nur dann gegeben sei, wenn verschiedene Wege zur Verwirklichung der Verfassungsforderung möglich seien. Gleichberechtigung bedeutet jedoch nicht Gleichmacherei, sondern Gleichwertigkeit.«[16] Das heißt, es darf nicht über die objektiven Geschlechtsunterschiede hinweggegangen werden; Mutterschutz z.B. darf nicht als Bevorzugung des Geschlechts ausgelegt werden.
Doch nicht nur objektive biologische Unterschiede gingen in die richterlichen Entscheidungen ein, sondern auch die »funktionalen (arbeitsteiligen)«. So geht die Rechtsprechung

15 Vgl. Scheffler, E., *Die Stellung der Frau in Familie und Gesellschaft im Wandel der Rechtsordnung seit 1918*, Frankfurt/Main/Berlin 1970, S. 17 ff.

16 Menschik, J., *Die Bedeutung der Erwerbstätigkeit für die gesellschaftliche Emanzipation der Frau in der Bundesrepublik Deutschland*, Dipl.-Arbeit, Freie Universität Berlin 1970, Teil 2, S. 6.

grundsätzlich davon aus, daß zwar die Hausarbeit gleichwertig zum Unterhalt der Familie beiträgt wie das Einkommen des Ehemannes, daß aber der Unterhaltsbeitrag durch Hausarbeit die primäre Aufgabe der Frau sei. Verfassungsrechtlich muß der Frau der Anspruch auf ein »marktwirtschaftliches Einkommen« zugestanden werden, doch nach der Formulierung des Gleichberechtigungsgesetzes vom 18. 6. 1957 »gehört [es] zu den Funktionen des Mannes, daß er grundsätzlich der Erhalter und Ernährer der Familie ist, während es die Frau als ihre vornehmste Aufgabe ansehen muß, das Herz der Familie zu sein«.[17] So wird der § 1356 begründet, der Berufstätigkeit der Frau nur insoweit zuläßt, »wie diese Tätigkeiten nicht der Erfüllung ihrer ehelichen und familiären Pflichten entgegenstehen«[18], und § 1360 verpflichtet sie, eine Erwerbstätigkeit aufzunehmen, »soweit die Arbeitskraft des Mannes und die Einkünfte der Ehegatten zum Unterhalt der Familie nicht ausreichen«.[19] Das bedeutet aber, daß die politische Emanzipation über die staatsbürgerliche Gleichberechtigung vom Gesetzgeber zurückgenommen wird, sobald die traditionelle Arbeitsteilung der Geschlechter in Frage steht, bzw. daß die gleichberechtigte ökonomische Selbständigkeit der Frau nur dann vom Gesetz gefordert wird, wenn die Tatsache, daß ein großer Teil der Männer durch ihre Arbeit den Unterhalt der Familie nicht mehr allein gewährleisten kann, in der Notlage manifest wird.

Der Einwand, das Recht auf Erwerbstätigkeit der Frau widerspreche dem Ehe- und Familienleitbild des Grundgesetzes, wird durch die Realität entkräftet. Außerdem enthält Art. 6 Abs. 1 GG[20] keine Vorschrift einer bestimmten Form und Gestaltung der Ehe in der Privatsphäre. »Die in § 1356 Abs. 1 BGB festgelegte eheliche Arbeitsteilung ist daher gemäß Art. 6 Abs. 1 GG verfassungswidrig.«[21] Die funktio-

17 Menschik, a.a.O., S. 7.

18 Ebd.

19 Holzer, D. u. a., *Frauenemanzipation in der BRD*, 1971, S. 126.

20 Artikel 6 Abs. 1 GG hat zum Inhalt den Schutz jeder Ehe und Familie, die dem heute in der BRD gesetzlich normierten körperlich-rechtlichen Institut der Ehe und Familie entspricht, und zwar *unabhängig von ihrer Gestaltung in der Privatsphäre.* (Vgl. Binder-Wehberg, a.a.O., S. 56.)

21 Binder-Wehberg, F., *Ungleichbehandlung von Mann und Frau*, Berlin 1970, S. 71.

nale (und biologische) Arbeitsteilung der Geschlechter wirkt sich nicht nur im Hinblick auf die Teilnahme am Erwerbsleben negativ für die Frau aus; ihre aufgrund dieser Arbeitsteilung bestehende »besondere Schutzbedürftigkeit«, die sich in die Unternehmen belastenden Sonderbestimmungen (Arbeitsschutz, Mutterschutz, spezifischen Arbeitszeitbestimmungen, Haushaltstag etc.) ausdrückt, mindert darüber hinaus die Chancen gegenüber dem Mann, einen qualifizierten Arbeitsplatz zu bekommen. Wenn männliche Bewerber bevorzugt werden, weil die Unternehmer erhöhte Kosten durch die Einstellung einer Frau scheuen, so bietet das Gesetz keine Handhabe, die Gleichberechtigung gegen der Vertragsfreiheit des Unternehmers durchzusetzen. Zwar kann der Betriebsrat nach § 61 Abs. 3 lit c BetrVG die Zustimmung zu einer Einstellung verweigern, wenn dabei andere Bewerber aus Gründen des Geschlechts benachteiligt wurden, jedoch besteht für den abgelehnten Bewerber kein Anspruch auf Einstellung.[22] «Die einzige Möglichkeit, die Chancen der Frau im Kampf um den Arbeitsplatz zu verbessern, ist, dem Arbeitgeber die finanzielle Belastung, die speziell bei Beschäftigung von Frauen durch die arbeitsrechtlichen Schutznormen entsteht, soweit wie möglich zu nehmen, so daß der Arbeitgeber wenigstens in dieser Hinsicht bei der Einstellung von Frauen keine besonderen Nachteile befürchten muß. Sonst stellt sich zu Recht die Frage, ob man überhaupt einem Schwächeren hilft, wenn man ihm schützende Vorteile und den gleichen Lohn gewährt, dadurch aber seine Wettbewerbschancen mindert.«[23] So hat z. B. nicht mehr der Arbeitgeber für das Mutterschaftsgeld aufzukommen, sondern der Bund (nach § 13 n. F. MuSchG), d. h. die Steuerzahler. Die oben zitierten »Schwächeren« helfen sich damit letztlich wieder selbst.

Die Folgen dieser im Recht fixierten Normen für das Leben der erwerbstätigen Frauen werden im weiteren Verlauf der Arbeit deutlich gemacht. Zunächst soll kurz auf die erste »amtliche« Darstellung der Lage der Frauen nach Inkrafttreten der Gleichberechtigungsgesetze eingegangen werden.

22 Ebd., S. 75.
23 Ebd., S. 75.

3.3. Bericht der Bundesregierung zur Situation der Frauen in Beruf, Familie und Gesellschaft

1962 stellte die SPD-Bundestagsfraktion den Antrag an die CDU-Bundesregierung, dem Parlament einen Bericht über die Situation der berufstätigen Frau in der Bundesrepublik Deutschland vorzulegen.

Im Gegensatz zu der Entwicklung nach dem Ersten Weltkrieg waren die Frauen nach 1945 nicht wieder aus der den Männern zugewiesenen »Arbeitswelt« hinausgedrängt worden. Die Tatsache, daß heute ein Drittel aller Erwerbstätigen Frauen sind, scheint weder von der Wirtschaft noch von den Parteien als ein Prozeß des gesellschaftlichen Strukturwandels gesehen worden zu sein, sonst wäre wohl nicht erst siebzehn Jahre nach Kriegsende die Frage gestellt worden, wie man die mehr oder weniger naturwüchsige Einbeziehung der Frau in das Erwerbsleben und deren Konsequenzen planmäßig steuern könnte.

1966 wurde der *Bericht der Bundesregierung über die Situation der Frauen in Beruf, Familie und Gesellschaft*[24] fertiggestellt und im Januar 1967 vor fast leerem Abgeordnetenhaus diskutiert.[25] Wir wollen hier nicht die sogenannte »Frauenenquete« referieren, da das statistische Material zum großen Teil veraltet ist oder neu aufbereitet wurde. Wichtig erscheint uns vielmehr das in dieser Dokumentation repräsentierte Leitbild von der sozialen Rolle der Frau. Die Bedingungen der in diesem Bericht implizit enthaltenen Rollenzuweisung werden von den Verfassern nicht analysiert, der normative Charakter der Aussagen soll verdeckt, die mit ihm verknüpfte Wertung soll unerkannt bleiben. Gerade deshalb scheinen uns diese Aussagen typisch für die offizielle Beurteilung des Sachverhalts zu sein. Aber nicht nur der Umstand, daß ein allgemeiner Konsens über die Einstellung zur erwerbstätigen Frau unterstellt wird, sondern auch die Aufbereitung des Materials ist bezeichnend. Eine Fülle von empi-

24 *Bericht der Bundesregierung über die Situation der Frauen im Beruf, Familie und Gesellschaft*, Bundesdrucksache V/909, 1966.

25 Vgl. Mohl, Liselotte und Ingrid Langer-El Sayed, *Die Frau im amtlichen Schubladen. Ein Aufruf zum Handeln*, in: *Frankf. Hefte*, Jg. 22/1967, H. 2, S. 113–122.

rischen Daten wird ausgebreitet; Gesetzesinitiativen jedoch werden nicht formuliert, ein Anspruch auf Beseitigung der beklagten Zustände wird nicht angemeldet. Die gesellschaftliche Bedeutung des Problems artikuliert sich lediglich in Appellen an die Öffentlichkeit, im Aufruf zur verantwortlichen Mitarbeit der Organisationen und Verbände. Doch jeder Versuch, mit Hilfe dieser Dokumentation einer solcher Aufforderung nachzukommen, wird durch die Unzugänglichkeit des Materials derart erschwert, daß die Ernsthaftigkeit des Aufrufs bezweifelt werden muß.

Die ideologische Funktion der implizit normativen Konzeption der ›Frauenenquete‹ wird von uns an folgenden Punkten dargestellt: a) Die Frau in der Familie; b) Die Frau im Beruf; c) Die Auseinandersetzung mit dem Konflikt zwischen Familienorientierung und Berufstätigkeit.

a) Die Frau in der Familie

Die durch ihre Funktion in Familie und Ehe, durch gesetzliche Gleichberechtigung und durch die Teilnahme am Produktionsprozeß definierte soziale Rolle der Frau wird im Bericht der Bundesregierung eindeutig zugunsten des traditionellen Leitbildes der Frau interpretiert: ihr Wirkungskreis ist der der Hausfrau, Ehefrau und Mutter in der bürgerlichen Familie. Dieser Bestimmung liegt die Vorstellung zugrunde, daß die Frau sich »sowohl für ihre Aufgaben in der Ehe, Familie und Gesellschaft als auch für einen Erwerbsberuf vorbereitet. Diese Frau übt dann aber in den einzelnen Lebensphasen nur nach Maßgabe ihrer Verpflichtungen gegenüber Familie und Haushalt eine Erwerbstätigkeit aus und geht auch ein Engagement gegenüber der Gesellschaft nur ein, wenn die familiären Anforderungen es zulassen.«[26] Die volkswirtschaftliche Bedeutung der Erwerbstätigkeit der Frauen wird betont; daraus ergibt sich für die Verfasser jedoch nicht die Notwendigkeit, die traditionelle Rollenzuweisung umzuwerten: primär bleiben die Aufgaben der Frau definiert durch »ihre Pflichten im Privatdienst der Familie«.[27] Den Tätigkeitsbereich der Frauen bestimmt die gesellschaftliche Arbeitsteilung zwischen Mann und Frau. Während der Mann aufgrund

26 *Bericht der Bundesregierung*, a.a.O., S. 114.
27 Engels, *Der Ursprung...*, a.a.O., Berlin 1964, S. 84.

seiner Erwerbstätigkeit vorrangig für die materielle Reproduktion zuständig ist, ist die Frau an das angeblich gesellschaftsneutrale Innensystem der Familie gebunden. Als Ehefrau führt sie »den Haushalt heute in eigener Verantwortung«[28], als Mutter ist sie Mittelpunkt der Familienharmonie, sie sorgt für die emotionale Stabilisierung der Familienmitglieder und trägt die Hauptverantwortung für die Erziehung der Kinder. Diese Funktion zwingt die Frau, alle ihre Interessen und Neigungen der Familie unterzuordnen; ihre Beziehung zur Gesellschaft ist klar durch den beruflichen und sozialen Status des Mannes vermittelt.

Die durch familiale Aufgaben bestimmten Rollenerwartungen der Frau verlangen spezifische, als »weiblich« charakterisierte Verhaltensweisen, die in der ›Frauenenquete‹ als »natürliche« und biologisch bedingte ausgewiesen werden. Das Selbstverständnis der Frau als Mutter kann »durch nichts entscheidend beeinträchtigt werden, da die Frau nach ihrer körperlichen und geistig-seelischen Beschaffenheit auf die Mutterschaft hin angelegt ist«.[29] Und: in Angelegenheiten der Kindererziehung ist »naturgemäß primär die Mutter angesprochen«[30], denn »die Frau ist gefühlsbetonter als der Mann«.[31] Diese scheinbar unwandelbaren und für das bestehende Gesellschaftssystem noch funktionalen spezifischen Eigenschaften der Frau gelten als Legitimation für die Rollenzuweisung. Zwar wird in der ›Frauenenquete‹ die historische Entwicklung des Leitbildes der Frau anerkannt, aber gleichzeitig wird diese Erkenntnis eingeschränkt durch die wertende Festlegung der Frau auf ihre Funktion als Mutter. »Nach dieser Auffassung ist das Bild der Frau in einem bestimmten, zentralen, insbesondere mütterlichen Bereich zwar ein für alle Mal festgelegt, im übrigen aber Wandlungen zugänglich.«[32]

Der Ideologie der Familienbestimmtheit der weiblichen Rolle zum Trotz sind viele Frauen berufstätig. Und aus den Konflikten, die aus der »Doppelrolle« der Frauen in Familie und Beruf resultieren, ergibt sich gerade die Notwendigkeit,

28 *Bericht der Bundesregierung*, a.a.O., S. 14.
29 *Bericht der Bundesregierung*, a.a.O., S. 12.
30 Ebd.
31 Ebd., S. 123.
32 Ebd., S. 9.

die Situation der berufstätigen Frau empirisch zu untersuchen.

b) Die Frau im Beruf

Den Frauen wird bestätigt, daß »der rasche Wiederaufbau der deutschen Wirtschaft nach dem Kriege und die hohen Wachstumsraten des Bruttosozialprodukts [...] ohne die absolut und relativ steigende Beschäftigung von Frauen in diesem Umfang nicht möglich gewesen [wäre].«[33] Weiter wird betont, daß die Wirtschaft auf die Frauenarbeit nicht mehr verzichten kann, da »bei rückläufiger oder stagnierender Erwerbsbevölkerung bis 1970 und weiterem Wachstum der Nachfrage nach Gütern und Dienstleistungen [...] der Bedarf an weiblichen Arbeitskräften eher zunehmen als abnehmen [wird]«[34], ja, daß auch der Bedarf an qualifizierter Frauenarbeit steigen wird. Als Folge zunehmender Automation und Rationalisierung wird nämlich erwartet, daß künftig mehr Arbeitsplätze im tertiären Sektor (Dienstleistungsbereich) als im Produktionssektor erschlossen werden, die eine relative Höherqualifikation voraussetzen.

Doch trotz solcher Anerkennung der berufstätigen Frau wird immer wieder unterstrichen, daß Hausarbeit als Beruf, für den man sich vielseitig qualifizieren sollte, als gleichwertig betrachtet werden müsse. Die Lage der erwerbstätigen Frau wird ganz unter dem Primat der geschilderten Rollenzuweisung gedeutet und die freiwillige oder erzwungene Berufstätigkeit von 10 Millionen Frauen letztlich als bedauerliche Abweichung von der wünschenswerten Regel gesehen. Ihre spezielle Situation am Arbeitsplatz in vorwiegend subalternen Positionen, ihre physische Ausbeutung durch Akkord- und Fließbandarbeit, ihre niedrige Entlohnung werden zurückgeführt auf ihre physisch-psychischen Eigenschaften.

Alle Verbesserungsvorschläge gehen von diesem Schema aus. Die Einrichtung von Kinderkrippen oder Ganztagsschulen gilt als Notbehelf. Die Möglichkeit zu Erwerbstätigkeit und Berufsqualifikation wird in einem Phasenmodell des weiblichen Lebens verankert. Dieses Modell empfiehlt eine nicht zu lange, auf jeden Fall abzuschließende Ausbildung und

33 *Bericht der Bundesregierung*, a.a.O., S. 92.
34 Ebd.

Berufstätigkeit vor der Ehe, Aufgabe des Arbeitsplatzes während der ersten Lebensjahre der Kinder, weiterführende oder Zusatzausbildung (Stufenausbildung) und Wiedereingliederung in den Erwerbsprozeß in der dritten Phase.[35]
In Anlehnung an den Gleichheitsgrundsatz gesteht der *Bericht* den Frauen eine frei gewählte Tätigkeit und die Entfaltung der Persönlichkeit zu; aber in der Annahme, daß die »wesensmäßigen« Bedürfnisse der Frau grundsätzlich unveränderbar seien, nimmt er das Recht auf Arbeit als Grundbedingung der Chance für allseitige individuelle Persönlichkeitsentwicklung nicht beim Wort. Nur dort, wo sich traditionelle »Hege- und Sorgefunktionen«, die Garantie von Ordnung und Geborgenheit mit der Berufsorientierung der Frau verbinden lassen, wird Engagement für Berufstätigkeit und Qualifikation ausdrücklich unterstützt und positiv bewertet. Das gesellschaftliche Interesse an der Erziehung der Kinder, der Fürsorge für Alte und Kranke läßt sich unter kapitalistischen Produktionsverhältnissen nicht hinreichend fundieren; hier verbleibt die Frauenarbeit im Bereich der gesellschaftlich notwendigen, aber unprofitablen Tätigkeiten.

c) Die Auseinandersetzung mit dem Konflikt zwischen Familienorientierung und Berufstätigkeit

Bevor wir zusammenfassend darstellen, wie in der ›Frauenenquete‹ der Konflikt zwischen der familialen und beruflichen Rolle der Frau aufgenommen wird, wollen wir einige grundsätzliche Feststellungen treffen.
Es kann keiner Gesellschaft zugemutet werden, willentlich darauf zu verzichten, Fortpflanzung und Erziehung der nächsten Generation zu gewährleisten und zu schützen und denen, die allein die biologische Fähigkeit besitzen, Kinder zu gebären, die Erfüllung dieser Aufgabe institutionell und moralisch zu sichern. Als selbstverständlich sollte auch gelten, daß die Frauen, sobald sie von der Gesellschaft von traditionellen Aufgaben entlastet wurden, einen Teil ihrer Arbeitskraft in der vergesellschafteten Produktion zur Verfügung stellen. Diese Ansprüche sind unabdingbar im Interesse jeder Gesellschaft;

35 Vgl. Myrdal, A. und V. Klein, *Die Doppelrolle der Frau*, Köln 1961. Auf das sog. Phasenmodell wird im folgenden noch kritisch eingegangen.

mißbraucht werden sie dann, wenn überholte Formen, in denen diese Aufgaben traditionell bewältigt wurden, aufrechterhalten werden; wenn das gesellschaftliche Interesse an der Nachkommenschaft als natürliches, wesensmäßiges Interesse der Frauen mystifiziert wird; wenn das gesellschaftliche Interesse an der Arbeitskraft und Gebärfunktion der Frauen vor allem dazu benutzt wird, sie von den Entscheidungsprozessen über die Organisation ihrer gesellschaftlich relevanten Bedürfnisse auszuschließen, so daß sie die eigenen Fähigkeiten nur als Benachteiligung erfahren.

Die ›Enquete‹ geht davon aus, daß der Mann der alleinige Ernährer der Familie und Mutterschaft individuelles Schicksal, nicht gesellschaftliche Funktion sei. Da nun aber nicht länger ignoriert werden kann, daß die Frauen in zunehmendem Maß auch erwerbstätig sind, werden Hausfrauenarbeit und Berufsarbeit gleichermaßen »anerkannt«. Die Erschließung von Begabungsreserven bei den Frauen interpretiert der *Bericht* als Erfordernis der modernen Industriegesellschaft; allerdings dürfe dadurch die Erfüllung der familialen Aufgaben nicht in Frage gestellt werden. Sofern der Versuch, die soziale Doppelrolle zu bewältigen, sich nachteilig auf Ausbildung, Aufstiegschancen, Altersversorgung und Gesundheit auswirkt, soll durch geschlechtsspezifische Ausbildungsmöglichkeiten, Hausfrauenrenten und allgemeine Hochschätzung der überlasteten, da berufstätigen Mutter eine Art Ausgleich oder Entschädigung angeboten werden. Dankbar greift der *Bericht* den Begriff der »Doppelrolle« auf, als wäre damit der von der »modernen« Frau geforderte Lebensplan schon erstellt. Inhaltlich kann dies nur so gedeutet werden, daß die bei dem Versuch, die widersprüchlichen Anforderungen zu harmonisieren, entstehenden Konflikte den familialen Aufgaben der Frauen zugeschrieben werden und nicht der Tatsache, daß es den Frauen unmöglich ist, auf die Anforderungen der Mutterschaft der gesellschaftlich-ökonomischen Entwicklung entsprechend zu antworten. Entfaltung der Persönlichkeit (und das heißt immer auch der biologischen Funktionen) ist so nur zu erfahren als partielle Befreiung von materieller Not unter der Bedingung der gesellschaftlichen Isolation oder individuellen Unterdrückung.

Da die Verfasser des *Berichts* keine Wertung vornehmen, sondern Hinweise geben wollen, können sie allgemeine Widersprüche in der Situation der Frau darstellen, ohne deren Ursprung in der Gesellschaftsstruktur analysieren zu müssen. Das führt z. B. dazu, daß als Entschuldigung für das mangelnde politische Engagement der Frauen ihre Belastung durch die »vornehmste Aufgabe«, die Erziehung der nächsten Generation, genannt wird, was nur heißen kann, daß die nächste Generation für diese Gesellschaft von politisch desorientierten Müttern erzogen werden soll. Das erklärt, warum die Konzentration der erwerbstätigen Frauen aus den sozial benachteiligten Schichten in den unteren Berufspositionen, ihre Unfähigkeit, dem geschilderten Konflikt auszuweichen, zwar mit ungenügenden Bildungschancen, aber nicht mit ihrer Klassenlage in Verbindung gebracht wird.

Die Unverbindlichkeit, mit der der *Bericht* die Lage der berufstätigen Frau beschreibt, hat ihre objektive Ursache darin, daß die parlamentarischen Vertreter sich einem Interessenpluralismus verpflichtet fühlen, der es ihnen überläßt, die Interessen von Gruppen zu formulieren – Interessen, deren Befriedigung allemal abhängig ist von den Entscheidungen derjenigen, in deren Händen die wirtschaftliche Macht konzentriert ist. Daher kann von den Verfassern des *Berichts* die Verantwortung für die soziale Lage der berufstätigen Frau nicht anders als in dieser Form artikuliert werden: »Im Bewußtsein ihrer Verantwortung für eine gerechte Ordnung wird die Bundesregierung auch weiterhin der Situation der Frauen besondere Beachtung schenken. Sie wird [...] zu gegebener Zeit weitere Maßnahmen vorschlagen, die dazu beitragen sollen, den Frauen den ihnen gemäßen Platz in unserer Gesellschaft zu sichern. Die noch ungelösten Aufgaben können zum Teil aber nur in Zusammenarbeit aller verantwortlichen Kräfte bewältigt werden. [...] In einer freiheitlichen Grundordnung entziehen sich jedoch manche Bereiche der Einflußnahme durch staatliche Maßnahmen. Hier haben der einzelne und die gesellschaftlichen Gruppen besondere Wirkungsmöglichkeiten und somit besondere Verantwortung. Dieser Bericht wendet sich daher auch als Aufruf zum Handeln an die gesamte Öffentlichkeit.«[36]

36 *Bericht der Bundesregierung*, a.a.O., S. XVIII. Am 19. 7. 72 wurde der Presse (4 Monate vor den Neuwahlen zum Bundestag) der *Bericht*

3.4. Statistische Daten zur Situation der erwerbstätigen Frau in der BRD [37]

a) Bevölkerungsanteil

1970 betrug der Anteil der Frauen an der Gesamtbevölkerung 52,4 %.[38] Das Anteilsverhältnis zwischen Männern und Frauen steigt nach dem 40. Lebensjahr zugunsten der Frauen

der Bundesregierung über die Maßnahmen zur Verbesserung der Situation der Frau vorgelegt. Der Bericht weist in folgenden Bereichen auf Neuregelungen in bezug auf die Gleichberechtigung der Frau hin:
1. Bildung: Mehr Chancengleichheit durch neue Ausbildungsordnungen für eine qualifizierte Berufsausbildung der Frauen; Chance für verheiratete, getrennt lebende oder geschiedene Frauen, aufgrund des Ausbildungsförderungsgesetzes auch in späteren Jahren eine (unter Umständen neue) Ausbildung zu erhalten oder eine alte zu Ende zu führen.
2. Arbeitsleben: Erhöhung und Dynamisierung des Unterhaltsgeldes für die Teilnahme an Fortbildungs- und Umschulungskursen (besondere Chance für Hausfrauen); neue Berufsmöglichkeiten durch die Aufhebung allgemeiner Beschäftigungsverbote; durch einen Forschungsauftrag soll ferner geklärt werden, ob die sogenannten »Leichtlohngruppen« im Sinne einer Diskriminierung der Frauenarbeit definiert werden.
3. Ehe und Familie: Anspruch der Frauen ab dem 30. Lebensjahr auf eine jährliche Untersuchung zur Früherkennung bestimmter Krebskrankheiten; Anspruch der Kinder bis zum 4. Lebensjahr auf insgesamt sieben Voruntersuchungen; Unfallschutz für erwerbstätige Eltern auf dem Weg zum Kindergarten sowie eine Fülle von eingeleiteten Maßnahmen (beispielsweise Reform des Ehe- und Familienrechts).
4. Soziale Sicherung: Abgesehen von den Ankündigungen des Rentenreformprogramms (Babyjahr, flexible Altersgrenze, Öffnung der gesetzlichen Rentenversicherung für alle Bürger) werden durch die neue »Rente nach Mindesteinkommen« die Renten für Frauen aufgebessert, die früher Lohndiskriminierung hinnehmen mußten; Verbesserung der Versorgung der Kriegerwitwen durch überdurchschnittliche Rentenerhöhung.
5. Landwirtschaft: Verbesserung der Möglichkeiten für berufliche Aus- und Fortbildung in ländlichen Gebieten; mehr Schutz durch die Schaffung der eigenständigen Krankenversicherung für Landwirte. (Vgl. *Frankfurter Rundschau* vom 20. 7. 72)

37 Der Mangel an statistischem Material über die Lage der erwerbstätigen Frau in der BRD machte es erforderlich, die Daten aus unterschiedlichen Quellen zusammenzustellen. Die gesonderte Darstellung der statistischen Daten ist im Rahmen dieser Arbeit gerechtfertigt, da im weiteren Verlauf nicht mehr alle sozial-statistischen Daten aufgenommen werden können, die die Situation der erwerbstätigen Frau näher bestimmen, und weil die Lesbarkeit des Textes durch die Aufführung der Statistiken beeinträchtigt würde.

38 *Statistisches Jahrbuch für die Bundesrepublik Deutschland*, Stuttgart 1971, S. 15.

an, was einerseits in der durchschnittlich um sechs Jahre höheren Lebenserwartung der Frau und andererseits in den Folgen der beiden Weltkriege begründet ist. Seit 1850 hat sich das durchschnittliche Lebensalter der Frauen um 25 bis 30 Jahre erhöht.[39]

b) Anteil an der Erwerbsbevölkerung

Von 26,844 Mio. Erwerbstätigen waren 1970 (siehe Tabelle 3)[40] 9 602 Mio. = 30,2 % Frauen. 1969 waren außerdem 439 400 (1966: 338 518) Gastarbeiterinnen in der Bundesrepublik erwerbstätig.[41] Aus Tabelle 2 geht hervor, daß die Hälfte aller erwerbsfähigen Frauen berufstätig ist. Die Entwicklung der Frauenerwerbsarbeit zeigt im Hinblick auf ihren Anteil zwischen 30 % und 40 % seit 100 Jahren eine deutliche Stagnation. 1882 waren 37 % aller Frauen zwischen 15 und 60 Jahren erwerbstätig.[42]

1968 gaben bei einer Umfrage 36 % aller berufstätigen Frauen an, daß sie der Haupternährer der Familie seien.[43]

Von insgesamt 10,3 Mio. Frauen über 40 Jahren waren 1968[44]:

- 1,1 Mio. nie erwerbstätig
- 5,4 Mio. früher erwerbstätig
- 3,8 Mio. erwerbstätig.

Als Gründe für die Aufgabe der Berufstätigkeit wurden genannt:[45]

- 47 % Heirat
- 11 % Kinder
- 17 % Gesundheit
- 25 % Sonstiges.

Im Durchschnitt sind Frauen 12 bis 13 Jahre lang erwerbstätig (Männer 27 bis 28 Jahre).[46]

39 Maeder, P., *Die gesellschaftliche Situation der Frau*, Hannover 1968, S. 27.

40 Tabellen, siehe Anhang Statistik.

41 *Frauenerwerbsarbeit*, a.a.O., S. 22.

42 Maeder, a.a.O., S. 69.

43 *So ist es geworden*, Dortmund 1969, S. 49.

44 *Frauenerwerbsarbeit*, a.a.O., S. 14.

45 Ebd.

46 *Frau und Öffentlichkeit*, INFAS-Report, Bad Godesberg 1965, S. 31.

c) Der berufliche Status

Eine Übersicht über den beruflichen Status der Frauen aus dem Jahre 1970 zeigt folgende Verteilung: Frauen waren

von allen	Arbeitern	3,5 Mio.	= 27,9 %
	Angestellten	3,8 Mio.	= 48,5 %
	Beamten	229 000	= 15,8 %
	Selbständigen	574 000	= 20,4 %
	mith. Fam.-Angeh.	1,5 Mio.	= 84,7 %[47]

In diesen Berufsgruppen befinden sich die Frauen vorwiegend in untergeordneten Positionen. Bei den Arbeiterinnen nehmen, je nach Industriezweigen, 70,2 bis 93,3 % die niedrigsten Leistungspositionen ein[48], bei den Angestellten 72,0 %[49]; nur bei den Beamtinnen der Bundesbehörden ist ungefähr ein Drittel im mittleren Dienst beschäftigt. – Der größte Teil der Arbeiterinnen ist in der Bekleidungs- und Textilindustrie, in der Nahrungs- und Genußmittelindustrie, der Elektro- und Metallbranche tätig.

d) Status der erwerbstätigen Frauen

Zwischen 1950 und 1962 ist der Anteil der erwerbstätigen Frauen um 70 % gestiegen (40 % Zunahme bei den Männern).[50] 1968 waren von den erwerbstätigen Frauen:

32 %	ledige Frauen	(3,1 Mio.)
56 %	verheiratete Frauen	(5,4 Mio.)
12 %	verwitwet oder geschieden	(1,1 Mio.).

Während der prozentuale Anteil der Frauen an der Erwerbsarbeit sich kaum verändert hat, hat die Berufstätigkeit der verheirateten Frauen seit 1907 stetig zugenommen:

1907 = 26 %[51]
1950 = 36,4 %
1961 = 46,2 %
1968 = 53,2 %[52]
1970 = 56,0 %[53].

47 *Statistisches Jahrbuch*, a.a.O., S. 125.
48 Krais, B., *Familienorientierte Erziehung*, Berlin 1970, S. 15.
49 Ebd.
50 Läge, H., *Die Industriefähigkeit der Frau*, Düsseldorf 1962, S. 18.
51 *Frauen 1968*, Bad Godesberg 1968, S. 36.
52 S. Tabelle 4.
53 *Frankfurter Rundschau* vom 27. 2. 1971.

e) Müttererwerbstätigkeit[54]

3,8 Mio. berufstätiger Frauen waren 1970 Mütter, die 4 Mio. Kinder zu versorgen hatten; 0,5 Mio. Frauen hatten 3 und mehr Kinder unter 18 Jahren (s. Tabelle 5). Auch die Müttererwerbstätigkeit weist eine steigende Tendenz auf; von 1950 bis 1962 betrug die Zunahme 74 %.[55]

f) Teilzeitbeschäftigung

Einen Ansatz, die Problematik der »Doppelbelastung« im Bereich der Wirtschaft zu lösen, stellt die Teilzeitarbeit dar. Im April 1970 gab es 2,13 Millionen teilzeitbeschäftigter Frauen. Von 1961 bis 1970 stieg der Anteil dieser Frauen um 83 %.[56] 1962 wurde im Auftrag des Rationalisierungskuratoriums eine Studie *Erfahrungen mit der Teilzeitarbeit der Frauen* fertiggestellt[57], die ergab, daß teilzeitbeschäftigte Frauen bis zu 25 % mehr Akkordleistungen (trotz Spätschicht) erbringen. Die mit der kürzeren Arbeitszeit verbundene Intensivierung der Arbeit hat auch noch andere Vorteile für den Unternehmer: die Löhne können relativ niedriggehalten werden, ohne daß Widerstand bei den betreffenden Frauen befürchtet werden müßte. »Es ist sogar sehr fraglich, ob die Höhe des Lohns bei den Entscheidungen von Hausfrauen – um diese Personengruppe handelt es sich ja vorwiegend – für oder gegen die Aufnahme einer Erwerbstätigkeit eine wichtige Rolle spielt. Fraglich ist auch, ob das jeweilige Lohnniveau und das Tempo seiner Veränderung überhaupt in dieser Personengruppe bekannt sind. Vieles spricht für die Vermutung, daß hier Gelegenheit zur Arbeitsaufnahme, Arbeitsbedingungen und Arbeitszeitregelung mehr beachtet werden als das Lohnniveau.«[58]

Für 1,4 Millionen Kinder erwerbstätiger Mütter fehlen Kin-

54 Vgl. Statistisches Jahrbuch.
55 Vgl. Tabelle 3.
56 *Teilzeitarbeit von Frauen in der BRD*, in: *IPW-Berichte*, Berlin (DDR) 2, 1972, S. 47.
57 *Erfahrungen mit der Teilzeitarbeit der Frauen*, in: *Der neue Betrieb* (Hrsg. Studienkreis für betriebliche Personal- und Sozialpolitik e. V.), Schrift 14.
58 *Mitteilungen* (Hrsg. Institut für Arbeitsmarkt- und Berufsforschung, Erlangen) 9/1969, S. 660/61.

dergartenplätze. Der Kompromiß, den diese Frauen schließen müssen, besteht häufig darin, daß sie unqualifizierte Arbeit, Verzicht auf Renten- und Arbeitslosenversicherung und Unsicherheit des Arbeitsplatzes in Kauf nehmen, um zum Familieneinkommen beizutragen. »Der ökonomische, soziale und ideologische Zwang zur Teilzeitarbeit wird als Hilfe und Ausweg für die Frau und Mutter dargestellt, weil die gesellschaftlichen Einrichtungen fehlen, die den Frauen eine volle Berufstätigkeit ermöglichen würden.«[59]

g) Altersversorgung

Da die Frauen durchschnittlich 15 Jahre weniger arbeiten als die Männer und während dieser Zeit die am schlechtesten bezahlten Posten einnehmen, erstaunt es nicht, daß sie 85 % der Empfänger der niedrigsten Renten stellen.[60] 54,6 % der Arbeiterinnen bekamen 1971 weniger als 150 DM Rente, dagegen nur 7,5 % der Arbeiter. Während 49,2 % der weiblichen Angestellten über weniger als 250 DM Rente verfügten, waren es im Vergleich dazu bei den männlichen Angestellten 9,7 %. Mehr als 400 DM Rente erhielten 57 % der Arbeiter, aber nur 1 % der Arbeiterinnen. 53 % männlichen Angestellten, die mehr als 600 DM Rente monatlich bezogen, stehen 10 % weibliche gegenüber.[61] »Eine weitere Aufschlüsselung der Versichertenrenten enthüllt, daß die Mehrheit aller erwerbstätigen Frauen im Alter völlig ungesichert und ohne Unterstützung durch Angehörige auf Sozialhilfe angewiesen ist. Es unterliegt keinem Zweifel, daß die meisten Frauen sich daher, trotz eigener Erwerbstätigkeit, in lebenslanger Abhängigkeit befinden.«[62]

Die weitgehende Abhängigkeit von der Altersversorgung des Mannes oder im Notfall von der Sozialhilfe der Behörden ist auch daraus zu erklären, daß die Frauen die Möglichkeiten hatten, sich bei der Eheschließung die bis dahin eingezahlten Beiträge auszahlen zu lassen; diese Möglichkeit gibt

59 *Teilzeitarbeit von Frauen in der BRD*, a.a.O., S. 50.
60 *Bericht der Bundesregierung*, a.a.O., S. 133.
61 Vgl. Tabelle 15 im Anhang.
62 *Informationen zur Wirtschaftsentwicklung und Lage der Arbeiterklasse*, Frankfurt a. M., Nr. 2, Juni 1972, S. 10.

es seit dem Finanzänderungsgesetz vom 21. 12. 1967 nicht mehr. Da aber die meisten Rückzahlungen aus ökonomischen Gründen (Haushaltseinrichtung) beantragt wurden, wird die Gelegenheit, längerfristig Beitragsnachzahlungen zu leisten, aus finanziellen Gründen in der Regel nur von wenigen wahrgenommen; zudem gilt bislang als Bedingung die Wiederaufnahme einer versicherungspflichtigen Beschäftigung. Hinzu kommt, daß vorzeitige Pensionierung bei den Frauen häufig eine Minderung der Grundrente bedeutet, da sie vor dem 60. Lebensjahr selten die nötige Anzahl von Jahren versicherungspflichtig arbeiten konnten.[63]

h) Gründe für die Erwerbstätigkeit

Nachdem wir festgestellt haben, daß sowohl die öffentliche Meinung als auch die Frauen selbst in der Mehrheit Berufstätigkeit von verheirateten Frauen und Müttern ablehnen, daß der Anteil der erwerbstätigen Frauen seit 1900[64] relativ konstant bei 33 % liegt und sich vor allem die Berufstätigkeit der verheirateten Frauen erhöht, sollen nun die von den Frauen selbst angegebenen Gründe für ihre Erwerbstätigkeit kurz betrachtet werden. Aus dem vorliegenden Material geht hervor, daß die Wirtschaft die besonders billige Arbeitskraft der Frau braucht. 1971 waren 36 % der offenen Stellen Frauenarbeitsplätze.[65] In der ›Frauenenquete‹ wird dargelegt, daß der gegenwärtige Stand des Bruttosozialprodukts ohne die Frauenerwerbsarbeit nicht erreicht worden wäre und nicht aufrechterhalten werden könnte. Auch Lisop[66] stellt fest, daß die Besetzung der von Frauen eingenommenen Arbeitsplätze nur durch ausländische Arbeiter gewährleistet werden könnte.

Aus den Daten über die Situation der erwerbstätigen Frau wird deutlich, daß die Wirtschaft nicht gezwungen ist, Frauen über Aufstiegsangebote, besondere Ausbildungsmöglichkeiten oder sogar Betriebskindergärten an sich zu binden; die Frauen

63 Vgl. Preller, L., *Praxis und Probleme der Sozialpolitik*, Tübingen 1970, S. 422.

64 Lisop, a.a.O., S. 30.

65 *Stat. Jahrbuch 1971*, a.a.O., S. 130.

66 Vgl. Lisop, a.a.O., S. 5.

werden auch nicht erwerbstätig, um der Isolation und Langeweile des Hausfrauendaseins zu entfliehen, um sie gegen einen Arbeitsplatz am Fließband einzutauschen. Krais[67] hat dargelegt, in welchem Zusammenhang Qualifikationsniveau und Berufsorientierung stehen; demnach kann man bei der Mehrzahl der Frauen »Freude am Beruf« nicht voraussetzen. Es ist anzunehmen, daß die 0,9 % (1961)[68], die diesen Grund für ihre Erwerbstätigkeit angegeben haben, heute noch gelten. Nach Holzer u. a.[69] nennen 86,6 % der Nichtverheirateten und 53 % der Verheirateten finanzielle Notlage als Begründung. Laut *Spiegel*[70] geben 94 % ökonomische Gründe an, womit gemeint ist, daß in diesen Fällen das Einkommen des Mannes allein nicht ausreicht, um den Lebensstandard der Familie auf einem den durchschnittlichen Erwartungen gemäßen Niveau zu halten.

i) Organisation in Gewerkschaften und Parteien

Im Durchschnitt beträgt der Organisationsgrad der erwerbstätigen Frauen 18 %.[71] Er ist vor allem abhängig von der Betriebsgröße, der Qualifikation, der Dauer der Erwerbstätigkeit und dem Alter.[72]

a) Betriebsgröße

Kleinbetriebe	(1 – 10 Beschäftigte)	= 11 % (22 %)
Mittelbetriebe	(11 – 100 Beschäftigte)	= 23 % (30 %)
größere Betriebe	(101 – 500 Beschäftigte)	= 18 % (18 %)
Großbetriebe	(über 500 Beschäftigte)	= 42 % (24 %)

(Die Prozentzahlen in Klammern geben jeweils den Anteil der erwerbstätigen Frauen in den aufgeführten Betriebsgrößen an.)

b) Ausbildung

Facharbeiterinnen	20 %
Angestellte	18 %
An- und Ungelernte	14 %

67 Vgl. Krais, a.a.O.
68 Holzer, a.a.O., S. 124.
69 Ebd.
70 *Der Spiegel*, Nr. 5/1971.
71 *Frau – Gesellschaft – Gewerkschaft*, a.a.O., S. 24.
72 A.a.O.: a) S. 3,/ b) S. 24,/ c) S. 24,/ d) S. 2.

c) Dauer der Erwerbstätigkeit

Frauen, die länger als 20 Jahre erwerbstätig sind 24 %

Frauen, die bis zu 5 Jahren erwerbstätig sind 8 %

d) Alter

		Anteil der Erwerbstätigen an der Altersklasse
18 bis 24 Jahre	15 %	23 %
25 bis 34 Jahre	28 %	26 %
35 bis 49 Jahre	38 %	31 %
50 und mehr Jahre	19 %	20 %
	100 %	100 %

In den Jahren 1965 bis 1968 ist die Zahl der weiblichen Betriebsratsmitglieder von 4 221 auf 3 918 zurückgegangen, von denen allein 2 801 in der IG Metall organisiert waren.[73]

Aus einer Umfrage in Köln[74] geht hervor, daß Frauen sich – wenn überhaupt – vorzugsweise im vorparlamentarischen oder kommunalen Bereich in Organisationen betätigen, wobei es jedoch meist bei der Mitarbeit in caritativen Verbänden oder z. B. in Elternbeiräten bleibt. Nur 1 % aller wahlberechtigten Frauen gehören einer Partei an.[75] 1965 waren 13,3 % der CDU-Mitglieder Frauen[76], 17,8 % der SPD-Mitglieder, 7–8 % der FDP-Mitglieder. Heute sind 6,6 % (518 : 34) aller Abgeordneten Frauen[77], während sie 1919 immerhin 9,6 % der Parlamentssitze inne hatten.[78] In den Landtagen liegt der Anteil der weiblichen Abgeordneten zwischen 3,9 (Bayern) und 14 % (Bremen).[79] Die Wahlbeteiligung der Frauen allerdings unterscheidet sich kaum von derjenigen der Männer.[80]

Zusammenfassend läßt sich feststellen: Die Funktionen des »Haftungsverbandes« und der Reproduktionseinheit Familie haben sich seit der Einbeziehung der Frau in den industriellen Produktionsprozeß wesentlich geändert und sind zum

73 *Frauenerwerbsarbeit*, a.a.O., Teil I. Vgl. zur gewerkschaftlichen Organisation der Frauen auch Tab. 16.

74 Vgl. *Frau und Öffentlichkeit*, a.a.O.

75 Maeder, a.a.O., S. 20.

76 A.a.O., S. 14.

77 *Daten – Fakten – Hinweise*, a.a.O., S. 58.

78 Maeder, a.a.O., S. 12.

79 *Daten – Fakten – Hinweise*, a.a.O., S. 59 ff.

80 Vgl. *Stat. Jahrbuch 1971*, a.a.O., S. 116.

Teil in den Bereich der Institutionen verlagert worden, um es der Frau zu ermöglichen, die materielle Existenzsicherung der Familie mit zu übernehmen; einen qualitativ veränderten Lebensplan, bei Anerkennung ihrer biologischen Konstitution, konnte sie trotz des Wandels ihrer Lebensweise nicht entwickeln. Bei zunehmender Bewertung ihrer Arbeitsleistung mittels geschlechtsneutraler Leistungskriterien (MTM-Verfahren etc.) wird der Frau die Chance, an vorhandenen Bildungs- und Aufstiegsmöglichkeiten teilzunehmen, durch unbezahlte Ausnutzung ihrer Arbeitskraft und Fähigkeiten für gesellschaftlich notwendige Aufgaben der Reproduktion und Kindererziehung verwehrt. Solange sie die »Doppelbelastung« auf sich nehmen muß, wird sie auch bei weitgehender Angleichung der Frauenlöhne an die Männerlöhne ihre Arbeitskraft billiger verkaufen und für die bestehende Gesellschaft über den Produktionsbereich hinaus Mehrarbeit leisten müssen, und zwar in der für ihre individuelle Erholung erforderlichen Zeit.

Daß die Frauen das Interesse der Gesellschaft an der spezifischen Qualität ihrer Arbeitskraft nicht in Forderungen an eben diese Gesellschaft wenden können, zeigt sich vor allem in ihrer Unterrepräsentation in den Berufsorganisationen, den Parteien und im Parlament. Die politisch-rechtliche Gleichstellung mit dem Mann, das Verbot der ungleichen Entlohnung für gleiche Arbeit und die Aufhebung diskriminierender Klauseln von seiten der Berufsstände sind die nur formale Erfüllung bürgerlich-demokratischer Ansprüche geblieben. Die Frauen wurden auf diese Staatsform verpflichtet, zumal von ihnen selbst gesteckte Ziele scheinbar erreicht sind; die grundsätzliche Veränderung ihrer Daseinsbedingungen, die ihnen allein erlauben würde, die verfassungsrechtlich zugestandenen Einflußmöglichkeiten in Wirtschaft und Gesellschaftspolitik selbstbewußt wahrzunehmen, ist freilich nicht realisiert.

3.5. Hauptquellen der besonderen Ausbeutung der Frau im Produktionsprozeß

Es geht im folgenden darum, die *spezielle* Benachteiligung der erwerbstätigen Frau aufzuzeigen. Dabei soll jedoch nicht der Eindruck erweckt werden, wir hielten die Situation der männlichen Arbeitskräfte für befriedigend. Die spezifischen Bedingungen allerdings, unter denen Frauen in den Produktionsprozeß eintreten, ermöglichen dem Kapital ihre besondere Ausbeutung; sie stellen gleichzeitig scheinbar eine Rechtfertigung ihrer Lage dar.[81]

3.5.1. *Ungleicher Lohn für gleiche Arbeit*

Die Billigkeit der weiblichen Arbeitskraft resultiert aus der Bemessung des Lohns unter kapitalistischen Produktionsverhältnissen. Diese basieren auf dem Prinzip des kapitalistischen Warentauschs. Der Arbeiter tauscht seine Arbeitskraft gegen den Lohn, den Wert oder Preis der Ware Arbeitskraft. Der *Wert der Ware Arbeitskraft* ist bestimmt durch das zu ihrer Produktion und Reproduktion erforderliche Arbeitsquantum; damit sind gemeint die Lebensmittel im weiteren Sinne, die die Arbeiterklasse benötigt, um leben, d. h. arbeiten zu können, und um eine weitere Generation von Arbeitern ernähren und ausbilden zu können.[82]

Vor der Einführung der Maschinerie waren im Lohn des Arbeiters die Reproduktionskosten für die *ganze Familie* enthalten: für den Arbeiter selbst, für die Ernährung und Erziehung der Kinder (der zukünftigen Arbeitskräfte) und für die Frau, die diese Erziehung zu gewährleisten und für die tägliche Reproduktion der Arbeitskraft des Mannes zu sorgen hatte. Solange die Männer aufgrund ihrer Körperkraft und Qualifikation das einzige Arbeitskräftepotential darstellten und dem Kapital nicht mehr Arbeitskräfte zur Verfügung standen, war es nicht möglich, die Arbeitskraft unter diesem Wert zu bezahlen. Erst als für die große Industrie der Bedarf an Arbeitskräften sprunghaft anstieg und gleichzeitig die Maschinerie körperliche Kraft und Geschicklichkeit mehr und mehr überflüssig machte, konnte der *Familienlohn* gesenkt werden, so daß Frauen und Kinder nun ebenfalls zur Reproduktion der Familie beitragen mußten (bei zunehmender Ausgliederung der Produktion von Gebrauchsgegenständen aus

81 Vgl. Radke, O. u. W. Rathert, *Gleichberechtigung?* Frankfurt 1964, S. 114.

82 Vgl. Marx. K., *Das Kapital* I, MEW Bd. 23, Berlin 1970, S. 181 ff.

dem Haushalt). Die Teilung der Arbeit und die Entwicklung der Maschinerie dequalifizierten die Arbeitskraft, machten die Arbeiter untereinander austauschbar und Arbeitskräfte überzählig; fortan konnten teure gegen billige Arbeitskräfte ausgetauscht werden. Die durch den Zwang der Frauen zur Erwerbsarbeit verstärkte Konkurrenz der Arbeiter untereinander verschärfte ihre Verelendung.[83]
Um es noch einmal zu betonen: nicht die Maschinerie, nicht die Frauenarbeit *an sich* verursachte die Verelendung des Proletariats, wie die Antifeministen argumentierten[84], sondern das Interesse des Kapitalisten, möglichst viele und möglichst billige Arbeitskräfte in den Produktionsprozeß einzubeziehen und aus ihnen Mehrwert herauszupressen.

3.5.1.1. Die besondere Bestimmung der Frauenlöhne

Auch heute noch, wo über die Hälfte der erwerbsfähigen Frauen erwerbstätig und von diesen jede zweite verheiratet ist, gilt der Lohn des Mannes als Familienlohn, der Lohn der Frau dagegen als »Zusatzverdienst«. Daß die Hausarbeit der Frau nicht mit dem Einkommen des Mannes entgolten wird, beweist neben der wachsenden Erwerbstätigkeit verheirateter Frauen und Mütter folgende Statistik: Ein Arbeiter bzw. Angestellter, der 1965 vor der Eheschließung 391,75 DM verdiente, bekam nach der Eheschließung 421,66 DM, also lediglich 29,91 DM mehr.[85] Man hat davon auszugehen, daß rund 47 % aller erwerbstätigen Frauen hauptsächlich oder teilweise (bei geschiedenen oder verwitweten Frauen) ihren Unterhalt durch eigene Erwerbstätigkeit bestreiten müssen.[86]
Für Mütter stellt sich über die Verteilung des Lohns auf mehrere Familienmitglieder der ökonomische Zwang zur Erwerbstätigkeit besonders deutlich ein: Die Ergebnisse einer 1970 publizierten Untersuchung[87], deren Erhebungsdaten repräsentativ sind, zeigen, daß Mütter aus vollständigen Fami-

83 Vgl. Marx, K., *Lohnarbeit und Kapital*, Berlin 1970, S. 56.
84 Vgl. dazu: Kapitel 2.2.
85 Holzer, D. u. a., *Frauenemanzipation in der BRD*, in: *Kürbiskern* 1/1971, S. 127.
86 Vgl. Kap. 3.4.
87 *Frauenerwerbsarbeit*, a.a.O., S. 15 (*Motive und Dauer der Erwerbstätigkeit von Müttern – Ergebnisse einer bundesrepräsentativen Erhebung*).

lien zu über 90 % aus ökonomischen Motiven berufstätig sind, wobei in erster Linie »Aufbau des Haushalts, Erweiterung der häuslichen Basis« genannt werden. Als wichtigste Einzelmotive erwiesen sich: Erhöhung des Lebensniveaus, Wohnungsbeschaffung und Hausbau, Aufbau und Sicherung der beruflichen Basis.

Wenn man Tabelle 8 und 9 zueinander in Beziehung setzt, läßt sich erkennen, daß eine Familie mit mehreren Kindern in der Regel mit nur einem Einkommensträger nicht existenzfähig ist. H. Gräser schließt daraus, daß ca. 9 Mio. Menschen in der Bundesrepublik als »arm« zu bezeichnen sind; das sind 15 % der Gesamtbevölkerung oder jeder 7. Einwohner.[88] Was M. und J. Rowntree für die USA feststellten, scheint demnach tendenziell auch für die Bundesrepublik zuzutreffen: »Ob der Lebensstandard der Familie aufrechterhalten werden kann und, in vielen Fällen, ob das Absinken in die Armut vermieden werden kann, hängt wesentlich nicht von einem, sondern von zwei Erwerbstätigen in der Familie ab. Diese Entwicklung ist nicht rückgängig zu machen. Die Zugehörigkeit der Frau zur Masse der Lohnabhängigen hat den vorübergehenden Charakter verloren.«[89] Dennoch betrug der Anteil der Frauenlöhne an den Männerlöhnen im Oktober 1970 noch immer nur 68 %.[90] Der durchschnittliche Bruttostundenverdienst belief sich auf 4,65 DM für Frauen und 6,75 DM für Männer[91], der durchschnittliche Bruttowochenverdienst stieg bei den Frauenlöhnen auf 190,– DM, bei den Männerlöhnen auf 305,– DM. Laut *Statistischem Jahrbuch* verdienten (einschließlich Selbständige, Angestellte, Beamte und Arbeiter):

41,5 % der Frauen 300–600
22,1 % der Frauen 600–800

88 Gräser, H., *Gibt es Armut in der BRD?* in: *Marxistische Blätter*, 5/1970, S. 66.

89 Rowntree, a.a.O., S. 62.

90 Vgl. *Frankfurter Rundschau*, vom 27. 1. 1971. Auch Akademikerinnen werden schlechter bezahlt als ihre männlichen Kollegen. So ergab eine Untersuchung des Verbandes angestellter Akademiker und leitender Angestellter der chemischen Industrie, daß sich die Gehälter von Akademikerinnen 1971 im allgemeinen nur auf 78 % bis 93 % derjenigen der männlichen Akademiker beliefen. 47 % der befragten 297 Frauen hielten sich für nicht angemessen bezahlt. Vgl. *Tagesspiegel* vom 26. Juli 1972, S. 6.

91 Ebd.

12,4 % der Frauen 800–1200
3,2 % der Frauen 1200–1800.[92]

Angesichts der Tatsache, daß 55,7 % der Arbeiterinnen nur zwischen 300 DM und 600 DM verdienen, 12,4 % zwischen 800 DM und 1 200 DM, daß also der Frauenlohn nicht einmal die Reproduktionskosten großer Gruppen unverheirateter Frauen (noch weniger die alleinstehender Mütter und deren Kinder) deckt[93], wirkt sich die Minderentlohnung der Frau (neben anderen Mechanismen) als direkter Zwang zur Ehe aus (vgl. Tab. 8).

Erst 1955, sechs Jahre nach Inkrafttreten des Grundgesetzes, wurden die diskriminierenden Frauenlohngruppen aufgrund der Klage einer Hilfsarbeiterin für verfassungswidrig erklärt und abgeschafft. Bis zu diesem Zeitpunkt waren die Frauenlöhne anhand der »Frauenlohnabschlagsklausel« errechnet worden, eines Abzugs von den Männerlöhnen je nach Lohngruppen. Ihr zufolge betrugen in der Metallindustrie die Frauenlöhne, je nach Tarifvertrag, zwischen 75 % und 87,5 % der nach Tätigkeitsanforderungen vergleichbaren Männerlöhne.[94] Die Streichung dieser diskriminierenden Vertragsbestimmungen hätte den Frauen Lohnerhöhungen bis zu 25 % gebracht. »Für die Unternehmer wäre dabei eine Erhöhung des Lohnkostenanteils vom Umsatzwert von maximal 5 % entstanden.«[95] Zu dieser Erhöhung der Lohnkosten waren sie nicht bereit.

Auch die Gewerkschaften stimmten der Einführung der Leichtlohngruppen zu, deren Merkmale – »geringe Belastung« und »geringe Leistungsfähigkeit« etc. – wiederum fast ausschließlich auf die Frauen bezogen werden konnten. Gleicher Lohn für gleiche Arbeit war zwar gesetzlich festgelegt, praktisch aber wurde auch die gleichwertige Arbeit, die von Frauen geleistet wurde, von vornherein geringer bewertet als die der Männer; im übrigen wurden die Frauen erst gar nicht in die Lage versetzt, gleiche Arbeit (qualifizierte Arbeit) wie die Männer zu leisten. So heißt es in der Begründung zum Urteil des Bundesarbeitsgerichts über die Verfassungswidrig-

92 *Stat. Jahrbuch 1971*, a.a.O., S. 127, vgl. auch Tab. 8.
93 *Der Spiegel*, 25. Jg. 1971, Nr. 5, S. 71.
94 Radke, O., Rathert, W., a.a.O., S. 10/11.
95 Radke/Rathert, a.a.O., S. 14.

keit der Frauenlohnabschlagsklausel: »Es ist nach dem gesagten möglich und *notwendig* [Hervorhebung v.V.], genauere Lohnkategorien zu bilden, insbesondere auch für leichte und schwere Arbeit [...]. Sollte eine solche Methode dazu führen, daß die Frauen alsdann deshalb geringer entlohnt werden, weil gerade sie es sind, die die leichtere Arbeit oder die überwiegend leichtere Arbeit leisten, so *bestehen dagegen keine rechtlichen Bedenken* [Hervorhebung v.V.].«[96] Zur Illustration der Tatsache, daß das Urteil genau die in der Begründung bereits angelegte Auswirkung hatte, vergleiche man folgende Tabelle[97]:

Von je 100 Arbeitern und Arbeiterinnen in der Metallindustrie gehörten zur Leistungsgruppe

	Männer			Frauen		
	1	2	3	1	2	3
1951	57,6	30,4	12,0	1,9	43,0	55,1
1957	53,5	35,1	11,2	1,2	40,2	59,6
1962	52,6	38,3	9,1	1,7	43,1	55,1
1966	56,3	34,9	8,8	2,7	42,7	54,6

Die Leichtlohngruppen beziehen etwa 72% bis 75% des tariflichen Ecklohns.[98] 1970 hatte eine Arbeiterin in der höchsten Leistungsgruppe (der Industrie) noch immer nicht den Stundenlohn eines Arbeiters in der niedrigsten Leistungsgruppe erreicht (4,90 DM : 5,59 DM).[99] Obwohl die Forderung nach gleichem Lohn für gleiche Arbeit sowohl in den EWG-Verträgen (Art. 119) und den Bestimmungen der International Labour Organization (ILO) als auch im Betriebsverfassungsgesetz und den Gleichberechtigungsparagraphen des Grundgesetzes enthalten ist, wird deren Durchsetzung mit den Leichtlohngruppen und zum Teil nicht einklagbaren Treueprämien und Zuschlägen an männliche Arbeitnehmer umgangen. »Da der Arbeitgeber das Recht hat, Zulagen zu gewähren, deren Höhe und Begründung er allein bestimmt, gibt

96 Winter, R., *Kein Frauenabschlag mehr*, 1967, S. 214.
97 *Der Gewerkschafter*, Frankfurt (Main) 1/1970, S. 31.
98 Radke, Rathert, a.a.O., S. 10.
99 *Statistisches Jahrbuch 1971*, a.a.O., S. 458.

es auch auf diesem Wege die Möglichkeit, Frauen ungerechtfertigt zu benachteiligen. Die herrschende Meinung verneint das Mitbestimmungsrecht des Betriebsrates, wenn es um solche Zulagen geht.«[100] Als Begründung für die Minderentlohnung der Frau gilt jetzt nicht mehr ihr Geschlecht, sondern ihre geringere Körperkraft, d. h. ihre geringere Leistungsfähigkeit und ihre mangelnde Qualifikation.

In den Leichtlohngruppen wird nach »Leistung« bezahlt, während die höher qualifizierten Arbeiter teilweise »Zeitlohn« erhalten. Im Tarifgebiet Nordrhein-Westfalen sind die Leichtarbeitslohngruppen folgendermaßen beschrieben[101]:

Gruppe 01: körperlich leichte Arbeiten, die nach kurzer Anweisung ausgeführt werden können;

Gruppe 02: körperlich leichte Arbeiten, die ein Anlernen von mindestens vier Wochen erfordern;

Gruppe 1: ungelernte Arbeiter mit Arbeitsbereitschaft; hierunter fallen Tätigkeiten, bei denen regelmäßig und in erheblichem Umfange Arbeitsbereitschaft erforderlich ist und die ohne jegliche Ausbildung nach kurzer Anweisung ausgeführt werden können;

Gruppe 2: hierunter fallen Arbeiten, die nach einer kurzfristigen Einarbeitungszeit ausgeführt werden können.

Hinter diesen klassifikatorischen »Feinheiten«, die von den Arbeiter und Arbeiterinnen nicht nachgeprüft werden können, verbirgt sich die Neukonstituierung von Frauenlohngruppen.

3.5.1.2. Intensivierung der Arbeit durch analytische Normfindungssysteme

Wie sehr Form und Ausmaß der Verausgabung der Arbeit durch die Maschinen diktiert sind, wird am Einsatz der »wissenschaftlichen« Arbeitsbewertungssysteme, der »Verfahren vorbestimmter Zeiten« (VzZ) (in Deutschland hauptsächlich MTM = Methods-Time-Measurement und WF = Work-Factor) deutlich. Als systematische Anwendung von Wissen-

100 Lisop, I., *Die Situation der berufstätigen Frau in der Industriegesellschaft*, Hannover 1967, S. 25.

101 Vgl. Radke/Rathert, a.a.O., S. 14/15.

schaft im kapitalistischen Produktionsprozeß führten sie zu derart extensiver Teilung der Arbeit, daß sie die menschlichen Funktionen in einem ohnehin entfremdeten Arbeitsprozeß physisch und psychisch verstümmelten. In der Skizzierung des MTM-Verfahrens ist dies zu erhärten.[102]
Bei MTM (Methods-Time-Measurement) und WF (WF (Work Factor) werden sämtliche Arbeitsabläufe durch Zeitlupenaufnahmen in ihre Grundbewegungen (Hinfassen, Greifen, Bringen) zerlegt. Der Durchschnitt der Einzelzeiten ergibt die »Normalzeitwerte«, nach denen sich die Lohnbemessung richtet. Durch Umgestaltung der Arbeitsplätze werden »unwirksame« Bewegungen eingespart und somit die Stückzahlen gesteigert.[103] Bei WF gilt als Grundeinheit 0,006 Sekunden; die Grundeinheit bei MTM, 1 TMU (Time Measurement Unit), beträgt 0,036 Sekunden. »So werden den Lohnabhängigen laut ›MTM-Normalzeitwertkarte 101 A 1955‹ exakt 13,3 TMU zugebilligt, um – bei ›30 cm Bew.Länge‹ – ohne Kraftaufwand ›einen Gegenstand in eine ungefähre oder eine unbestimmte Lage‹ zu bringen, mithin 0,4788 Sekunden. Gerade 0,6552 Sekunden (18,2 TMU) dürfen verstreichen beim ›Hinlangen zu einem Gegenstand, der mit gleichen oder ähnlichen Gegenständen so vermischt ist, daß er ausgewählt werden muß‹. Und für ›Gehen behindert‹ bewilligen die MTM-Verhaltensforscher ›pro Schritt‹ 15 TMU – 0,54 Sekunden.«[104]
Bei der Ermittlung der Normzeiten (Vorgabezeit) durch Bewegungsstudien ist die *simultane* Ausführung von Bewegungen, die Bewegungskombination, von besonderem Gewicht; sie ermöglicht die optimale gleichzeitige Anwendung von Kopf, Händen und Füßen; mit ihr verknüpft ist die Eliminierung der den Produktionsfluß störenden Ruhepausen durch die Maschine. Die Ergebnisse dieser Bewegungsstudien gehen also in die Konstruktion ein. Erst die entsprechend konstruierte Beidhandmaschine kann beide Hände des Arbeiters gleichzeitig »beschäftigen«. Durch Umbau lassen sich Maschinen relativ leicht auf das Beidhandverfahren umstellen.

102 Vgl. Funke, Hajo, *Die Differenzierung der Lohnformen im westdeutschen Kapitalismus seit 1950*, S. 52 ff.
103 Der *Spiegel* 5/71, S. 38/40.
104 Ebd., S. 40.

Allerdings sind die Bewegungsarten unterschiedlich. Die Stift-Loch-Montage zum Beispiel erfordert beim »Greifen« bzw. »In-eine-bestimmte-Lage-Bringen« (wie auch beim Montieren) eine sehr genaue Augen-Hand-Koordination. Dazu bedarf es zunehmend *sensomotorischer Fertigkeiten.* »Die Montage erfordert zu ihrer Mechanisierung und Automatisierung wegen der sehr speziellen, hier benötigten Funktionen einen großen technischen Aufwand. Jeder Montageautomat ist eine Spezialmaschine, die nur sehr geringe Anpassungsfähigkeit besitzt. Der Mensch ist dagegen sehr viel flexibler einsetzbar. Zum anderen haben die Studien der menschlichen Bewegung bei Montagearbeiten, der Anatomie, der Anthropometrie und der sensumotorischen Fertigkeiten in jüngster Zeit zu einer erheblichen Steigerung der menschlichen Montageleistung geführt, in denen die Bewegungsfolge verdichtet und die Bewegungsschwierigkeiten reduziert wurden. Erst wenn alle Möglichkeiten der arbeitstechnischen Rationalisierung ausgeschöpft sind (*maximale Bewegungsverdichtung*) lohnt sich ein Übergehen zur Mechanisierung.«[105]
Die Gewöhnung an die »Verdichtung der Arbeitsporen« verhindert die wirkliche Wahrnehmung der Auspowerung aller Kräfte. »Er wird erst nach Feierabend müde« (Philipps-Werbung für automatische Zeitmeßgeräte).[106] So sind zum Beispiel die bei Bosch den Frauen erteilten »Zuschriebe« aus »Gnade«, also ohne tarifvertraglichen Anspruch, gewährte Zulagen, weil die MTM-Normzeitwerte so hoch sind, daß die Frauen sie in aller Regel nicht erreichen. Zu den durch die Maschinen gesetzten nervlichen Belastungen tritt hier die des ständigen Mißerfolgs und damit die Angst vor Lohneinbußen, ja sogar vor dem Verlust des Arbeitsplatzes hinzu. Dies alles bezeichnet einen physischen und psychischen Deformationsprozeß, dem sich nur wenige Jahre lang standhalten läßt. Die systematische Verkürzung der Lebenszeit, zumal der aktiven Lebenszeit, ist das Resultat – ein verhüllter, weil allmählicher »Mord auf Raten« an Millionen von Arbeitskräften, vor allem an Fabrikarbeiterinnen, die zu 70 %

105 *Sieben Berichte,* Forschungsprojekt des RKW, *Wirtschaftliche und soziale Aspekte,* Frankfurt/M. 1970, S. 241.
106 *Neue Lohnformen im Kapitalismus,* Arbeitskreis für Analytische Arbeitsplatzbewertung, o.O. 1970, S. 2.

in Einzel- und Gruppenakkord nach den »modernen« Zeitmeßverfahren bewertet werden.
Die sogenannte flexible Altersgrenze ist längst durch die Intensivierung der Arbeit erzwungen worden: das durchschnittliche Alter bei Berufsunfähigkeitsrenten liegt bei 57 Jahren, bei Erwerbsunfähigkeitsrenten bei 55 Jahren.[107] Besonders für berufstätige Frauen wirkt sich die »Doppelbelastung« in einer Verminderung der Lebenserwartung aus. 1970 betrug das Durchschnittsalter ehemals berufstätiger Frauen beim Tod 68,5 Jahre, das Durchschnittsalter vormals berufstätiger Männer 75,9 Jahre. Für nicht oder nur teilbeschäftigte Frauen bestätigte sich dagegen die allgemein höhere Lebenserwartung der Frau.[108]
Die »Berufskrankheiten« der Frauen spiegeln die schweren Anforderungen wider; dazu gehören: statische Muskelbelastungsschäden (durch zu schweres Heben, ständiges Stehen oder Sitzen, andauerndes Treten, häufiges Bücken, Zwangshaltungen usw.), Fußleiden, Krampfadern, Wirbelsäulenveränderungen, Bandscheibenschäden, Beckenbodensenkungen etc. Psychische Belastungen drücken sich aus in: Müdigkeit, Schlaf- und Appetitlosigkeit, Kreislaufstörungen, Magen- und funktionellen Unterleibsbeschwerden und in manifesten Neurosen.[109] 1961 lag der Krankenstand der Frauen um rund 40 % über dem der Männer.[110] Während normalerweise 6–8 % aller Geburten Frühgeburten sind, machten sie bei erwerbstätigen Frauen 12–17 % aus.[111] Diese Zahlen beweisen, daß die geringere Bezahlung der Frauen nicht mit sogenannter Leichtarbeit begründet werden kann. Radke und Rathert schlagen vor, Anforderungsmerkmale wie Belastung der Sinne und Nerven, Umgebungseinflüsse, Verantwortung und Ausbildungsqualifikation bei der Lohnbestimmung zu berücksichtigen.[112] In Betrieben, in denen diese Forderungen durchgesetzt wurden, wurde eine durchschnittliche Lohnsteigerung um 19 % erreicht.[113]

107 Vgl. Funke, H., a.a.O., S. 65.
108 Vgl. *Tagesspiegel* vom 4. 8. 1972.
109 Vgl. Läge, H., a.a.O., S. 81/82.
110 Läge, H., a.a.O., S. 78.
111 Ebd., S. 83.
112 Radke/Rathert, a.a.O., S. 23.
113 Ebd., S. 35.

3.5.1.3. Der Stücklohn und seine Wirkung als individueller Leistungsdruck

Die Eliminierung aller nicht dem Arbeitsfortschritt dienenden Bewegungen zur »Vermeidung von Ermüdung« und »unnötiger Körperbeanspruchung« erlaubt eine Verschärfung des Arbeitstempos, die nun »wissenschaftlich fundiert« und somit unangreifbar ist. Andererseits verstärkt diese Methode die Illusion der »gerechten« Bezahlung, die Vorstellung, jedes hergestellte Stück, ja jede Bewegung leistungsgerecht bezahlt zu bekommen. Doch der Arbeiter verkauft nicht seine Arbeit, d. h. das von ihm geschaffene Wertprodukt, sondern seine *Arbeitskraft,* und zwar nicht nur für die Zeit, die er braucht, um ein Äquivalent für die zu seiner Reproduktion notwendigen Mittel zu schaffen, sondern jeweils (je nach Vertrag) für einen Tag, eine Woche einen Monat. »Obgleich nur ein Teil des Tagewerks des *Arbeiters aus bezahlter,* der andere dagegen aus *unbezahlter* Arbeit besteht und gerade diese unbezahlte oder Mehrarbeit den Fonds konstituiert, woraus der Mehrwert oder Profit sich bildet, hat es den Anschein, als ob die ganze Arbeit aus bezahlter Arbeit bestünde.«[114]
Das Ziel des Kapitalisten war zunächst, den Arbeitstag und damit das Quantum unbezahlter Arbeit möglichst auszudehnen; als die Mehrwertsteigerung in dieser Form nicht weiter intensiviert werden konnte, mußte die Zeit, die zur Reproduktion der Arbeitskraft notwendig war, durch Verbesserung der Maschinerie verkürzt und somit die Menge unbezahlter Arbeit vergrößert werden. Gleichzeitig mit der Ausschöpfung der relativen Mehrwertproduktion über die Produktivkraft Arbeit entwickelten die Unternehmer Techniken, auch ohne Verbesserung der technischen Ausrüstung mehr Arbeit aus dem Arbeiter herauszupressen: durch Intensivierung der Arbeit.
Die Intensivierung der Leistung wird vermittelt durch den *Stücklohn.*[115] »Die Qualität der Arbeit ist hier durch das Werk selbst kontrolliert, das die durchschnittliche Güte besitzen muß, soll der Stückpreis voll bezahlt werden. Der Stücklohn wird nach dieser Seite hin zu fruchtbarster

114 Marx, K., *Lohn, Preis und Profit,* a.a.O., S. 42.
115 In Form des Stücklohns erscheint der Fetischcharakter des Lohnes noch gesteigert; hier wird der Schein, als ob der Arbeiter tatsächlich nach seiner Leistung bezahlt würde, noch verstärkt.

Quelle von Lohnabzügen und kapitalistischer Prellerei. Er bietet den Kapitalisten ein ganz bestimmtes Maß für die Intensität der Arbeit. Nur Arbeitszeit, die sich in einem vorher bestimmten und erfahrungsgemäß festgesetzten Warenquantum verkörpert, gilt als gesellschaftlich notwendige Arbeitszeit und wird als solche bezahlt.«[116] Die Methoden der Leistungsbewertung, vor allem MTM[117], und das unauffällige Schnellerstellen der Fließbänder haben diese Formen kapitalistischer Ausbeutung auf die Spitze getrieben. Klagen über zu geringen Lohn werden mit dem Hinweis zurückgewiesen, daß es der Arbeiterin selbst überlassen sei, wieviel sie pro Stunde produziere, also wieviel sie verdiene. Damit werden objektive Zwänge in subjektive Fehlleistungen uminterpretiert.

Die Stückzahl ist das einzige Kriterium, mittels dessen die Arbeiterin ihre individuelle Leistung messen und vergleichen kann. Über diesen Mechanismus wird die Konkurrenz der Arbeiterinnen untereinander verschärft und die Leistung gesteigert. Tatsächlich reichen die Effektivverdienste der Frauen, trotz ihrer Einstufung in die unteren Lohngruppen, teilweise an die der Männer heran. Was ihnen der Tarifvertrag verweigert, schaffen sie durch Leistungssteigerung. Durch erhöhte Anstrengung kompensieren sie auch die fehlenden Aufstiegschancen und ihr geringeres Prestige.[118]

Indem man Gastarbeiterinnen einstellt[119], wird die Austauschbarkeit der Akkordarbeiterinnen betont und ihr Lohn weiter herabgedrückt. Der Umstand, daß der Anteil ausländischer Arbeitskräfte sich in Berlin schneller vergrößert hat als im übrigen Bundesgebiet (allein die Zahl der weiblichen jugoslawischen Arbeitskräfte stieg in Berlin innerhalb eines Jahres um 800 %), hat sich bereits in einer durchschnittlichen Differenz der Effektivlöhne gegenüber westdeutschen Groß-

116 Marx, *Das Kapital,* Band I, Berlin 1969, S. 576.

117 Das besonders Unmenschliche dieser Methode besteht darin, daß die Arbeiterinnen sich bei der Zeitnahme aus Angst, Konkurrenz- und Leistungsdruck besonders anstrengen, was ihnen später, wenn Ermüdungserscheinungen die Leistungen schwächen, mit Lohnabzügen vergolten wird.

118 Vgl. Meinhof, a.a.O., S. 407.

119 1969 gab es in der Bundesrepublik 439 400 Gastarbeiterinnen; das sind etwa 5 % der weiblichen Erwerbstätigen. Vgl. *Frauenerwerbsarbeit,* a.a.O., S. 22.

städten bis zu 1 DM pro Stunde ausgewirkt.[120] Die Folgen liegen auf der Hand: um Lohneinbußen zu vermeiden und aus Angst, den Arbeitsplatz zu verlieren, werden Krankheiten nicht gemeldet, Unfallschutzvorschriften nicht eingehalten (z.B. Schutzkleidung nicht getragen, die das Tempo der Arbeit verringern könnte), während die Unternehmer für erhöhte Unfallziffern, Krankheiten und Zusammenbrüche am Arbeitsplatz gern die Frauen selbst verantwortlich machen – mit dem Hinweis, daß sie sich aufgrund des »Lohnanreizes« selbst überfordern. Der Zwang zur Leistungssteigerung liegt jedoch im System des Stücklohns selbst, da nur auf solche Weise Lohn- und Leistungszulagen, die im Zeitlohn beschäftigten Arbeitern (meist männlichen) gewährt werden, aufgeholt werden können. – Eine weitere Benachteiligung der »Akkordlöhner« gegenüber den »Zeitlöhnern« besteht darin, daß die einen für weniger Lohn nach einem auf die hundertstel Sekunde berechneten System arbeiten müssen, die anderen aber sich ihre Arbeit noch relativ selbständig einteilen können – was allerdings häufig in vergleichbaren Lohngruppen mit geringerem Verdienst verbunden ist.

3.5.2. Mangelnde Qualifikation der berufstätigen Frau

Die *objektiven* Gründe für die Minderentlohnung der Frau sind ihre mangelnde Qualifikation und – damit zusammenhängend – ihre Ersetzbarkeit durch andere, noch billigere Arbeitskräfte oder durch Maschinen. »Die ungelernten Arbeiterinnen und die ungelernten berufstätigen Frauen stellen die *Reservearmee* für *Akkordarbeit.* Sie können dem Akkord nicht ausweichen, sie bekommen keine andere Arbeit als Akkordarbeit.«[121] Fließbandarbeiten, meist im Akkordlohn bezahlt, werden bewertet als »einfachste Arbeiten mit geringen Belastungen, die ohne vorherige Arbeitskenntnisse und ohne jegliche Ausbildung nach kurzer Anweisung ausgeführt werden können.«[122]

120 Schneider, a.a.O., S. 89.
121 Herzog, Marianne, *Akkordarbeiterinnen bei AEG-Telefunken,* in: *Kursbuch* 21, 1970, S. 110. (Hervorh. d. Verf.)
122 Radke/Rathert, a.a.O., S. 116.

Wie bereits dargelegt, gehen nicht nur die zur Reproduktion des Arbeiters notwendigen Mittel, sondern auch seine Ausbildungskosten in den Wert seiner Arbeitskraft ein.[123] Da die ungelernte Arbeiterin über das gesellschaftliche Minimum an Erziehung hinaus keine Qualifikation besitzt, hat ihre Arbeitskraft nur einen geringen Wert. Ihr Lohn muß lediglich ihre Reproduktion (entsprechend dem durchschnittlichen Lebensstandard) gewährleisten. »Auf Basis des Lohnsystems wird der Wert der Arbeitskraft in derselben Weise festgesetzt wie der jeder andern Ware: und da verschiedne Arten Arbeitskraft verschiedne Werte haben oder verschiedne Arbeitsquanta zu ihrer Produktion erheischen, so *müssen* sie auf dem Arbeitsmarkt verschiedne Preise erzielen. Nach *gleicher oder gar gerechter Entlohnung* auf Basis des Lohnsystems rufen ist dasselbe, wie auf Basis des Systems der Sklaverei nach *Freiheit* zu rufen.«[124]
Da die »Lohnfrage« weder auf gesetzlichem Wege noch über Tarifverhandlungen zu lösen ist (freiwillige, übertarifliche Bezahlung und Sozialleistungen an die Männer sind von den Frauen nicht einklagbar[125]), steht die Forderung nach Qualifikation bei den erwerbstätigen Frauen im Vordergrund. So ermittelte der DGB (Abteilung Frauen) 1970 bei einer Umfrage[126], daß die Forderung nach gleicher Bildung bei den Frauen an erster Stelle stehe, die nach gleichem Lohn dagegen erst an dritter Stelle. Katharina Focke, damals Staatssekretärin im Bundeskanzleramt (SPD), erklärte die Frauenfrage zur »Bildungsfrage«.[127]

3.5.2.1. Die Ursachen des Bildungsdefizits der Frauen

Die geringe Disponibilität der Frauen aufgrund ihrer Gebundenheit an den Ort des Arbeitsplatzes, der altersspezifischen Beschränkung des Arbeitsplatzwechsels und ihrer geringen

123 Vgl. Marx, *Kapital* I, a.a.O., S. 186.
124 Marx, *Lohn, Preis und Profit*, a.a.O., S. 42.
125 Vgl. Radke/Rathert, a.a.O., S. 105.
126 Vgl. *Frankfurter Rundschau* vom 20. 1. 1971.
127 *Der Spiegel*, 5/1971, S. 50.

Qualifikation sind die Ursachen dafür, daß sie auf die Akkordarbeit angewiesen sind. Man kann die These aufstellen: Frauen werden am stärksten ausgebeutet, weil sie unqualifiziert und ökonomisch abhängig sind. Damit sie das bleiben, verwehrt man ihnen jede realisierbare Chance, sich aus ihrer Abhängigkeit, der Belastung durch die Familie, vor allem die Kindererziehung, zu lösen und sich entsprechend ihren Fähigkeiten zu qualifizieren.

Ausgehend von der Annahme, daß Frauen nicht »dümmer« sind als Männer (neben theoretischen Überlegungen bestätigen dies die signifikanten regionalen Unterschiede des Anteils der Mädchen an den verschiedenen Bildungsinstitutionen[128]), muß man nach den gesellschaftlichen Bedingungen fragen, die bewirken, daß die Frauen ihre »Chancengleichheit« auf dem Gebiet der Bildung nicht realisieren.

Bei einem Erwartungswert von 49 %[129] fällt die Differenz zwischen formaler und realer Gleichstellung der Geschlechter im Ausbildungssektor vor allem auf den unteren Stufen auf. Frauen stellen 94 % aller angelernten (46 %) und ungelernten (48 %) Arbeitskräfte und nur 6 % aller Facharbeiter; die Vergleichszahlen bei den männlichen Arbeitern sind 34 %, 13 %, 53 %.[130] Weiter: »Unter den Industrielehrlingen gibt es nur 7 % weibliche, die sich überwiegend auf die Textil- und Bekleidungsindustrie konzentrieren.«[131] Nur in den Berufsschulen (44,1 %), Berufsfachschulen (61,8 %) und Fachschulen (62,2 %) sind sie ihrem Jahrgangsanteil gemäß vertreten, während ihre Unterrepräsentation an Ingenieurschulen (1,5 %), Technikerschulen (10,2 %), Berufsaufbauschulen (11,4 %) und Hochschulen (24,6 %) deutlich macht, welche Grenzen der beruflichen Ausbildung der Mädchen gezogen sind.[132] – Bei den »Anlernlingen« liegt das Verhältnis von Mädchen und Jungen bei 43 669 : 3 600[133], bei den Lehrlin-

128 Pross, Helge, *Über die Bildungschancen von Mädchen in der Bundesrepublik*, Frankfurt 1969, S. 15/16.

129 1961 betrug der Anteil der Mädchen an den 10- bis 24-jährigen 49 %. Vgl. H. Peisert, *Soziale Lage und Bildungschancen in Deutschland*, München 1967, S. 100.

130 *Daten – Fakten – Hinweise*, a.a.O., S. 46.

131 *Rückkehr der Frau ins Erwerbsleben*, Frankfurt 1967, S. 37.

132 *Daten – Fakten – Hinweise*, a.a.O., S. 42.

133 Ebd., S. 50.

gen 479 432 : 875 751.[134] Angemessen repräsentiert bzw. überrepräsentiert sind die Mädchen erst in Lehrstellen der künstlerischen Berufe: 47,5 %, Organisations-, Verwaltungs- und Büroberufe: 61,4 %, Handelsberufe: 64,0 %, hauswirtschaftliche Berufe: 99,7 %, Gesundheitsberufe: 100,0 %.[135] Überrepräsentiert sind sie auch in Anlernverhältnissen der Handels-, Büro- und Reinigungsberufe mit 99,8 % bzw. 100 %.[136]

Zusammenfassend läßt sich sagen, daß Frauen in den meisten Bildungsinstitutionen stark unterrepräsentiert sind, daß sie zu Ausbildungsgängen mit kürzerer Lehrzeit und, besonders in theoretisch orientierten Bildungsgängen, stärker zum Abbruch tendieren.[137] Trotz allem sind Frauen in den Ausbildungsinstitutionen keine Minorität (auf den mittleren Ebenen wie Mittelschule, Berufsschule, Fachschule überwiegen sie sogar), woraus man schließen kann, daß *prinzipielle* Widerstände gegen Mädchenbildung nicht mehr existieren. Die Frage nach der speziellen Benachteiligung erwerbstätiger Frauen und die Tatsache der besonderen Überrepräsentation von Mädchen in den unteren Qualifikationsstufen legen eine schichtspezifische Untersuchung der Bildungschancen von Mädchen nahe.

3.5.2.2. Kumulative Wirkung von Klasse und Geschlecht

Eine solche Untersuchung weist den Faktor »Schicht« bzw. »Klasse« als den determinierenden Faktor des Bildungsdefizits von Mädchen aus. Immerhin erreichten Mädchen in den Institutionen höherer Bildung 1969 Anteile zwischen 33 % (wissenschaftliche und Pädagogische Hochschule) und 43,4 % (Oberschule)[138], Arbeitersöhne dagegen nur 6 % bis 15 %.[139] An Realschulen waren Mädchen mit 53 % vertreten.[140] »Als *isolierte* Größe wirkt sich das Geschlecht demnach weniger hemmend aus als die gesellschaftliche Herkunft.

134 Ebd., S. 49.
135 Ebd., S. 49.
136 Ebd., S. 50.
137 Bis zum Examen scheiden durchschnittlich 20 % der Mädchen wieder aus dem Studium aus. Vgl. Peisert, H., a.a.O., S. 108.
138 *Statistisches Jahrbuch*, a.a.O., S. 73.
139 Pross, H., a.a.O., S. 17.
140 *Mitteilungen* . . ., a.a.O., S. 338.

Erst in der Kombination mit anderen sozialen Faktoren wird es zu einer Art Bildungsverbot.«[141]

Auf allen Ausbildungsebenen sind Arbeitertöchter entschieden unterrepräsentiert; sie haben von allen sozialen Gruppen in der Bundesrepublik die geringsten Chancen, eine ihrem Begabungspotential angemessene Bildung bzw. Ausbildung zu erhalten. Unter den Studierenden an wissenschaftlichen Hochschulen waren 1968 22,8 % Mädchen[142], unter den studierenden Arbeiterkindern jedoch nur 9 %.[143] Von allen weiblichen Studierenden waren nur 2,8 % Arbeitertöchter; ein Anteil von 40 % bis 50 % wäre adäquat.[144] Der Anteil der Arbeitersöhne an den männlichen Studenten betrug, immerhin, 6 %.[145] Nur 2,5 % der 18 bis 25jährigen Arbeitertöchter besuchten 1961 überhaupt eine allgemeinbildende oder berufsbildende Schule (einschließlich Hochschule).[146]

Die Ursache für diese Differenz zwischen formalrechtlich verankerter Chancengleichheit und Realisierung dieser Chancen für Arbeiterkinder allgemein und insbesondere für Arbeitertöchter liegt wohl darin, daß die Ausbildung über die allgemeine Schulpflicht hinaus teilweise privat finanziert werden muß. Hier erweist sich das »Bürgerrecht auf Bildung« als ein Recht der besitzenden Klasse auf Bildung. – Ein Teil der Kosten für das Bildungswesen wird vom Staat durch Steuereinkommen finanziert. Diese Steuern sind hauptsächlich Abzüge vom Lohn der Arbeiter. Nur wer sich Studienkosten und Verdienstausfall leisten kann, kommt in den Genuß dieser »staatlich« finanzierten Ausbildung. Den Arbeitern selbst ist dies, wie aus den Daten hervorgeht, nicht oder nur in verschwindend geringem Maß möglich. Das heißt, daß die große Masse der von den weiterführenden Bildungsinstitutio-

141 Pross, H., a.a.O., S. 17/18.

142 *Bildungsbericht 1970*, Bonn 1970, S. 84.

143 Pross, H., a.a.O., S. 57.

144 In der Soziologie wird im allgemeinen die Berufskategorie »Arbeiter« auf etwa 50 % der Bevölkerung bezogen. Eine Ausweitung der Berufskategorie »Arbeiter«, die ausgeht von der Unterscheidung zwischen körperlicher und geistiger Arbeit, auf die Kategorie »Arbeiterklasse« würde die Benachteiligung der Arbeitertöchter noch extremer zutage treten lassen. H. Peisert, a.a.O., Fußn. 47, S. 163.

145 Pross, a.a.O., S. 57

146 Ebd., S. 56.

nen ausgeschlossenen Arbeiter die Ausbildung anderer Schichten finanziert.[147]

Folgende Daten geben Aufschluß über die Studienfinanzierung von Arbeiterkindern[148]: über 51 % aller Studenten, aber nur 13,0 % aller studierenden Arbeiterkinder können ihr Studium aus elterlichen Zuschüssen finanzieren. Auf Eigenverdienst angewiesen sind 17,1 % der studierenden Arbeiterkinder (gegenüber 12,4 % aller Studenten). 36,8 % der Studenten aus Arbeiterfamilien und 12,9 % aller Studenten bekommen Unterstützung aus dem »Honnefer Modell«. Da das Einkommen der Arbeiter in den meisten Fällen knapp für den direkten Konsum ausreicht und Vermögensbildung nur in geringem Maß stattfindet, bedeuten Investitionen in die Ausbildung der Kinder für die Arbeiter meist Konsumverzicht.[149] Besonders nach der Rezession 1966 nahmen die Bildungsausgaben der Arbeiter deutlich ab. »Die Möglichkeit besteht, daß nicht nur Eltern, die ihre Arbeitsplätze verloren haben, sondern auch solche, die sich zu Recht oder zu Unrecht gefährdet fühlen, eine Erhöhung ihrer Rücklagen der Investition für die Zukunft der Kinder vorziehen.«[150]

Im Bewußtsein der Arbeiter manifestiert sich das bürgerliche Bildungsprivileg in fehlender Kenntnis der Zugänglichkeit und der Voraussetzungen von Schule und Universität und der durch beide eröffneten Berufe, in mangelnder Information über Förderungsmöglichkeiten sowie in einer gewissen affektiven Distanz sowohl gegenüber Bildung überhaupt als auch gegenüber sozialen Einrichtungen wie Förderungsstellen.[151]

Auch das Zahlenverhältnis zwischen weiblichen und männlichen Lehrlingen und Anlernlingen spiegelt ein »Bildungsverbot« für Mädchen wider. 1961 begannen 46 % der Arbeitertöchter (gegenüber 66 % der Arbeitersöhne) eine Leh-

147 Huisken, F., *Versuch einer kurzgefaßten Darstellung marxistischer Kategorien, die zur Kritik der bürgerlichen Bildungsökonomie dienen können*, in: *Erlanger Bildungsökonomie*, WS 1969/70, S. 74.

148 Pross, a.a.O., S. 60.

149 Pross, a.a.O., S. 23. Wenn Bezieher niedriger Einkommen »Rücklagen« bilden, so legen sie ihr Geld meist in »häuslichen Investitionen« an, also in langlebigen Gebrauchsgütern wie Auto, Fernsehapparat oder Eigenheim, und vernichten somit die produktive Potenz ihres Geldvermögens. Vgl. Huffschmid, a.a.O., S. 25.

150 Ebd.

151 Vgl. Pross, a.a.O., S. 59 f.

re.[152] Der Anteil der Mädchen an der Gesamtheit der Lehrlinge betrug 1969 nur 40,8 %.[153] Die Anzahl der Lehrlinge in den kaufmännischen und gewerblichen Lehrberufen in der BRD (einschl. Berlin) betrug 1969 715 281; davon waren 407 802 (56,6 %) männlich und 307 479 (43,4 %) weiblich. Die Anzahl der Anlernlinge betrug 35 703; davon waren 4 027 (11 %) männlich und 31 579 (89 %) weiblich.[154]
In der Industrie gibt es nur 5 % weibliche Lehrlinge; 90 % der Arbeiterinnen in der Industrie sind ungelernte oder kurzfristig angelernte Kräfte[155] »Am schlechtesten sind die Chancen für Töchter von Hilfsarbeitern: sie stellen unter den ungelernten jugendlichen Arbeitern die Majorität.«[156] So gaben 35 % der Hilfsarbeiterinnen in einer von E. Höhn durchgeführten Untersuchung über den beruflichen Aufstieg von Frauen finanzielle Schwierigkeiten als Grund für den »Verzicht« auf Ausbildung an.[157] Eine genauere Analyse der Gründe, warum finanzielle Schwierigkeiten bei der Entscheidung über Bildungsinvestitionen für Arbeitertöchter eine größere Rolle spielen als für Arbeitersöhne, ergibt, daß der Widerspruch zwischen Frauenarbeit und Familie nicht erst im Produktionsprozeß selbst auftritt, sondern bis in den Sozialisationssektor hineinreicht. Die finanziellen Überlegungen der Eltern orientieren sich bei Mädchen von vornherein an deren zukünftigen Aufgaben in der Familie. Eine Ausbildung für Mädchen wird deshalb in den meisten Fällen für unrentabel gehalten.

Dabei wächst die Zahl der erwerbstätigen verheirateten Frauen und Mütter ständig, obwohl diese ungefähr bis zum 40. Lebensjahr mit der Kindererziehung voll belastet sind. Der Zunahme der Müttererwerbstätigkeit entspricht jedoch in keiner Weise die Zahl der vorhandenen Kinderkrippen und Kindergartenplätze; dasselbe gilt für Kinderhorte.[158] Und nur relativ wenigen Frauen mit hohen Einkommen können privatwirtschaftlich betriebene Dienstleistungsbetriebe wie

152 Pross, a.a.O., S. 57.
153 *Statistisches Jahrbuch*, a.a.O., S. 132.
154 Ebd., S. 133.
155 *Rückkehr der Frau ins Erwerbsleben*, a.a.O., S. 38/39.
156 Pross, a.a.O., S. 57.
157 Höhn, E., a.a.O., S. 13.
158 Vgl. hierzu Kap. 4.2.

z. B. Waschsalons, Restaurants oder Haushaltshilfen in Anspruch nehmen. Unter diesen Umständen hat die Frau nach nur kurzer oder lang zurückliegender Ausbildung kaum eine Chance, erworbene Kenntnisse zu erweitern oder nach der Heirat eine neue Berufsausbildung zu beginnen. Die Frauen, die sich materiell und zeitlich eine höhere Qualifikation leisten konnten, sind dagegen seltener gezwungen, dieses Privileg zur Erwerbsarbeit zu nutzen.[159]

Ländergebundenes Schulsystem, fehlende Ausbildungseinrichtungen außerhalb der Ballungsgebiete und der zum Teil beträchtliche Selbstkostenbeitrag bei Zusatzausbildungen erscheinen, zusammen mit der mangelnden Unterstützung durch Familie und Institutionen, als kaum überwindbare Barriere. Hier ergibt sich einer der Zirkel, in die die Frauen geraten, wenn sie die Anforderungen, die an sie gestellt werden, praktisch erfüllen wollen. Da sie bisher das vorhandene Bildungsangebot nur wenig in Anspruch genommen haben, werden diese Möglichkeiten nicht wesentlich erweitert und finanziell unterstützt; da die gegebenen Bedingungen die Frauen aber keineswegs ermutigen, sehen die Institutionen keinen Grund, bei der sichtbaren Abstinenz der Frauen mehr öffentliche Mittel in solche Einrichtungen zu investieren.

Festgestellt wird in den meisten Veröffentlichungen, daß die Frau in Zukunft eine höhere Qualifikation brauche, um sich dem Strukturwandel in der Wirtschaft anpassen zu können, um ihren Rollen als »Konsumentin, Berufstätige, Hausfrau, Mutter [und] Staatsbürgerin«[160] gerecht zu werden. Solange diese Feststellung, wenn auch wiederholt, nur in Form von Appellen ausgesprochen wird, ohne daß Alternativen zu bestehenden Ausbildungsplänen erstellt werden, ohne daß Kindergartenplätze in genügender Zahl und Ganztagsschulen zur

159 Das Qualifikationsreservoir nichterwerbstätiger Frauen beträgt 34 % Frauen mit abgeschlossener Lehre oder sonstiger Berufsausbildung und 20 % Frauen mit Mittel-, Ober-, Fach- oder Hochschulausbildung. Vgl. Weltz, F., *Bestimmungsgrößen der Frauenerwerbsarbeit*, in: *Mitteilungen aus der Arbeitsmarkt- und Berufsforschung*, 4. Jg. 1971, S. 202.

160 Vgl. *Rückkehr der Frau ins Erwerbsleben*, a.a.O., S. 25. Für aufstiegswillige Berufstätige hat der Staat ein »individuelles Förderungsprogramm« eingerichtet, das anscheinend so wenig auf die individuellen Bedingungen und Schwierigkeiten berufstätiger Frauen eingestellt ist, daß 1965 nur 6,5 % Frauen (gegenüber 93,5 % Männer) daran teilnahmen. Vgl. *Bericht der Bundesregierung*, a.a.O., S. 213.

Regel werden, wird es kaum Mädchen geben, die die kurze Zeit der ökonomischen Selbständigkeit einer lang dauernden und eventuell nutzlosen Ausbildung opfern.
Das *faktische* Übergewicht der familialen Aufgaben lenkt die Bildungsentscheidungen vor allem in der Unterschicht, obwohl gerade dort die meisten Frauen gezwungen sind, Familie und Erwerbstätigkeit miteinander zu verbinden. Die Folge ist, daß häufig nicht nur die finanzielle, sondern auch die psychologische Unterstützung durch die Eltern fehlt, was vor allem bei Mädchen, die zu starker »Dependenz« erzogen werden, eine entscheidende Rolle spielt.[161] So stellt Peisert bei der »strebsamen Außenseiterin« aus der nichtakademischen Unterschicht als Gefährdungsmomente fest: neben finanziellen Schwierigkeiten soziale Distanz, Entfremdung vom Elternhaus, Vereinsamung, Enttäuschung von der wissenschaftlichen Arbeit und vom Studienbetrieb.[162] Gerade von Mädchen aus der Unterschicht wird ein doppelter Bruch mit dem anerzogenen Verhalten verlangt: der Bruch mit den typischen Verhaltensmustern der Herkunftsschicht und -familie sowie mit den geschlechtsspezifischen Rollen. »Die Hypothese scheint gerechtfertigt, daß Frauen besonders abbruchgefährdet sind, wenn zur sozialen Hypothek des Geschlechts weitere gesellschaftliche Hemmungen hinzukommen. Sicher ist jedenfalls, daß Frauen aus universitätsfremden Bevölkerungsgruppen für einen Studienerfolg größere Energien aufbringen müssen als Männer aus dem gleichen Milieu.«[163]
In diesem Zusammenhang ist auch das schwerwiegende Kriterium der »Unrentabilität« des Frauenstudiums, das Abbruchmotiv »Ehe«, zu sehen. Einleuchtender als diese monokausale Erklärung ist die von Pross[164] und Peisert[165] geäußerte Vermutung, daß die Eheschließung häufig nur ein Schlußstrich unter ein frustrierendes Studium sei. Bei vielen Studentinnen,

161 »Aus der allgemein stärker ausgeprägten Dependenz von Mädchen resultieren im sozialen Verhalten eine größere Unselbständigkeit, Kontaktbereitschaft und Personenabhängigkeit. Die Leistungsmotivation der Mädchen beruht auf dem Bedürfnis nach Zustimmung und ist daher extrinsisch.« Krais, B., a.a.O., S. 34.
162 Peisert, a.a.O., S. 124/25.
163 Pross, a.a.O., S. 53.
164 Ebd., S. 51.
165 Peisert, a.a.O., S. 109 ff.

die »Eheschließung« als Abbruchmotiv angeben, mag mitspielen, daß es sich hierbei um ein allgemein anerkanntes Motiv handelt, während das Scheitern an der »männlichen Prägung der Universität« oder an »Rollenkonflikten« (was oft nur als allgemeines Unbehagen am Studium empfunden wird) als subjektives Versagen aufgefaßt und erfahren wird.
Als hervorragendes Beispiel für die Integration in das Berufsleben gelten die Volksschullehrerinnen.[166] 1968 waren ca. 63,3 % aller Lehrerstudenten Frauen.[167] Bei dieser Berufswahl verbinden sich die Aussicht auf soziale Anerkennung, finanzielle Unterstützung der relativ kurzen Ausbildung und die Möglichkeit, auch nach der Eheschließung Beruf und Familienaufgaben vereinbaren zu können.[168] Tatsächlich bietet der Lehrerberuf auch Mädchen aus unteren sozialen Schichten eine Aufstiegschance; aber er wurde erst zugänglich, als der Bedarf durch männliche Lehramtskandidaten nicht mehr gedeckt werden konnte. Die kurze Ausbildung und die zeitökonomisch für Frauen günstige Arbeitszeit garantieren staatliche Investitionen, die den Zweck haben, jedem Kind das vorgeschriebene Mindestmaß an Schulbildung zuteil werden zu lassen. Die mögliche Ineffektivität dieser Investitionen aus Steuermitteln (frühzeitiges Ausscheiden durch Eheschließung) kann nicht primär profitorientiert kalkuliert werden. Der Beruf der Volksschullehrerin bietet eine Integrationschance, die für die Erwerbssphäre nicht repräsentativ ist, weil privatwirtschaftliche Interessen der Organisation dieses Tätigkeitsbereiches nicht unmittelbar zugrunde liegen.[169]
Auch für die Weiterbildung und den Aufstieg innerhalb des Betriebes gilt der bereits festgestellte Kausalzusammenhang zwischen Aufstiegswille und tatsächlichen Aufstiegschancen. Aus der zitierten Studie von E. Höhn geht hervor, daß von allen untersuchten Hilfsarbeiterinnen 75 % ursprünglich andere Berufswünsche hatten.[170] Im 1. Jahr der Erwerbstätig-

166 S. dazu: Maeder, a.a.O., S. 87. Hähnle, W., *Die Gleichberechtigung der Frau ist keine soziale Realität,* 1969, S. 37 f.
167 *Bildungsbericht,* a.a.O., S. 84.
168 Welche Folgen das Übergewicht weiblichen Einflusses in der primären und sekundären Sozialisation für die Kinder hat, kann an dieser Stelle nicht behandelt werden.
169 Siehe auch: Kapitel 3.5.2.
170 Höhn, a.a.O., S. 12.

keit hatten noch 50 % der ungelernten Arbeiterinnen Aufstiegswünsche, im 2. und 3. Jahr hingegen nur noch 10 bis 20 %. Aus diesen Daten leitet Höhn zum einen den Zusammenhang zwischen Aufstiegswünschen und Aufstiegschancen, zum anderen einen Zusammenhang zwischen Resignation im beruflichen Aufstieg und Konzentration auf Ehe und Familie ab. »Anders als der Mann, dessen Berufstätigkeit durch die Familiengründung nicht beeinträchtigt wird, steht die Frau, wenn sie geheiratet hat, vor einer Entscheidung, die nicht nur für sie selbst schwierig und konfliktreich ist, sondern bei der auch die Interessen der Gesellschaft widersprüchlich sind. Für das Intaktbleiben der Familie und für die Erziehung der Kinder ist es wünschenswert, daß sich die Mutter ungeteilt der Familie widmen kann; andererseits besteht ein großes öffentliches Interesse daran, daß die in einer langen und kostspieligen Ausbildung erworbenen Berufsfähigkeiten der Frau der Allgemeinheit nicht verloren gehen.«[171] Dazu wäre allerdings die Schaffung gesellschaftlicher Institutionen unerläßlich, die die Frau von den familialen Belastungen befreien. Solche Einrichtungen kosten Geld und werfen nicht *unmittelbar* Profit ab. So muß die Frau selbst für dieses widersprüchliche Interesse der Gesellschaft an ihr bezahlen: um die beiden Kostenfaktoren – 1. Verlust der qualifizierten Arbeitskraft der Frau, 2. Kosten für den Bau von Kinderkrippen und -gärten – zu vermeiden, ist es für die Gesellschaft – von den kurzfristigen Interessen der Einzelkapitale her gesehen – billiger, die Frau erst gar nicht zu qualifizieren.[172]

Über die allgemeine Benachteiligung der Frau im Hinblick auf ihre Qualifikation hinaus fällt auf, daß ihre *Berufswahl* deutlich eingeschränkt ist:

Die Mädchen, die eine Berufsschule besuchen, konzentrieren sich auf wenige Berufe. Bei den kaufmännischen Lehrberufen beschränken sich 79 % der 288 217 Mädchen auf 5 der 33 Lehrberufe; nämlich auf

171 Ebd., S. 10.

172 Zur Problematik der Finanzierung der geplanten Vorschulerziehung vgl. Heinsohn, G., *Die Vergesellschaftung der Kleinkindererziehung unter dem Kapitalismus*, Berlin, Freie Universität, Dipl.-Arbeit, September 1970, s. Kap. 5.

1.	Industriekaufmann	38 832
2.	Kaufmann in Groß- und Außenhandel	29 729
3.	Verkäuferin	29 955
4.	Einzelhandelskaufmann	104 327
5.	Bürokaufmann	25 523

In den kaufmännischen Anlernberufen konzentrieren sich 88,4 % der 18 751 Mädchen auf *einen* der 4 Anlernberufe, nämlich auf die Bürogehilfin (16 595).

Bei den gewerblichen Lehrberufen entschließen sich 82 % der 20 722 Mädchen für 4 der 273 Lehrberufe, nämlich für

1.	Technischer Zeichner	4 597
2.	Bauzeichner	3 686
3.	Chemielaborant	2 606
4.	Damenschneider	6 021

Bei den gewerblichen Anlernberufen wählen 83 % der 12 781 Mädchen das Bekleidungsgewerbe.

In den kaufmännischen und gewerblichen Lern- und Anlernberufen konzentrieren sich

1. die weiblichen Lehrlinge zu 80 % auf nur 9 Lehrberufe und

2. sogar zu 90 % auf den Anlernberuf Bürogehilfin und auf Anlernberufe im Bekleidungsgewerbe.[173]

Dafür dürfte in erster Linie die familienorientierte geschlechtsspezifische Erziehung der Mädchen verantwortlich sein, die sich in der Schule (bis hin zum Gymnasium) fortsetzt. Wo ökonomische und schulorganisatorische Gesichtspunkte es zulassen, werden spezielle Mädchengymnasien eingerichtet. Nordrhein-Westfalen zum Beispiel schreibt generell nach Geschlechtern getrennte höhere Schulen vor.[174]

Darüber hinaus gibt es besondere Frauenoberschulen, die in der Tradition der bürgerlichen Frauenbewegung fachgebundene Hochschulreife vermitteln und auf sogenannte Frauenberufe, also soziale und pädagogische, vorbereiten. In den »normalen« Gymnasien müssen die »besonderen Bedingungen der Mädchen« in einem zusätzlichen Fach, der Handarbeit, berücksichtigt werden. »Nadelarbeit ist ein der Mädchenbildung wesensgemäßes Fach«, denn »Kleidung und Heim-

173 Borris, M., *Die Benachteiligung der Mädchen in Schulen der Bundesrepublik und Westberlin*, Ffm. 1972, S. 110.
174 Vgl. Krais, B., a.a.O., S. 63.

gestaltung in der Familie werden vorwiegend von der Frau bestimmt.«[175] Unterricht in Handarbeit erzieht zu »Ordnung, Sauberkeit, Ehrlichkeit der Arbeit«, was anscheinend als dem »Wesen der Frau« besonders gemäß erachtet wird.[176] Auch für die übrigen Fächer gilt es, Rücksicht auf das »Wesen« und das spätere Aufgabengebiet der Frau zu nehmen. So empfehlen die Richtlinien für den Unterricht in der Höheren Schule (NRW): »Die Frage, wieweit die Mathematisierung und wissenschaftstheoretische Vertiefung den Schülerinnen zumutbar sind, soll mit Sorgfalt bedacht werden.«[177] Es ist daher keineswegs erstaunlich, daß nur 4,8 % der Studenten an Technischen Hochschulen und Ingenieurschulen Frauen sind, daß Mädchen hauptsächlich »Hege- und Pflege«-Berufe ergreifen, die mit ihrem traditionellen Rollenschema nicht konfligieren.[178]

Das Ergebnis alles dessen ist, daß sich die meisten Frauen in Berufen befinden, in denen, weil es »Frauenberufe« sind, trotz oft überdurchschnittlicher Leistung weder Lohn noch Aufstiegsmöglichkeiten entsprechend dem Niveau der männlichen Berufe gewährt werden.[179] Die *Mitteilungen aus der Arbeitsmarkt- und Berufsforschung* berichten über eine Untersuchung, bei der die Vorgesetzten von 0,5 % aller männlichen deutschen Erwerbspersonen in abhängiger Stellung befragt wurden, ob ihre Arbeitsplätze auch von Frauen eingenommen werden könnten. Bei 34,9 % der Auswahlpersonen waren die Vorgesetzten der Meinung, daß die Tätigkeit auch von einer Frau ausgeführt werden könne. In 64,5 % der Fälle wurde die Frage verneint, wobei der größte Teil der Nein-Antworten auf Arbeiter- und Meistertätigkeit (unter Hinweis auf körperliches Ungenügen der Frau), der geringste Teil auf

175 *Richtlinien für den Unterricht in der Höheren Schule,* H. 8 der Reihe: *Die Schule in Nordrhein-Westfalen – Eine Schriftenreihe des Kultusministeriums,* Ratingen 1964, zit. nach Krais, a.a.O., S. 72.

176 *Richtlinien . . .,* zit. nach Krais, a.a.O.

177 *Der Spiegel,* 5/1971, S. 50.

178 S. dazu Kapitel 3.4. g.

179 Vgl. Hähnle, a.a.O., S. 37. Die neuere Untersuchung von Maria Borris *Die Benachteiligung der Mädchen in Schulen der Bundesrepublik und Westberlin* (a.a.O.) bestätigt, daß die Vorurteile gegenüber technischer und schöpferischer Begabung von Mädchen auch heute noch in den Schulen Gültigkeit und Auswirkungen auf die Lehrplangestaltung haben.

Angestelltentätigkeit (dann unter Hinweis auf mangelnde Akzeptierung von Frauen) entfiel. »Männliche« Tätigkeiten, für die vom Vorgesetzten eine Hochschulausbildung als notwendig erachtet wird, können nach der Untersuchung zu 76,7 % auch von Frauen ausgeübt werden. Erstaunlich hoch war auch der Anteil der Ja-Antworten für Arbeitsplätze, die den Abschluß der Technikerschule (41,9 %) oder der Ingenieurschule (48,0 %) voraussetzen. Der tatsächliche Anteil der Frauen an qualifizierten »männlichen« Berufen zeigt, daß der Abbau der Vorurteile *allein* folgenlos bleibt. Die »Emanzipation« findet so lange nur im Selbstverständnis der Frauen statt, wie ihnen die Möglichkeit der vollen beruflichen Integration durch die gesellschaftlich erzwungene Doppelbelastung verwehrt bleibt.[180] Für den gesamten Ausbildungssektor läßt sich feststellen, daß die Behauptung: »Die Emanzipation der Frau scheitert an ihr selbst« sowie der Slogan: »Durch Bildung zum Aufstieg« Ideologie sind. Ihrem Wesen nach ist Bildung »lediglich eine Dimension der sozialökonomischen Verhältnisse, die auf dem unterschiedlichen Verhältnis zu den Produktionsmitteln und damit dem Platz in der gesellschaftlich organisierten Arbeit basiert«.[181] Die Darstellung des Bildungssektors als »Markt«, der durch Angebot und Nachfrage geregelt wird, und die Bestimmung der »Nachfrage« als psychologische Kategorie (»Aufstiegs*wille*«) erweisen sich vor diesem Hintergrund als falsch. »Der ›Markt‹ [...] stellt nur die Oberfläche der kapitalistischen Wirtschaft dar, da auf ihm nur jene Beziehungen in Erscheinung treten, deren Wesen in den Produktions- und Eigentumsverhältnissen begründet ist.«[182] Die Tatsache der mangelnden Qualifikation der Frau ist demnach Folge, nicht Ursache ihrer sozialen Diskriminierung. Diese Diskriminierung ist nicht durch »Appelle« und Änderung des »Leitbildes« der Frau aus der Welt zu schaffen, sondern nur durch Aufhebung ihrer materiellen Benachteiligung.

180 Hofbauer, H., *Potentielle Berufsfelder für Frauen*, in: *Mitteilungen aus der Arbeitsmarkt- und Berufsforschung* 4. Jg. 1971, S. 341–44.
181 Steiner, H., *Soziale Strukturveränderungen im Kapitalismus*, Berlin 1967, S. 63.
182 *Probleme der empirischen Analyse des Ausbildungssektors*, Ms. Berlin Freie Universität, WS 1970/71, S. 11 (OSI).

Die Konkretisierung dieser Forderung – aber eben unter entscheidend anderen sozio-ökonomischen Verhältnissen – läßt sich am Beispiel der »Qualifikationskampagne«, die 1961 in der DDR eingeleitet wurde, darstellen: Seit 1965 besteht dort für Frauen über 35 Jahre die Möglichkeit, unter *erleichterten* Bedingungen die Facharbeiterprüfung abzulegen. Dazu wurden 1967 spezielle Sonderklassen für solche Frauen eingerichtet, die »eine besondere häusliche Belastung als Mutter und Hausfrau haben und die aus diesen Gründen eine Ausbildung in einer Normalklasse des Direkt-, Fern- oder Abendstudiums nicht aufnehmen können.«[183] Diese Frauen werden 20 Stunden wöchentlich ohne Verdienstausfall von der Arbeit freigestellt. Die Teilnahme ist nicht der individuellen Entscheidung oder dem Mut der Frau zu einer späten Ausbildung überlassen, sondern erfolgt mittels Delegation durch den Betrieb. Immerhin nahmen 1966 37,6 %, 1968 bereits 50,3 % der berufstätigen Frauen an solchen Facharbeiterlehrgängen teil.[184]

Für Mütter besonders geeignet ist die »abschnittsweise Ausbildung«.[185] Sie umfaßt mehrere aufeinander aufbauende Ausbildungsstufen. Jeder Abschnitt endet mit einem selbständigen Abschluß. Der Übergang zur nächsten Stufe ist ohne Prüfung auch nach längerer Unterbrechung möglich. Da in der DDR jede Frau das Recht hat, nach Geburt eines Kindes – bei Weiterzahlung des monatlichen Nettodurchschnittsverdienstes – ein Jahr mit der Arbeit in der Produktion auszusetzen, ohne daß ihr der Arbeitsplatz verlorengeht, kann sie auch nach einer Unterbrechung ohne Nachteile in ihrer Qualifikation fortfahren[186].

Die Bereitstellung von Kindergärten und -krippen und die Fixierung des gemeinsamen Erziehungsrechts (und damit der gemeinsamen Erziehungspflicht) beider Eltern im Familienrecht (§ 45) sollen den Frauen die Ausbildung ohne »Doppelbelastung« ermöglichen.[187] Hierin zeigt sich ein gesellschaftliches Interesse nicht nur an der Einbeziehung der Frau in

183 *Die Lage der Arbeiterin im Spätkapitalismus*, a.a.O., S. 57.
184 *Die Lage ...*, a.a.O.
185 Ebd., S. 58.
186 Ebd., S. 59; vgl. dazu auch: *Das schöne Geschlecht und die Gleichberechtigung in der DDR*, Berlin 1970, S. 61–69.
187 *Die Familie in der DDR*, Berlin 1969, S. 30 ff.

den Produktionsprozeß, sondern auch an der Entfaltung der Frau entsprechend den ökonomischen Bedingungen der Gesellschaft. Auch die Konzentration der Frauen auf »weibliche« Berufe soll aufgehoben werden. In Übereinstimmung mit den Versuchen, im polytechnischen Unterricht die technischen Begabungen der Mädchen zu wecken, soll in der DDR der Anteil der Mädchen an den Absolventen der naturwissenschaftlichen Oberschulen und Disziplinen planmäßig vergrößert werden. Während in der Bundesrepublik die Berufsperspektive der Mädchen immer noch hauptsächlich auf »dienende« und »sorgende« Funktionen festgelegt ist, um den Mangel an Arbeitskräften auf sozialpflegerischem Gebiet zu beheben, und die Nachteile dieser Berufe durch gefühlsbetonte und irrationale Erziehung kaschiert werden[188], bemüht man sich in der DDR, den Mädchen durch »Sonderkurse«, in denen didaktisch-pädagogische und organisatorische Maßnahmen zugunsten weiblicher Kandidaten eine zentrale Bedeutung haben, bessere Voraussetzungen zur Ausübung technischer Berufe zu schaffen.[189]

3.5.2.3. Perspektiven und Fragestellungen zur Frauenqualifikation

Auch in der Bundesrepublik wurden in den sechziger Jahren Forderungen nach allgemeiner Höherqualifikation der Frauen erhoben.[190] Sie sind zu sehen im Zusammenhang mit Prognosen, die aus der Entwicklung des Arbeitsprozesses im Zuge technischer Veränderungen erhöhte Anforderungen an die Qualifikation der Arbeitskraft allgemein ableiten. »Die zunehmende Technisierung, die Automation und die Strukturveränderungen infolge der internationalen wirtschaftlichen

188 Vgl. César/Frach/Hervé-Murray/Sollmann/Sommerfeld, *Die Diskriminierung der Schülerinnen*, S. 963, in: *Blätter für deutsche und internationale Politik*, S. 958–966, Köln 1970.

189 Vgl. Pross, a.a.O., S. 84. Auf die Schwierigkeiten bei der Qualifikationskampagne in der DDR soll hier nicht eingegangen werden, ebensowenig auf die Kritik von H. Pross an den Maßnahmen zugunsten der Frauen und deren »ideologischen Hintergründen«, da ein Vergleich der Situation der Frau in der DDR und in der Bundesrepublik, der einen Vergleich der beiden politischen Systeme voraussetzt, im Rahmen dieser Arbeit nicht vorgesehen ist.

190 Vgl. dazu Kap. 3.1.

Verflechtungen werden mit Sicherheit zur Folge haben, daß sich der Bedarf an weiblichen Arbeitskräften verlagert. Wahrscheinlich wird die Nachfrage nach unmittelbar in der Produktion beschäftigten Arbeitskräften zurückgehen, wobei sich vor allem die Arbeitsmöglichkeiten für ungelernte Arbeitskräfte verringern werden. Andererseits werden mehr qualifizierte Arbeitskräfte, Facharbeiter, Techniker, Ingenieure benötigt. Das Verhältnis zwischen den ungelernten und den übrigen Arbeitnehmern wird sich also zugunsten der 2. Gruppe verändern.«[191] Ob tatsächlich eine generelle Höherqualifikation der Arbeitskräfte – auch der weiblichen – stattfinden kann, ist ursächlich verknüpft mit den Anforderungen, die der kapitalistische Produktionsprozeß – als Einheit von Arbeits- und Verwertungsprozeß – an die Qualifikationsstruktur des Gesamtarbeiters stellt.
Die mit dem »Ende der Rekonstruktionsperiode« Mitte der sechziger Jahre verbundene relative Verknappung der Arbeitskräfte, der daraus resultierende kostensteigernde Lohndruck und der technologische Vorsprung der USA verminderten die Wettbewerbsfähigkeit der westdeutschen Wirtschaft auf dem Weltmarkt und gefährdeten ein bis dahin weitgehend krisenfreies Wirtschaftswachstum. Es war geboten, den Arbeitskräftemangel durch arbeitsparende Produktionsverfahren zu kompensieren. Die Möglichkeiten des produktiven Einsatzes von Wissenschaft zur Verbesserung der technischen Ausstattung der Arbeitsplätze waren jedoch begrenzt durch die vorgegebene Berufs- und Qualifikationsstruktur. Die Einführung neuer Technologien machte daher eine Anpassung der Arbeitskräfte an die ständig wechselnde Arbeitsplatzstruktur unerläßlich. Der steigende Mechanisierungs- und Automatisierungsgrad erzwang eine *Verschiebung der Qualifikationsanforderungen* von prozeßabhängigen Fertigkeiten zu prozeßunabhängigen Fähigkeiten: Flexibilität, Mobilität, Abstraktions- und Reaktionsvermögen, Verantwortung und Arbeitsmoral sollen die allseitige Anpaßbarkeit des Arbeiters an die Umgestaltungen des Arbeitsprozesses garantieren.[192]

191 *Bericht der Bundesregierung . . .*, a.a.O., S. 92/93.
192 Vgl. Rationalisierungskuratorium der deutschen Wirtschaft, *Wirtschaftliche und soziale Aspekte des technischen Wandels in der Bundesrepublik*, 1. Band, Ffm. 1970.

Diese Veränderung der Qualifikations*inhalte* führte zur These von der allgemeinen Höherqualifikation der Arbeitskraft[193]. Die technische Entwicklung wurde gesehen als ein gradliniger Mechanisierungsvorgang, der durch Erweiterung der Eigenfähigkeit der Maschinerie mehr und mehr menschliche Eingriffe in den Produktionsprozeß überflüssig mache und damit Zug um Zug körperliche durch geistige Arbeit ersetze. Diese Auffassung orientierte sich an der von den herrschenden Produktionsverhältnissen abstrahierenden Vorstellung von der »modernen Industriegesellschaft«.[194]

Kern/Schumann[195] stellten dagegen statt einer Tendenz zur allgemeinen Höherqualifikation des Gesamtarbeiters eine Polarisierung und Differenzierung zwischen hochqualifizierten Spezialisten und gering ausgebildeten Arbeitskräften für einfachste Kontroll- und Austauscharbeiten fest. Zum Zeitpunkt der Einführung neuer Technologien treten zwar regelmäßig neue qualifizierte Tätigkeiten auf; die einfachen, ungelernten Tätigkeiten bleiben jedoch bestehen. Und bei zunehmender Beherrschung der neuen Technologien nimmt der Bedarf an qualifizierten Arbeitskräften wieder ab. Allgemein läßt sich die Tendenz feststellen, daß im Laufe des Mechanisierungsprozesses Teilfunktionen ursprünglich komplexer Produktionstätigkeiten maschinellen Anlagen übertragen und zu neuen, einfacheren und differenzierteren Tätigkeiten zusammengefaßt werden.[196]

Gegen die These der allgemeinen Höherqualifizierung läßt sich folgendes einwenden:

193 Vgl. *Der ›neue‹ Arbeiter,* Hrsg. K.-H. Hörning, Ffm. 1971; *Bericht der Bundesregierung . . .,* a.a.O., S. 92/93; Frey, B., *Bildung in der modernen Gesellschaft,* in: *Frauen 1968,* a.a.O., S. 75; Läge, H., a.a.O., S. 123; Steiner, H., *Soziale Strukturveränderungen im modernen Kapitalismus,* Berlin 1967; Wilms, D., *Die Notwendigkeit einer intensiven Ausbildung und Weiterbildung von Mädchen,* in: *Die berufstätige Frau heute und morgen,* Berlin 1966, S. 21.

194 Sie führte zu der Illusion, der Mensch entwickle sich im Verlauf der »technisch-wissenschaftlichen Revolution« zum »total entwickelten Individuum«, die technische Entwicklung selbst führe die Emanzipation des Menschen herbei. Vgl. *Einführende Thesen zur Analyse des Ausbildungssektors und Darstellung und Kritik der bürgerlichen Bildungsökonomie,* Sozialwissenschaftlicher Arbeitskreis Berlin, Bln. 1971, S. 39 f.

195 Rationalisierungskuratorium der deutschen Wirtschaft, a.a.O.; vgl. auch Bahrdt, Kern u. a., *Zwischen Drehbank und Computer,* Hamburg 1970.

196 *Einführende Thesen . . .,* a.a.O., S. 61.

– Nicht das Qualifikationsniveau der Arbeitskraft wird durch die technische Entwicklung angehoben, sondern es werden von ihr lediglich die Qualifikationsstruktur des Gesamtarbeiters und die Qualifikationsinhalte verändert.
– Die Ungleichzeitigkeit der Entwicklung der Produktivkräfte (»Mechanisierungssprünge«) wird in dieser These vernachlässigt, ebenso die Grenze, die der Automation unter kapitalistischen Produktionsbedingungen gesetzt ist; nur die fortgeschrittensten und dem Konzentrationsprozeß am stärksten unterworfenen Produktionszweige sind in der Lage, das zur Automatisierung erforderliche konstante Kapital aufzubringen. Vollautomatisierung in dem Sinne, daß der Mensch weder zur Bewegung des Arbeitsgegenstandes noch zur Korrektur des Arbeitsablaufs benötigt wird, findet in der Industrie keine Anwendung[197], da das Kapital auf die Arbeitskraft als einzigen Produzenten von Mehrwert nicht verzichten kann; häufig verhindert auch die Billigkeit der Arbeitskraft (vor allem die der weiblichen) die Anschaffung arbeitsparender Maschinen.
– Das zur Entwicklung und Beherrschung der modernen Technologie akkumulierte gesamtgesellschaftliche Wissen steht dem Arbeiter in Form von Maschinen gegenüber, deren Anhängsel er weiterhin bleibt. Der repetitive Teilarbeiter wird nicht ersetzt durch das allseitig entwickelte Individuum, sondern durch den »mobilen Detailarbeiter«, der die Fähigkeit und Bereitschaft zur flexiblen Anpassung an »Sachzwänge« besitzt, um »moralischen Verschleiß«, Dequalifikation seiner Arbeitskraft, von vornherein zu vermeiden.
Konkret schlagen sich diese Tendenzen nieder in:
– Abnahme der ungelernten Tätigkeiten,
– Zunahme des Anteils der technischen Fachkräfte,
– Abnahme des Bedarfs an qualifizierter Arbeit, Zerschlagung traditioneller Industriequalifikationen,
– Zunahme der angelernten Tätigkeiten auf Kosten der Hilfsarbeitertätigkeiten (was jedoch nicht dreijährige Ausbildungszeit bedeutet).[198]
Dabei ist zu beachten, daß das technologische Niveau charakterisiert ist durch das Nebeneinander unterschiedlicher Pro-

197 Vgl. Bahrdt, Kern u. a., a.a.O., S. 65.
198 Rationalisierungskuratorium der deutschen Wirtschaft, a.a.O.

duktionsverfahren, d. h. auch durch das Nebeneinander unterschiedlicher, z. T. widersprüchlicher und in ihrer Richtung nicht eindeutiger Entwicklungen der Qualifikationsanforderungen.[199] Dies ist besonders für Prognosen über die Entwicklung der Frauenqualifikation bedeutsam.

Die kapitalistische Form der Arbeitsteilung, die Gesetzmäßigkeiten, denen die Entwicklung der Produktivkräfte unter kapitalistischen Bedingungen unterliegen, lassen sich nicht aus »technischen Notwendigkeiten« ableiten, sondern aus dem Doppelcharakter des kapitalistischen Produktionsprozesses als Arbeits- und Verwertungsprozeß. Ziel der kapitalistischen Produktion ist die Produktion von Mehrwert. Unter diesem Gesichtspunkt der Kapitalverwertung ist auch die Qualifikation der Arbeitskraft zu betrachten: Eine qualifizierte Arbeitskraft hat Gebrauchswert für das Kapital und damit Wert, wenn sie im Arbeitsprozeß anwendbar ist, also der Kapitalverwertung dient. Da die Ausbildungskosten eingehen in den Wert der Ware Arbeitskraft, sind die Qualifikationsprozesse im Kapitalismus einerseits abhängig von dem Zwang, die Arbeitskraft den technischen Bedingungen des Produktionsprozesses anzupassen, andererseits begrenzt durch die *Folgen der Höherqualifikation für die Wertsteigerung* der Arbeitskraft.[200] Differenzierung und Polarisierung sind in diesem Zusammenhang zu identifizieren als

– Anstrengungen des Kapitals, eine solche Kombination von qualifizierter Arbeit zu finden, die *insgesamt* die notwendige Arbeit gegenüber der Mehrarbeit minimalisiert;

– Mittel, den Wert der angewandten Arbeitskraft möglichst niedrig zu halten. Die Produktivkraft der Arbeit wird durch Arbeitsteilung gesteigert; komplizierte Arbeitskomplexe werden in einfache Arbeitsschritte zerlegt, die von wenig qualifizierten, also billigen Arbeitskräften ausgeführt werden können.[201]

Für die Frauenarbeit läßt sich daraus folgendes schließen: Die zunehmende Einbeziehung der Frauen in den Produk-

199 Kaufhold/Melke/Sandow, *Veränderungen in der Qualifikationsstruktur der Industriearbeiterschaft*, in: *IPW-Berichte*, Berlin, 2, 1972, S. 16.
200 *Einführende Thesen* . . ., a.a.O., S. 31.
201 Kühlmann, H., *Gesellschaftspolitische Aspekte in der Lehrlingsausbildung*, Berlin 1971.

tionsprozeß[202] weist auf die Bedeutung der weiblichen Arbeitskraft für die Wirtschaft hin. Die abgeleiteten Tendenzen zur Polarisierung der Qualifikationsstruktur des Gesamtarbeiters, die Ungleichzeitigkeit der Entwicklung der Produktivkräfte und die Grenzen, die im Kapitalismus der Automatisierung gesetzt sind, sind jedoch kein hinreichender Grund, anzunehmen, daß Frauen in Zukunft generell höherqualifiziert werden und werden müssen. Die Arbeitsplätze, die sie bisher einnahmen, werden auch in Zukunft bestehen bleiben. Sie werden weiterhin wegen der besonderen Vorteile der weiblichen Arbeitskraft mit Frauen besetzt werden. »Der Frauenanteil ist in den Branchen am höchsten, in denen die traditionelle, wenn auch modernisierte Technik dominiert, in denen vorwiegend manuelle Arbeit in Form von Fließbandfertigung und Montagearbeiten geleistet werden muß. Auf die Tendenz, die traditionellen Produktionstechniken zur Zeit noch auszuweiten und dabei vorwiegend Frauen zu beschäftigen, weist die steigende Zahl ausländischer Arbeiterinnen in der Metallindustrie hin (1966 = 95 531; 1969 = 146 961).«[203]

Eine allgemeine Verbesserung des Qualifikationsniveaus der Frauen ist aufgrund der Tatsache, daß ihre Qualifikationen häufig wegen Arbeitsunterbrechung brachliegen, nach wie vor unrentabel für das Kapital, vor allem angesichts des beschleunigten Veraltens von Qualifikationen. Richtig ist allerdings, daß die Frauen in die Prozesse der »Andersqualifizierung« einbezogen werden: »Die Förderung der Ausbildung auf möglichst breiter Grundlage, die spätere Umbesetzung erleichtert, entspricht sowohl den betrieblichen Belangen als auch dem Bedürfnis der arbeitenden Frau nach sozialer Sicherheit.«[204] Hier wird deutlich, daß Qualifikation unter kapitalistischen Bedingungen primär Qualifikation im Interesse des Kapitals ist, obschon dies mit Begriffen wie »Entfaltung

202 Unter dem Gesichtspunkt einer möglichen Einbeziehung weiterer Frauen in den Produktionsprozeß werden häufig Vor- und Ganztagsschulprojekte diskutiert. Vgl. Deutscher Bildungsrat, *Empfehlungen der Bildungskommission*, Stuttgart 1971, S. 110, (Strukturplan für das Bildungswesen); ders., *Einrichtung von Schulversuchen mit Gesamtschulen*, Stuttgart 1970, S. 163.
203 Kaufhold u. a., a.a.O., S. 18.
204 Läge, H., a.a.O., S. 21.

der Persönlichkeit«, »Voraussetzungen für befriedigende berufliche Stellung und sozialen Aufstieg«[205] oder »Verbesserung der Wahlchancen der Frau« verdeckt wird.[206]
Wenngleich durch bessere Ausbildung der Frau nicht die Wurzeln ihrer Diskriminierung beseitigt werden können, so ist dennoch die Forderung nach Angleichung ihres Qualifikationsniveaus an das der Männer unter folgenden politischen Gesichtspunkten zu erheben: Gleiche Qualifikation der Frauen würde die Spaltung der Geschlechter in verschiedene Lohngruppen unmöglich machen oder sie zumindest als Diskriminierung deutlich werden lassen. Den Frauen würde der Makel der »lohndrückenden Funktion« genommen werden, was Männern und Frauen helfen könnte, ihre gemeinsame Klassenlage und ihre gemeinsamen Interessen zu erkennen. Konsequent bedacht, hätte der Anspruch auf Höherqualifikation einen ganzen Katalog von konkreten Zielen zur Folge (Entlastung vom Haushalt, Vergesellschaftung der Kindererziehung etc.), der die Einbindung der Situation der Frau in die kapitalistischen Produktionsverhältnisse klar hervortreten ließe.[207]

205 Wilms, D., a.a.O., S. 21 und 25.
206 Pross, H., a.a.O., S. 104.
207 Auf die Aktivitäten und Stellungnahmen der Gewerkschaften zu diesem Thema kann hier nicht näher eingegangen werden; es liegt dazu eine Arbeit vor: Konrad, R., *Die Frauenarbeit des Deutschen Gewerkschaftsbundes*, Dipl.Arb. Berlin 1971.

4. Genese von Persönlichkeitsstruktur und Bewußtsein der erwerbstätigen Frau

4.1. Stellung im Produktionsprozeß und Bewußtseinslage

Nach der Beschreibung der wesentlichen Erscheinungsformen der Diskriminierung der erwerbstätigen Frau soll jetzt die Frage gestellt werden, welche Möglichkeiten die Frau hat, den Zwang zur Reproduktion ihrer eigenen Unterdrückung aufzuheben, und welche Mittel das bestehende Gesellschaftssystem anwendet, um ihre Emanzipationsbestrebungen abzuwehren. Das heißt: Kann die Frau ein Bewußtsein ihrer Unterdrükkung erlangen, das sie befähigt, im Sinne ihrer objektiven Interessen zu handeln?

Es duldet keinen Zweifel, daß die Lohnabhängigen insgesamt ihre Emanzipation, d. h. die Durchsetzung ihrer objektiven Interessen innerhalb des bürgerlichen Herrschaftssystems, verfolgen müssen. Der Kampf um die qualitative Veränderung der eigenen Lebensbedingungen setzt das Bewußtsein von der Unvereinbarkeit der eigenen Interessen mit denen der herrschende Klasse voraus. Das »falsche Bewußtsein« der Bourgeoisie von den Bewegungsgesetzen der kapitalistischen Gesellschaft ist ihrem Interesse an der Aufrechterhaltung der bestehenden Verhältnisse adäquat; es veranlaßt sie nicht, die Bedingungen ihrer Existenz in Frage zu stellen, die selbst das Ergebnis von Klassenkämpfen sind.

Die soziale Dissoziation des bürgerlichen Individuums kann für die Arbeiterklasse nicht in gleicher Weise bestimmend sein, da sie die Produktionsbedingungen, an die die bürgerlichen Sozialbeziehungen gebunden sind, nur als Objekt erfährt. Doch diese prinzipielle Differenz in der Erfahrung sozialer Beziehungen wird aufgehoben durch das Verhältnis der Arbeiter zum Kapital; hier bieten sie ebenfalls als Vereinzelte ihr einziges Eigentum – die Arbeitskraft – auf dem Markt als Ware an. Die individuelle Interessenorientierung ist also scheinbar auch die Motivation des sich für möglichst hohen Lohn verkaufenden Arbeiters. Damit ist formal die

Forderung erfüllt, daß sich im Arbeitsvertrag gleiche und freie Partner (Sozialpartner) gegenüberstehen. Arbeiter und Kapitalist tauschen demnach auf dem Markt Äquivalente, von deren Gebrauchswert Käufer und Verkäufer gleichermaßen abhängig sind. »Subjektiv mag sich das den Arbeitern eine Zeitlang durchaus so darstellen, [...] erst wenn sie erkennen, daß Produktionsstörungen (für sie Reproduktionsgefährdung) nicht nur von außen, von der alten herrschenden Klasse etwa, herangetragen werden, sondern daß sie durch die kapitalistische Organisation der Produktion selbst bedingt sind, vermögen sie diesen Schein gemeinsamer Interessen wirklich zu durchdringen.«[1]

Der Grundwiderspruch des Kapitalismus muß dabei so weit entfaltet sein, daß der ökonomische Ursprung des Klassengegensatzes sinnlich wahrnehmbar wird. Aber »noch lange bevor der Zusammenstoß zwischen den sich entfaltenden Produktivkräften und den geronnenen gesellschaftlichen Produktionsverhältnissen so akut geworden ist, daß er die Bande der gesellschaftlichen Organisation sprengt, machen sich aus der inneren Gesetzlichkeit der kapitalistischen Produktion Krisen geltend, die diesen Zusammenstoß in der Tendenz sichtbar werden lassen. Diesen Krisensituationen im ökonomischen Unterbau der Gesellschaft sind auch entsprechende Krisenzustände im ideologischen Überbau adäquat.«[2] Auf diese Weise wird zuerst Einzelnen und durch deren Vermittlung schließlich allen Lohnabhängigen die innere Struktur des Kapitalismus zunehmend bewußt.

Das Kapital hat jedoch differenzierte und wirksame Methoden zur Verfügung, die Krisen abzuschwächen, die sichtbar werdenden Widersprüche zu verschleiern. Konzentration und Zentralisation, weltweite Verflechtung und imperialistische Kriege schaffen immer noch Möglichkeiten, Akkumulation und Verwertung des Kapitals zu sichern. Das Wertgesetz läßt die industrielle Reservearmee als Konkurrenz in der Arbeiterklasse weiterbestehen und den Preis der Arbeitskraft nicht über ihren Wert ansteigen. Solange sich der kapitalistische Markt noch ausdehnen kann, kann sich die Lage der

1 Hack, L. u. H. Neuendorff, *Zur Vermittlung von gesellschaftlichem Sein und Bewußtsein*, Berlin 1969, S. 4.
2 Gurland, A., *Marxismus und Diktatur*, Leipzig 1930, S. 56.

Arbeiterklasse – auch im Interesse des Kapitals – noch verbessern, und der Kampf der Arbeiter für die Verbesserung ihres Lebensstandards übt noch keinen massiven Druck auf die Profitrate aus. Der automatische Zusammenbruch der kapitalistischen Produktionsverhältnisse steht also nicht zu erwarten. Das Proletariat selbst kann sein begrenztes Bewußtsein von der Gesetzmäßigkeit des kapitalistischen Systems nur in der Aktion gegen das Kapital überwinden, indem es die herrschende Klasse zwingt, immer offener ihre Interessen gegen die Interessen des Proletariats zu behaupten und den Widerspruch zwischen Lohnarbeit und Kapital zu verschärfen. Das Bewußtsein von der eigenen Klassenlage ist eine Funktion des Klassenkampfes und konstituiert erst das Proletariat als Klasse für sich. Wenn die Aktion die Voraussetzung für die Erkenntnis ist, so ist sie gleichzeitig auch als Praxis Entwicklungs- und Entfaltungsmöglichkeit des Klassenbewußtseins, um die Klasse insgesamt zu befähigen, die Gesellschaft als Ganzes zu organisieren.

In bezug auf diese allgemeine, abstrakte Darstellung der Kategorie des Bewußtseins, das die Klasse und die Individuen in ihr erst in den Stand setzt, ihrer objektiven Lage gemäß zu handeln, sollen das Dasein der Frau in ihrer Beziehung zu den gegebenen Produktionsverhältnissen und ihre Stellung im Produktionsprozeß beschrieben werden. Dabei muß vor allem die Ungleichzeitigkeit in der gesellschaftlichen Teilung der Arbeit und der Anwendung der entfalteten Produktivkräfte berücksichtigt werden. Weiterhin ist wesentlich, inwieweit die erwerbstätige Frau bestimmt wird bzw. sich distanziert hat von Institutionen, herrschenden Meinungen und Konventionen, die sich verfestigt und verselbständigt haben, ohne noch in der ökonomischen Basis begründet zu sein. »Der Produktionsprozeß beeinflußt die Menschen nicht bloß in der unvermittelten und gegenwärtigen Gewalt, wie sie ihn bei ihrer Arbeit selbst erleben, sondern auch wie er in den relativ festen, d. h. sich nur langsam umbildenden Institution wie Familie, Schule, Kirche, Kunstanstalten usw. aufgehoben ist.«[3]

Seit die Lebensweise der Menschen nicht mehr durch die überschaubare Produktions- und Reproduktionseinheit Familie

3 Horkheimer, Max, *Studien über Autorität und Familie*, Paris 1936, S. 9.

gekennzeichnet ist, hat sich das Verhältnis von Mann und Frau zur Produktionssphäre (und damit ihre Stellung innerhalb der Gesellschaft) unterschiedlich entwickelt. »In unserer Gesellschaft ist die Rolle des Vaters in der Familie, die des ›Ernährers‹, durch seine Rolle auf dem Arbeitsmarkt bestimmt und steht völlig im Einklang mit seiner Rolle als freier Lohnarbeiter.«[4]

Die Definition der sozialen Rolle der Frau ist durch den Widerspruch gekennzeichnet, der sich aus ihrer Arbeitssituation ergibt: einerseits ist sie als Lohnabhängige der kapitalistischen Produktion unterworfen, andererseits verbringt sie den größten Teil ihres Arbeitslebens mit Tätigkeiten im Haushalt und mit der Kindererziehung, also außerhalb der Warenproduktion. Das »Leitbild« der Frau und ihre Erwartungen orientieren sich noch vorwiegend an den weiblichen Aufgabenbereichen der vorindustriellen Gesellschaft: Reproduktion, Sexualobjekt und Sozialisation der Kinder. Ihre Einbeziehung in den Produktionsbereich ist weitgehend abhängig vom Mangel bzw. Überfluß an männlicher Arbeitskraft und an für Männer und von Männern organisierten Arbeitsplätzen. Die Fähigkeiten, die die Hausfrauen- und Mutterrolle kennzeichnen, werden an den betrieblichen Arbeitsplätzen gewinnbringend eingesetzt. Doch die formalrechtliche Gleichstellung der Frau verschleiert ihre tatsächliche Ungleichheit ebenso wie der Arbeitsvertrag die Unfreiheit des freien Lohnarbeiters. Solange die meisten Frauen ihre Lebensperspektive in der Bereitstellung und Erneuerung der primären Existenzmittel (Nahrung, Kleidung, Wohnung) für die Familie und in der Erziehung der Kinder sehen, können sie diese Beschränkung auf zwar gesellschaftlich notwendige, aber unproduktive Tätigkeiten nicht als historisch bedingte und damit veränderbare erkennen. So ist es nicht erstaunlich, wenn Frauen sich nicht in gleicher Weise organisieren wie die männlichen Lohnabhängigen, wenn ihre gesellschaftspolitischen Projekte nicht über die Ansprüche der bürgerlichen Emanzipationsbewegung hinausgehen. Sie stellen die Institution Ehe nicht in Frage, sondern fordern verbesserte Modalitäten der Scheidungsgesetzgebung; sie wenden sich nicht gegen die Lohnarbeit über-

4 Rowntree, M. und J. Rowntree, *Weiteres zur politischen Ökonomie der Emanzipation der Frau*, München 1970, S. 59.

haupt, erheben kaum die Forderung nach »gleichem Lohn für gleiche Arbeit«; daß sie Arbeit leisten, die entlohnt wird, ist ihnen nicht selbstverständlich.
Diese Bewußtseinsformen korrelieren mit der Bindung an vorindustrielle gesellschaftliche Funktionen. Auch wenn die Frau zeitweise oder lebenslang berufstätig ist, wird ihr Bewußtsein nicht von der Erfahrung im vergesellschafteten Arbeitsprozeß bestimmt; es bezieht sich vorwiegend auf einen ihr von der Gesellschaft zugewiesenen und in der Regel von ihr auch akzeptierten »Arbeitsplatz« im familialen Bereich, der sie von der Gesellschaft isoliert. Die affirmative Funktion ihrer als naturgegeben begriffenen Rolle liegt in der Distanz zum gesellschaftlichen Produktionsprozeß und dem Verlust einer an gesellschaftliche Entwicklung gebundenen Zukunftsperspektive, die Voraussetzung für die Setzung von Alternativen zu den erfahrenen Lebens- und Arbeitsbedingungen ist.
Wir wollen die »besonderen« Persönlichkeitsstrukturen der Frau nicht allein unter dem Gesichtspunkt des Mangels an politischen und theoretisch möglichen Verhaltensweisen betrachten, sondern als den wirklichen Lebensbedingungen angemessene Ausdrucksformen, deren Reproduktion im familialen und gesellschaftlichen Bereich nur mit der Veränderung ihrer materiellen Basis erreicht werden kann.
Zuerst soll die Situation der abhängig erwerbstätigen Frau im vergesellschafteten Produktionsprozess, am Arbeitsplatz, dargestellt werden.

4.1.1 *Normative Einstellungen und die Ideologie des weiblichen »Wesens« in bezug auf die berufstätige Frau*

4.1.1.1. Die berufstätige Frau in der Darstellung der Massenmedien. Stereotypische Rollenzuweisung[5]

Um festzustellen, wie sich die Situation am Arbeitsplatz auf die Selbsteinschätzung und motivationale Struktur der Frau auswirkt, erscheint es geboten, einen kurzen Überblick über die gängigen Vorstellungen zu geben, mit denen die Frau

5 Siehe dazu: Dörner, K., *Der Zwang zur Dissoziation von Lust und Leistung*, 1968, Spiegel, Jg. 25/Nr. 5/1971; Ploetz, D., *»Brigitte« – oder das Geschäft mit der Frau*, 1971; Thiel, R. E., *Zum Frauenbild des Films*, 1968; Weinmayer, B., *Frauenromane in der BRD*, 1971.

belastet ist, bevor sie in den Erwerbsprozeß eintritt. Wir wollen uns dabei auf Stereotype beschränken, die die institutionalisierten Vorurteile (z. B. in Lehrplänen) und die Muster der geschlechtsspezifischen Sozialisationsinhalte wiederholen und befestigen.

Grundsätzlich ist festzuhalten, daß die Schilderung von Arbeitssituationen, die für die Mehrzahl der erwerbstätigen Frauen repräsentativ wären, in den Massenmedien und der Literatur nur am Rande behandelt werden. Einsicht ist auf diesem Wege nicht zu gewinnen. Erst relativ neue Versuche in Form von »Fabrikfilmen« oder Interviewdokumentationen sind geeignet, diese Informationssperre zu überwinden. Groschenromane und Illustrierte verbreiten Leitbilder von der berufstätigen Frau, die sich wie folgt beschreiben lassen:

a) Die Frau ist in der Regel nicht berufstätig.

b) Die berufsorientierte Frau ist ihrem ›Wesen‹ untreu geworden.

c) Ausnahmen bestätigen die Regel.

a) Die Frau ist für das Berufsleben nicht bestimmt. Ihre Konstitution, ihre geistig-seelischen Fähigkeiten entsprechen primär ihren Aufgaben als Ehefrau und Mutter. Es mangelt ihr vor allem an Intelligenz, technischer Begabung, Ehrgeiz und Rigorosität, um sich in der von Männern organisierten Berufswelt durchzusetzen. Die auf Erwerbstätigkeit angewiesene Frau ist bedauernswert. Wenn sie allerdings für das Wohl der Familie, besonders der Kinder, arbeitet, um eine Notlage abzuwenden, wird ihr Opfer anerkannt. Um »Schicksalsschlägen« wie Krankheit, Witwenschaft oder dem Dasein als Ledige oder Geschiedene nicht gänzlich ausgeliefert zu sein, sollten Mädchen auf jeden Fall einen Beruf erlernen. Grundsätzlich arbeiten Frauen nur, bis sie geheiratet werden, eventuell so lange, bis die Haushaltseinrichtung (ehemals die Mitgift) finanziert ist, allenfalls bis zur Geburt des ersten Kindes. – Für diese Übergangszeit werden ihr Arbeitsplätze zugewiesen, an denen sie unter männlicher Anleitung verantwortungsbewußt und zuverlässig Aufgaben erledigt (Sekretärin, Assistentin), wo ihre weiblichen Eigenschaften die männliche Arbeitswelt, das Betriebsklima, »harmonischer« und »menschlicher gestalten«, und wo sich, nicht zuletzt, Heiratschancen bieten. Bis zur Eheschließung wird ihr ein gewisser

Sonderstatus im Hinblick auf ihre Selbständigkeit gewährt. Sie darf und soll ihren Verdienst für »Luxusbedürfnisse«, Kleidung und Freizeitgestaltung verwenden, solange sie ihre zukünftigen Pflichten im Auge behält. Für diese Überbrükkungsphase wird eine kostspielige und langfristige Ausbildung als unnötig, wenn nicht gar als Verschwendung betrachtet, da sich die Investition ja nicht bezahlt machen wird.

b) Geht die Frau aus eigenem Entschluß, ohne eine anerkannte Notsituation nachweisen zu können, einer Erwerbstätigkeit nach, dann begegnen ihr folgende Stereotypen: Eine Frau, die Karriere macht, Ehrgeiz zeigt, der Konkurrenz mit den männlichen Kollegen nicht ausweicht, hat sich gegen Ehe und Kinder, also gegen das ihr gemäße Leben, entschieden. Männer fühlen sich von solchen berufs- und leistungsorientierten Frauen bedroht und abgestoßen, weil sie unweiblich und aggressiv sind. Solche Frauen können nicht das sein, was der von der Arbeit erschöpfte Mann am meisten braucht: ein mütterliches, aufmerksames, dienstbereites und fürsorgendes Wesen. Der berufstätigen Frau aus Neigung, die trotzdem auf ein Ehe- und Familienleben nicht verzichten will, wird ihr Interesse als Egoismus und Verantwortungslosigkeit ausgelegt, Schuldgefühle gegenüber den Kindern werden ihr suggeriert. Familienleben und Berustätigkeit sind Alternativen, denen die Adjektive »normal« und »weiblich« bzw. »geschlechtslos«, »vermännlicht« zugeordnet werden.

c) Da es aber, seitdem ihnen außerhäusliche Erwerbstätigkeit erlaubt ist, immer Frauen gegeben hat, die nicht nur in der Notlage oder in der Übergangsphase berufstätig waren, haben sich Erklärungsschemata entwickelt, die den oben zitierten insofern nicht widersprechen, als sie Ausnahmen von der Regel sind und diese im Grunde bestätigen. Da ist einmal die »geniale« Wissenschaftlerin, die »geborene« Unternehmerin; von ihnen kann man nicht verlangen, daß sie zugunsten ihrer subjektiven Interessen als Frau ihre Fähigkeiten der Allgemeinheit vorenthalten. Sie dienen darüber hinaus als Beweis dafür, daß den Frauen, die »wirklich begabt« sind (ebenso begabt wie Männer), alle Chancen offenstehen. – Andere Beispiele sind das Photomodell, die Redakteurin der Frauenzeitschrift, die Romanautorin, die Schauspielerin. Sie repräsentieren die Wünsche aller Frauen, sprechen für ihre Geschlechtsgenossinnen die allen gemeinsamen Vorstellungen aus, geben Anleitungen zu optimalen Lösungen bei Ehe-, Erziehungs- und Konsumproblemen. Andererseits können sie nicht als Handlungsvorbild von der Mehrzahl der Frauen angesehen werden: ihr Leben ist abhängig von der Gunst des Publikums und rastlos. Aber auch diese Frauen geben in der Regel ihre Selbständigkeit, ihre Karriere auf, sobald der »richtige« Mann sie heiraten will. – Unabhängigkeit und Erfolg reduzieren sich dann auf die Repräsentation innerhalb der Privatsphäre; sie haben ihr Ziel erreicht.

Die positive Ausnahme in diesem Schema bilden die berufstätigen Frauen, die »uneingeschränkte Weiblichkeit« mit Nutzen für die Allgemeinheit verbinden: Krankenschwestern, Ärztinnen, Sozialfürsorgerinnen, Lehrerinnen. Hier kann die Qualität des Femininen, emotionales Engagement, Subordination und vertrauensvolle Aktivität außerhalb der Familie, an allgemein akzeptierten beruflichen Aufgaben sich bewähren. Derlei Klischees werden von ihren Urhebern oder Verbreitern selbst nicht rational begründet; der Versuch, sie probeweise von einem scheinbar neutralen Standpunkt her in Frage zu stellen, endet meist mit dem Ergebnis, die Frauen selbst seien gegen eine Aufhebung dieses Wert- und Normensystems. – Im folgenden wird gezeigt, wie in der Personalpolitik der Unternehmer diese Stereotype angewandt werden, um die Frau nach »ihren Bedürfnissen« in den Produktionsprozeß zu integrieren, wie Geschlecht und »Wesen der Frau« bedeutungslos werden, sobald die mehrwert- und extramehrwertbildende Arbeitskraft der Frau dem Verwertungs- und Produktionsprozeß eingepaßt wird.

4.1.1.2. Das ›Wesen‹ der Frau und seine Funktion für den kapitalistischen Produktionsprozeß

Dem widersprüchlichen Sterotyp von der Frau entspricht eine Realität, die ihr ausschließlich die »Wahl« zwischen gleichermaßen schlechten Alternativen läßt: »Zwischen Familie oder Karriere, zwischen der Überbelastung durch gleichzeitige Tätigkeit in Haus und Beruf oder einem niedrigen Lebensstandard, zwischen einer sogenannten wesensgemäßen Ausbildung und negativ sanktionierten Verstößen gegen die Konvention.

Welchen Weg [die Frauen] auch wählen, sie machen es falsch, weil die bestehenden Verhältnisse befriedigendere Lösungen verwehren. Das Gemeinwesen mutet ihnen schwierigere Entscheidungen zu und bietet ihnen zugleich eine geringere Chance, überhaupt erst entscheidungsfähig zu werden.«[6]
Diese Situation ist der von Bateson im Zusammenhang mit der Schizophrenieforschung für das Individuum definierten pathogenen »Double-bind-Situation« verwandt, deren Besonderheit durch folgende Merkmale beschrieben ist: a. »Das Individuum ist in eine intensive Beziehung verstrickt, das heißt, in eine Beziehung, in der es ihm als lebenswichtig erscheint, ganz genau zu unterscheiden, welche Art von Botschaft ihm übermittelt wird, damit es entsprechend reagieren kann. b. Das Individuum ist in einer Situation gefangen, in der die andere Person in der Beziehung zwei Arten von Botschaft ausdrückt (meist auf zwei verschiedenen Ebenen der Kommunikation), von denen die eine die andere aufhebt. c. Und das Individuum ist nicht in der Lage, sich mit den geäußerten Botschaften kritisch auseinanderzusetzen, um seine Entscheidung, auf welche Botschaft es reagieren soll, zu korrigieren, d. h., es kann keine metakommunikative Feststellung treffen.«[7] Voraussetzung ist, daß das Individuum die Situation nicht verlassen kann; es bleibt ihm nur die psychische Flucht. »Für das Opfer eines *double bind* ist es nicht nur sicherer, auf eine metaphorische Art von Botschaft auszuweichen, es ist in einer unmöglichen Situation auch besser, sich zu verstellen und zu jemand anderem zu machen oder sich zu verstellen und zu behaupten, anderswo zu sein. Dann verliert das *double bind* seine Wirkung auf das Opfer, weil es nicht es selbst und außerdem an einem anderen Ort ist. Mit anderen Worten die Äußerungen, mit denen der Patient seine Desorientiertheit anzeigt, lassen sich als Mittel der Verteidigung gegen die Situation deuten, in der er sich befindet.«[8]
Die der »double bind« analoge Situation der berufstätigen Frau resultiert aus dem Widerspruch zwischen Frauenarbeit und Familie.

6 Pross, a.a.O., S. 91–92.
7 Weakland, J. H., *›Double-Bind‹-Hypothese und Dreier-Beziehung*, in: *Schizophrenie und Familie*, Frankfurt 1969, S. 222.
8 Bateson, a.a.O., S. 21.

a) Um in dieser Gesellschaft als »Frau« anerkannt zu werden, muß sie die Stereotype der Weiblichkeit, also der Attraktivität, Passivität und Mütterlichkeit, erfüllen.
b) Die Botschaften, die sie von der Gesellschaft bezüglich ihrer Funktion als Hausfrau und Mutter empfängt, sind widersprüchlich: Auf der einen Seite gilt sie als »schlechte Mutter«, wenn es ihr nicht gelingt, ihren Haushalt und ihr Familienleben entsprechend den Vorbildern von Reklame und Werbefilmen zu gestalten. Wird sie erwerbstätig, um den Lebensunterhalt der Familie zu sichern, den Lebensstandard zu verbessern, oder den Kindern eine bessere Ausbildung zu finanzieren, so wird ihr auf der anderen Seite vorgeworfen, gerade mit dieser Erwerbstätigkeit verletze sie die Normen einer guten Hausfrau und Mutter und vernachlässige die emotionalen Bedürfnisse ihres Mannes und der Kinder.
c) Ein »Verlassen der Situation«, d. h. von vornherein ehe- oder kinderlos zu bleiben oder Beruf bzw. Ehe aufzugeben, wird ihr aufgrund traditioneller juristischer oder ökonomischer Pressionen unmöglich gemacht. Folglich werden Ehe und Beruf als »Schicksal« hingenommen, Erwerbstätigkeit jedoch als sekundär und befristet angesehen. Konflikte am Arbeitsplatz werden abgewehrt, da eine Veränderung der Situation im Betrieb aus mangelnder Identifikation mit der Erwerbstätigkeit nicht intendiert ist und das Engagement in dieser Sphäre die Schuldgefühle gegenüber der Familie verstärken würde.
Auf dieser psychischen Disposition der Frau, die durch mangelnde Konfliktfähigkeit und Angst in bezug auf die Erfüllung der weiblichen Rolle gekennzeichnet ist, baut die Personalpolitik der Unternehmen auf, die die weiblichen Stereotype in den Betrieb hineinzutragen und die Frauen entsprechend ihren »eigenen Bedürfnissen« in den Produktionsprozeß zu integrieren sucht. Es handelt sich dabei um eine bewußte oder unbewußte[9] Mystifizierung der Frau zum Zwecke der Verschleierung der am Arbeitsplatz entstehenden Konflikte. Nach Laing bedeutet der Begriff der Mystifizierung eine »nicht zu durchschauende Verdrehung dessen, was vor sich

9 Da die Unternehmer und Wissenschaftler selbst den Gesetzmäßigkeiten der kapitalistischen Produktionsverhältnisse unterliegen, partizipieren sie auch an deren ideologischer Scheinwelt.

geht (Prozeß) oder was getan wird (Praxis), im Dienste der Interessen einer sozioökonomischen Klasse (der Ausbeuter) über oder gegen eine andere Klasse (die Ausgebeuteten). Indem die Ausbeuter Formen der Ausbeutung als Wohltätigkeit darstellen, verwirren sie die von ihnen Ausgebeuteten so sehr, daß diese sich mit ihren Ausbeutern eins fühlen oder für ihre (nicht erkannte) Ausbeutung dankbar sind und sich nicht zuletzt schlecht oder verrückt vorkommen, wenn sie auch nur an Rebellion denken.«[10]

Im folgenden Abschnitt sollen die Mechanismen der Mystifizierung dargestellt werden, die sich hinter »wissenschaftlichen Untersuchungen« der Arbeitsplatzsituation von Arbeiterinnen und den Prinzipien der »Menschenführung« verbergen und als Legitimation für die Diskriminierung der Frau im Betrieb gelten.

»Es werden ihm [dem Mystifizierten, d. Verf.] Eigenschaften oder ein Mangel an bestimmten Eigenschaften zugeschrieben, ohne daß man sich auf ein gemeinsames empirisches Kriterium bezieht, mit dem sich diese Eigenschaften näher bestimmen ließen.«[11] Dies geschieht zum Beispiel bei Untersuchungen über die spezielle Eignung der Frauen zur Fließbandarbeit. Kriterium für Eignung bzw. Nichteignung zur Fließbandarbeit war in einem Experiment von Hohmann[12] die Ausfallquote. Wer eine gewisse Zeit lang diese Arbeit ausführen konnte, wurde als »geeignet« erachtet. Hohmanns Untersuchung zufolge eigneten sich von 5 128 Personen 3 910, das sind 76,5 %. Auffallend ist, daß die Zahl der Nichtgeeigneten bei den Männern doppelt so hoch war wie bei den Frauen (817 Männer, 401 Frauen).[13] Aber trotz der relativ hohen Ausfallquote wurde nicht nach den Gründen des Ausfalls gefragt – und noch weniger nach Gründen, aus denen die Arbeit durchgehalten wurde.

Nicht nur die »Eignung« der Frauen zur Fließbandarbeit ist größer als die der Männer, sondern auch ihre Leistung. Män-

10 Laing, R. D., *Mystifizierung, Konfusion und Konflikt,* in: Bateson, a.a.O., S. 274.

11 Laing a.a.O., S. 284.

12 Hohmann, *Monotonie bei der Fließbandarbeit,* S. 104, in: *Mensch und Arbeit,* 4. Jg. 1952.

13 Vgl. Kroeber-Keneth, L., *Frauen unter Männern,* Düsseldorf 1955, S. 190.

ner sind im allgemeinen nicht in der Lage, die gleiche Stückzahl zu produzieren wie die Frauen. Dies ist für die Betriebspsychologen der schlagende Beweis für die »besondere Eignung« der Frauen zur Fließbandarbeit.[14] In die Eignungsuntersuchungen geht Leistung als wesentliches Kriterium ein, nicht aber das Interesse des Arbeiters an der befriedigenden Arbeit.

Es ist bekannt, daß Leistung bei der Akkordarbeit abhängt von der ökonomischen Situation der Betroffenen. So schaffen junge Mädchen, die die Fabrik noch wechseln oder noch einen anderen Beruf ergreifen können, fast nie die Mindeststückzahl; dagegen können ältere Frauen, die den Arbeitsplatz nicht mehr wechseln können, oder Mütter trotz ihrer Überbelastung ihre Leistung bei Herabsetzung des Stücklohns oder Steigerung der Bandgeschwindigkeit in der Regel noch verbessern. »Den Anfangsakkord schaffen nur die, deren ökonomische Abhängigkeiten so groß sind, daß sie darauf angewiesen sind, diese und keine andere Arbeit zu machen.«[15] Helga Läge weiß dafür keine andere Erklärung als die auf den physischen Voraussetzungen von Mutterschaft und Erziehungstätigkeit beruhende »Gewissenhaftigkeit« der Frau.

Mit der Eignung zur Fließbandarbeit wird den Frauen gleichzeitig »Monotonieunempfindlichkeit« bescheinigt. Da Frauen »von Natur aus« auf Erdulden, Ertragen »angelegt« sind, passen sie sich bereitwillig den Bewegungen der Maschine an, vor allem weil »saubere Arbeiten [. . .] einerseits der körperlichen Eignung und andererseits auch der seelischen Struktur der Frau besser entsprechen als grobe, schwere und schmutzige Arbeiten.«[16] Überdies sei die Frau auf die monotone Arbeit durch jahrelange Praxis im Haushalt vorbereitet. Auch der Zerlegung der Arbeit in kleinste Handgriffe, die besondere manuelle Geschicklichkeit und Fingerfertigkeit erfordern, korrespondiere eine besondere *konstitutionelle Eignung* der Frau. »Die Hand der Frau ist im allgemeinen schmaler, feingliedriger als die des Mannes; ihre Haut ist zarter, weicher und von größerer Glätte; so daß sie sich besser für den Umgang

14 Kroeber-Keneth spricht sogar von der »unbezweifelbar größeren Neigung der Frau zur Fließbandarbeit«; a.a.O., S. 192.

15 Herzog, M., a.a.O., S. 114.

16 Läge, H., a.a.O., S. 44.

mit feinen Materialien wie Stoffen, Fäden, dünnen Drähten, Edelpapieren, leicht zerbrechlichen Gegenständen u. dgl. eignet.«[17] Der Frau eine »Intelligenz der Fingerspitzen« zuzuschreiben, als Ersatz quasi für die fehlenden intellektuellen Fähigkeiten, ist nur die konsequente Fortführung der Mystifikation. Die Frau besitze die »Mensch und Tier gemeinsame«[18] Fähigkeit, sich permanent wiederholende Körperbewegungen zu automatisieren, zu rhythmisieren und ohne Bewußtsein zu vollziehen. Auf diese Weise gehe ihr die Arbeit »fast schwerelos« von der Hand. »Die Frau, die in der Regel ein bewußt positives, körperlich betontes Lebensgefühl besitzt, hat meistens eine besondere Freude am leichten Ablauf der Griffolgen; die fließenden Bewegungen eines Arbeitsganges bereiten ihr häufig geradezu einen ästhetischen Genuß.«[19] Und: »Die Monotonie der industriellen Arbeit wird nicht selten dadurch überschätzt, daß dem Besucher oder oft selbst dem wissenschaftlichen Beobachter mechanischer Betriebe Arbeitsaufgaben als monoton *erscheinen* [Hervorh. v. Verf.], die von dem Ausführenden gar nicht als solche empfunden werden. Sie glauben, äußerst einförmige Verrichtungen wahrzunehmen, in Wirklichkeit aber entgehen ihnen kleine Veränderungen in der Qualität des Materials, in der Bearbeitungsweise, im Fertigungsablauf oder im Rhythmus der Maschine, die jedoch für den Arbeiter sehr spürbar und für seine seelische Einstellung wichtig sind.«[20]

Der Widerspruch in diesen Sätzen, die einerseits die geringe Monotonieempfindlichkeit der Frau mit der Ausschaltung ihres Bewußtseins bei der Arbeit belegen, andererseits der Frau, selbst bei pausenloser Verrichtung ein und desselben Handgriffs unter Zeitdruck, die Fähigkeit zuschreiben, geringe Veränderungen von Form, Farbe und Qualität des Materials wahrzunehmen und auf sich einwirken zu lassen, wird noch verschärft durch Vorschläge zur Verbesserung des Arbeitsablaufs. Hierzu die Beschreibung einer Arbeitsverrichtung als Beispiel: »Einen serienweise wechselnden Gegenstand in Papier einwickeln: a) den Gegenstand heranholen und auf das

17 Läge, H., a.a.O., S. 52.
18 Läge, H., a.a.O., S. 58.
19 Läge, H., ebd.
20 Läge, H., a.a.O., S. 54/55.

Papier legen, b) die rechte Seite einschlagen, c) die linke Seite einschlagen, d) eine Querseite rechts und links umschlagen und umknicken, e) das gleiche mit der anderen Seite. Das Ganze zukleben: a) Pinsel nehmen, b) rechts streichen und andrücken. Etikettieren: a) Etikett nehmen und anfeuchten, b) Etikett aufkleben und andrücken, c) den Gegenstand ablegen.«[21] Nach dieser Beschreibung ist es klar, daß es der Arbeiterin gleichgültig ist, »ob die Bewegungen von rechts nach links, von oben nach unten, von vorn nach hinten oder umgekehrt verlaufen«, und auch, daß die »verwendeten Materialien im Grunde nur von sekundärer Bedeutung sind.«[22]

Angesichts der geringen Variabilität einer solchen Arbeit und der Feststellung der Gleichgültigkeit der Arbeiterin ihrem Produkt gegenüber ist es Zynismus, wenn ihr Anregungen gegeben werden, wie sie ihre Arbeit abwechslungsreicher und erlebnisreicher gestalten könne: Elastizität gewinnt die Arbeit, wenn Teilvorgänge einmal unmittelbar hintereinander, das andere Mal serienweise erledigt werden, sich die Reihenfolge also stetig ändert, und indem zusätzliche Bewegungselemente eingeschoben werden. Wenn die Arbeiterin das Material so vor sich aufstapelt, daß die produzierte Stückmenge sichtbar und das noch zu bearbeitende Material noch nicht vollständig sichtbar ist, kann sie die Arbeitszeit erträglich machen und die Langeweile bekämpfen. Freundlicher und »lustbetonter« wird die Arbeit durch eine der weiblichen Psyche Rechnung tragende Raumgestaltung. Diese Investitionen zahlt die Frau durch ihre Dankbarkeit zurück. So meint Kroeber-Keneth, »[...] daß Frauen in hohem Maße vom Milieu abhängig sind. Man schaffe daher eine Arbeitsumwelt, die den besonderen ästhetischen und sinnhaften Bedürfnissen der Frau adäquat ist und man wird dadurch nicht nur die äußere, sondern auch die gesinnungsmäßige Sauberkeit erhöhen.«[23] Indem hier der Frau Eigenschaften zugeschrieben werden, die genau die Kriterien der Fabrikarbeit erfüllen, wird der Eindruck erweckt, als sei es für Frauen besonders vorteilhaft, diese Arbeit zu tun; indem versucht wird, Maßnahmen, die

21 Läge, H., a.a.O., S. 50.
22 Läge, H., a.a.O., S. 44/45.
23 Kroeber-Keneth, a.a.O., S. 155.

die Leistungsfähigkeit der Frau steigern sollen, als Anpassung des Arbeitsplatzes an die spezifischen Bedürfnisse der Frau zu kaschieren, gewinnt die Ausbeutung in der Akkordarbeit den Anschein der Wohltätigkeit. Ihre »eigenen Motive oder Absichten werden herabgesetzt bzw. verkleinert oder durch andere ersetzt. [Ihr, d. Verf.] Erleben und [ihre, d. Verf.] Handlungen werden grundsätzlich ohne Bezug zu [ihrem, d. Verf.] eigenen Standpunkt ausgelegt.«[24]
Diese Mystifikation läuft darauf hinaus, Formen der Abwehr, Kompensation und Verdrängung, die aus Konflikten am Arbeitsplatz herrühren, nicht auf ihre Bedeutung für die Arbeiterin selbst zu untersuchen, sondern als unverfälschte natürliche Äußerungen zu fassen. So werden Versuche von Arbeiterinnen, die eigene Ohnmacht und die Einflußlosigkeit am Arbeitsplatz durch betonte Liebenswürdigkeit und Attraktivität, aber auch durch plötzliche Gefühlsausbrüche zu kompensieren, als »intime Gegenherrschaft«, die Bemühung, die Gleichmacherei der Maschine, das Fehlen individueller Bestätigung durch Differenzierung an der Oberfläche (besondere Sorgfalt der Kleidung, Mißachtung von Schutzbestimmungen aus Eitelkeit) aufzuheben, als »Macht der Persönlichkeit« und »Einfluß der Individualität« interpretiert. »Nun aber kommt der menschliche Einfluß der Frau. Fast möchte ich wiederum übertreibend sagen: Er ist nicht selten umgekehrt proportional ihrem mechanischen Rang in der Arbeitswelt.«[25] Wo wirkliche Verfügungsgewalt fehlt, wird die Arbeiterin mit ihrer »weiblichen Art«, die sie davor bewahrt, ihre Individualität gänzlich zu verlieren, auf einen Scheineinfluß vertröstet. Sollte sie versuchen, sich über betrieblichen Aufstieg tatsächlichen Einfluß zu verschaffen, so wird sie darauf hingewiesen, daß Wettbewerb nicht zu ihrer Bestimmung gehört. Nicht nur das gesellschaftliche Interesse an der Anspruchs- und Initiativelosigkeit der Frau, sondern auch die Angst des Mannes vor der Konkurrenz der Frau drückt sich in folgendem Appell aus: »Soweit die Motive für das soziale Zurückbleiben der Frau in ihr selbst wurzeln, mag eine Weisheit der Natur mitsprechen! Im Grunde ihres Wesens spürt die Frau sehr wohl,

24 Laing, a.a.O., S. 284.
25 Preller, L., *Die berufstätige Frau als Glied der Gesellschaft*, in: *Die berufstätige Frau heute und morgen*, Berlin, 1966, S. 48/49.

daß sie Wesenhaftes und sie als Frau Ausgezeichnetes einbüßt, wo sie in die offene Konkurrenz mit dem Manne eintritt. Gerade wo sie obsiegt, verliert sie typisch Weibliches.«[26] Fluchtmechanismen (z. B. Tagträume oder Phantasien), mit denen die Frau die unerträgliche Situation am Arbeitsplatz verleugnet, werden nicht mit dieser Situation in Zusammenhang gebracht, sondern als »befriedigende« Momente der Arbeit selbst verstanden. »Man kam [...] zu der Feststellung, daß die Vorstellung, eine Befriedigung könne nur aus dieser Arbeit selbst gewonnen werden, nicht stimmt. Oft wird vom Arbeitenden selbst etwas in den Arbeitsvorgang hineingetragen, das dann scheinbar als Befriedigung aus der Beschäftigung gewonnen wird. Man hat dafür eine Formulierung gefunden, die von dem Unterschied von einer Arbeit *innewohnenden* Befriedigung und einer in sie *hineinprojizierten* spricht. Die Fähigkeit eines Arbeiters, durch Assoziationen die manuelle Tätigkeit zu beleben, vielleicht ein spielerisches Moment hineinzutragen, spielt dabei eine große Rolle.«[27]

Die psychische Anstrengung des Arbeiters, Befriedigung aus einer diskriminierenden Arbeit zu ziehen, wird dankbar konstatiert, ohne zu fragen, welche Auswirkung sie auf das menschliche Verhalten außerhalb der Arbeitssituation hat; ja der Monotonie der Arbeit, die z. B. der Frau die Möglichkeit gibt, sich bei der Arbeit auf Dinge zu konzentrieren, die den Haushalt, die Kinder, den Urlaub betreffen, wird selbst ein positives Moment zugeschrieben (nämlich die Bedingung zu sein für diese Projektionen). Ein weiteres Indiz für die »Freude an der Arbeit« ist für die Betriebspsychologen die Tatsache, daß die Frauen bei der Arbeit häufig singen und lachen.[28] Daß es für diese Form der Kommunikation andere Ursachen geben kann – Ankämpfen gegen den Lärm der Maschine, Bedürfnis nach Kontakt, Vergewisserung der eigenen Individualität, die durch den bestimmenden Rhythmus der

26 Kroeber-Keneth, a.a.O., S. 174.

27 Reichenbach, B., *Langeweile und Befriedigung bei monotoner Arbeit*, in: *Mensch und Arbeit*, 4. Jg., 1952, S. 208.

28 Diese Interpretation ist insofern erstaunlich, als normalerweise Ärzte, Wissenschaftler, aber auch qualifizierte Arbeiter, denen man im allgemeinen sicher einen größeren Grad an Befriedigung bei ihrer Tätigkeit zuschreiben kann, bei der Arbeit nicht zu singen pflegen.

Maschine, die Isolation am Arbeitsplatz, bedroht ist –, wird erst gar nicht erwogen, wohl aber die »harmonisierende, ausgleichende« und jeden Austausch von Informationen unterbindende Wirkung von Musik und Gesang in der Fabrik. »Es gibt wohl überhaupt nur ein betriebspraktisches Mittel, um Frauen zum ›Schweigen‹ zu bringen, indem man sie nämlich zum Singen bringt. Auch im Gesang lebt sich das Mitteilungsbedürfnis aus, ohne daß es zu Mitteilungen kommt.«[29]
Die Arbeiterin hat, genau wie der Unternehmer, ein Interesse daran, ihr psychisches Gleichgewicht bei der Arbeit aufrechtzuerhalten; aber sie kann dies unter Umständen nur auf Kosten ihrer psychischen Gesundheit. Während Freud der Arbeit eine libidinöse Bindungskraft zumißt, bezieht sich der Begriff »Arbeitszufriedenheit« der Betriebspsychologen auf einen »von vorhergehenden Spannungen entlasteten Zustand«. »So wird Zufriedenheit mit der Arbeit und dem Arbeitsplatz geäußert, wenn sich Arbeit in eingeschliffene Arbeitsreflexe verwandelt hat, die eine Trennung der Abfolge automatischer Gesten von Ideen und Vorstellungen oder wenn die Unabänderlichkeit des gegenwärtigen Berufsschicksals eingesehen und akzeptiert wird, nachdem die Realisierungsansätze aller übrigen Berufsvorstellung gescheitert sind.«[30] Der Begriff »Arbeitszufriedenheit« unterstellt eine vorgegebene Harmonie zwischen menschlichen und betrieblichen Interessen. Fromm bringt diesen Sachverhalt auf die Formel: der Kapitalismus muß »kranke Menschen produzieren, um eine gesunde Wirtschaft zu haben.«[31]
Konsequenterweise werden Krankheiten von Arbeiterinnen – seien es tatsächliche körperliche Überlastungen, somatische Reaktionen auf einen psychischen Konflikt, sei es Protest oder Desinteresse an der Arbeit – nicht vor dem Hintergrund der konkreten betrieblichen Arbeitssituation erklärt. Ihre Entstehungsbedingungen werden mit Begriffen wie »Zivilisationsschäden« verschleiert, deren Wurzel man in der »Schnellebigkeit der Zeit«, der »großstädtischen Hast«, »Reizüberflutung«

29 Kroeber-Keneth, a.a.O., S. 89.
30 Negt, Oskar, *Soziologische Phantasie und exemplarisches Lernen*, Frankfurt/M. 1969, S. 38.
31 Fromm, E., *Humanistische Planung*, in: *Analytische Sozialpsychologie und Gesellschaftstheorie*, Frankfurt/M. 1970, S. 172.

und in »mangelnder Selbstbesinnung« zu finden glaubt.[32] Auch die Bezeichnung »Berufskrankheit« verdeckt die betrieblichen Ursachen: die körperlichen Schäden resultieren angeblich aus der Natur des Berufes (der ja frei gewählt ist) und nicht aus den Ausübungsbedingungen.

Die Abqualifizierung von Krankheitserscheinungen als »Modekrankheiten« hat tatsächlich häufig zum Ergebnis, daß Frauen ihre Symptome verheimlichen, bagatellisieren. »Man unterläßt es überhaupt, von seiner Wahrnehmung und seiner Selbstidentität Notiz zu nehmen.«[33] Dies geschieht, weil »Arbeiterinnen im allgemeinen über ihre Bewußtseinszustände bei der Arbeit nicht nachzudenken pflegen und weil sie kaum in der Lage sind, sich sprachlich differenziert genug auszudrücken.«[34]

Das Nachdenken der Arbeiterin über ihre Situation ist freilich gar nicht erwünscht, denn Frauen, die Befriedigung, Vielseitigkeit, Verantwortung und Initiative im Beruf suchen, eignen sich nach allgemeiner Erfahrung nicht zur Fließbandarbeit. Dagegen hat man mit »Hilfsschülerinnen bei stupiden Arbeiten ganz besonders gute Erfahrungen gemacht«.[35] Frauen, die aus Resignation, Minderwertigkeitsgefühlen und mangelnder Information nie über ihre Arbeit klagen, wird besondere »Lebenstüchtigkeit« bescheinigt. Ihrer Anpassungsfähigkeit und Abhängigkeit von persönlicher Zuwendung schenkt die »moderne Menschenführung« besondere Aufmerksamkeit. So wird durch ermunterndes Lob, durch Hinweise darauf, daß »jeder seinen Teil der Verantwortung trägt«, das Interesse des Unternehmens zum Interesse der Arbeiterin deklariert.

Für die Unternehmenspolitik ist die Frau ein orientierungsloses Wesen, das Aufsicht und Fürsorge braucht und zu keiner eigenen Initiative fähig ist. Daher sollen die Führungsmittel abgestimmt sein »auf die leisesten Anzeichen der Beachtung, der Zustimmung, des ›Stutzens‹ und der Mißbilligung. Sie können sich andeuten im Gruß, in einem Nicken, in einem skeptischen Stirnrunzeln. Sie sind gewissermaßen die dauern-

32 Läge, H., a.a.O., S. 82.
33 Ebd., S. 284.
34 Ebd., S. 56/57.
35 Ebd., S. 59.

den Peilsignale, die der Mitarbeiterin die Sicherheit geben, daß sie richtig liegt, oder daß sie vom Kurs abzuweichen droht.«[36] Daß sich durch die Anwendung solch »leiser Mittel« die Leistungen der Frauen beträchtlich steigern können, erscheint gleichsam nur als ein Nebenprodukt dieser Strategie.

4.1.2. *Die Situation am Arbeitsplatz*

Im Rahmen dieser Arbeit können wir nicht auf alle für Frauen relevanten Berufs- und Arbeitssituationen eingehen. Einerseits ist dies gar nicht erforderlich, weil die Bedingungen der Frauenarbeit im Hinblick auf Qualifikation, Aufstiegschancen und Entlohnung weitgehend homogen sind, andererseits ist für unsere Fragestellung – den Zusammenhang von Arbeitssituation und Handlungsbereitschaft gemäß der objektiven Interessenlage näher zu bestimmen – die Setzung von Prioritäten bedeutsam.

Wir werden uns vor allem mit der Lage der Industriearbeiterin befassen, da hier ausreichend Material vorliegt, das ohne den Rückgriff auf eigene Untersuchungsergebnisse zur Interpretation benutzt werden kann. Dies ist möglich, weil wir theoretisch bestimmen konnten, daß, ausgehend von der Situation der Industriearbeiterin, Einschätzungen der Bewußtseinslage, der potentiellen Ausbildung politischer Handlungsbereitschaft und diese hemmender bzw. fördernder Faktoren für die abhängig erwerbstätige Frau überhaupt gemacht werden können.

Die Industriearbeiterin steht direkt im Fertigungsprozeß der Warenproduktion, sie erfährt die Abhängigkeit innerhalb des Betriebes nicht vermittelt, sie weiß, daß ihr die Produktionsmittel nicht gehören und daß sie keine Einflußmöglichkeiten auf deren Verwendung oder Veränderung hat. Sie hat direkten Einblick in die Auswirkungen des technischen Wandels an ihrem Arbeitsplatz und erlebt die in Zeiteinheiten und festen Vorschriften fixierte Bindung ihrer Arbeitskraft an die Maschinerie, die sie, anders als häufig noch die Büroangestellte, nicht eigenwillig unterlaufen kann. Am Arbeitsplatz hat sie fast immer die Möglichkeit, die Differenzen zwischen eigener Lohn- und Leistungsgruppeneinstufung und der der

36 Kroeber-Keneth, L., a.a.O., S. 147.

Männer zu vergleichen; oft kann sie auch den Marktpreis der von ihr hergestellten Produkte mit dem Preis ihrer Arbeitskraft in Beziehung setzen.
Ihre unterprivilegierte Stellung in der Betriebshierarchie, die oft diskriminierende Einstufung ihrer Tätigkeit, das Bewußtsein der Austauschbarkeit ihrer Fähigkeiten läßt mittelständische Berufs- und Aufstiegsorientierung und Kompensation der hohen Arbeitsanforderungen durch innerbetriebliche psychische und materielle Gratifikationen nur sporadisch zu. Diese bei den weiblichen Angestellten in vergleichbaren Positionen nicht ähnlich ausgeprägten Merkmale der Arbeitssituation haben uns bewogen, die differenziertere Lage der Angestellten, obwohl ca. 50 % der erwerbstätigen Frauen sie teilen, nicht exemplarisch zu behandeln, zumal ihr Tätigkeitsbereich noch in sehr viel geringerem Maße dem Entwicklungsstand der Produktivkräfte angemessen organisiert ist.

Exkurs: Angestellte

Die Frage, ob die Angestellten der Arbeiterklasse zugerechnet werden können, hat im Hinblick auf die Situation der erwerbstätigen Frau entscheidende Bedeutung, da die weiblichen Angestellten die Hälfte aller berufstätigen Frauen ausmachen.
Die Angestelltentätigkeit ist ebenso wie die Industriearbeit die Folge der gesellschaftlichen Arbeitsteilung. Das zahlenmäßige Anwachsen der Angestellten hängt eng mit der Entfaltung der Produktivkräfte, der wissenschaftlich-technischen Entwicklung, der zunehmenden Vergesellschaftung der Produktion und der Ausdehnung der Leitungs- und Planungsfunktionen zusammen. Die »unmittelbaren Arbeiten am Arbeitsgegenstand des Fertigungsprozesses sinken relativ und manchmal absolut gegenüber der vermittelnden.«[37]
S. Braun[38] schreibt in Anlehnung an Marx' Analyse der Zukunft der von ihm kommerzielle Lohnarbeiter genannten Angestellten: »Ihr Lohn hat die Tendenz zu fallen, selbst im Verhältnis zur Durchschnittsarbeit im Fortschritt der kapitali-

37 Steiner, H., *Sozialstrukturveränderungen im modernen Kapitalismus*, Berlin 1967, S. 49.
38 Braun, S., *Zur Soziologie der Angestellten*, Frankfurt, 1964.

stischen Produktion; die Arbeitsverrichtung wird einfacher und mechanischer infolge der Arbeitsteilung auch im Kontor. Sie wirkt als Grund für Lohnsenkung und führt zu ›einseitiger Entwicklung der Arbeitsfähigkeit‹, die zudem weniger Kosten verursacht, weil sie sich ›durch die Funktion selbst entwickelt; Prestige und Berufsqualifikation der kommerziellen Arbeiter wird nivelliert durch die Verbreiterung der Volksbildung im Fortschritt der Wissenschaft, so daß ›Vorbildung, Handels- und Sprachkenntnisse [...] immer rascher, leichter, allgemeiner und wohlfeiler reproduziert werden können‹«; dies erlaubt zugleich, »diese Sorte aus Klassen zu rekrutieren, die früher davon ausgeschlossen, an schlechtere Lebensweise gewöhnt waren«, wodurch »der Zudrang und die Konkurrenz verstärkt wird.«[39]

Braun meint, Marx habe aufgrund dieser Prognose, die sich als richtig erwiesen hat, erwartet, daß sich die Angestellten politisch mit dem manuellen Lohnarbeiter identifizieren würden. Diese Einschätzung können wir nicht teilen, da Marx zwar die Angestellten als kommerzielle Lohnarbeiter bezeichnet, die wie alle anderen in einem »strukturell bedingten Gegensatz zum Kapital (wesentliches Merkmal)« stehen, sie aber »durch ihre besonderen Funktionen im gesellschaftlichen Arbeitsprozeß von anderen Lohnarbeitern unterscheidet (spezifische Differenz)«.[40] Eine besondere Berufsgruppe für diese Funktion würde erst geschaffen, wenn die »Industriearbeiter und das industrielle Unternehmen und damit die kapitalistische Organisation der Arbeit bereits ihre Wirkung zeitigte.«[41]

Die Herkunft der Angestelltenfunktion aus der des Handlungsgehilfen und des Privatbeamten der Industrie sowie der Banken verweist auf die Kontinuität dieser Arbeitsaufgaben für die Volkswirtschaft; zu einem sozial bedeutsamen Beschäftigungssektor wird die Angestelltentätigkeit jedoch erst mit der Bürokratisierung der Unternehmensverwaltung. Der entsprechende Arbeitsbereich umfaßt die »Kontrolle, Leitung und Planung der Arbeit« sowie die »Kontrolle, Leitung und Planung des Wertes der Arbeit«. Die Angestellten nehmen

39 Braun, S., a.a.O., S. 7.
40 A.a.O., S. 86.
41 Braun, a.a.O., S. 87.

also eine Vermittlerposition zwischen Produzenten und Produktionsmittel-Besitzern und zugleich eine »Stelle im Autoritätssystem des Industriebetriebes« ein. Diese Mittlerstellung war Ausgangspunkt der »Delegationstheorie«, der die Annahme zugrunde liegt, daß die funktionelle Aufgliederung der Leitungsaufgaben, die früher die Unternehmer allein wahrnahmen, nicht nur neue Funktionen innerhalb der Organisation der Arbeit geschaffen, sondern die Struktur der Arbeits- und Wirtschaftsorganisation wesentlich verändert hätte. So konnte die numerische Ausdehnung der Angestelltengruppe als das Entstehen einer neuen Mittelschicht, als Merkmal einer »nivellierten Mittelstandsgesellschaft« gedeutet werden, statt als strukturbedingte, notwendige Veränderung des Produktionsprozesses, die unter den bestehenden Produktionsverhältnissen keineswegs eine Demokratisierung der Entscheidungsprozesse zur Folge haben muß.

Die heterogene Herkunft der Angestellten, die ständische Organisationstradition und die starke Differenzierung ihrer Tätigkeitsbereiche und Qualifikationen haben zu einer spezifischen subjektiven und gesellschaftlichen Einschätzung der Angestellten geführt. Sie werden zwar zu den abhängig Beschäftigten gezählt, aber eigene Bildungsvorstellungen, aufstiegsorientierte Berufsplanung, eine durch »Betriebstreue« und Identifizierung mit den Betriebszielen gekennzeichnete Berufseinstellung trennen sie ebenso von den Industriearbeitern wie die pauschale Gehaltszahlung, gesonderte Kündigungsfristen, Versicherungen und Gratifikationen.[42] Ferner spielt die Unterscheidung von Kopf- und Handarbeit, schmutziger und sauberer, schwerer und leichter Arbeit eine wichtige Rolle im Selbstverständnis der Angestellten.

Dieses Merkmalssyndrom hat jedoch für die weiblichen Angestellten weitgehend seine reale Basis verloren. Ihre Arbeitsplätze werden mehr und mehr in Form von Fließbandarbeit (Steiner) organisiert; ihre Ausbildung ist zwar noch überwiegend an einen bestimmten Betrieb gebunden, aber die Qualifikation für die von ihnen besetzten unteren Positionen ist aus-

42 Diese betriebsgebundenen Prämien, Gratifikationen und Ruhegelder sowie die Aufstiegsmöglichkeiten durch das Senioritätsprinzip binden die Angestellten oft an einen Betrieb, in dem sie durch Rationalisierungsmaßnahmen dequalifiziert und damit auch sozial herabgestuft wurden.

tauschbar geworden; mehr durch das Berufsprestige als durch die Höhe des Lohns unterscheiden sie sich von den Lohnarbeiterinnen in der Produktion. Die Rationalisierungs- und Automatisierungfähigkeit ihrer Arbeitsaufgaben verstärkt ihre Arbeitsplatz-Unsicherheit.

Tendenzen der Automatisierung und Rationalisierung im Bereich der Angestelltenberufe unter besonderer Berücksichtigung der weiblichen Angestellten lassen sich nach einer Auswertung neuerer Untersuchungen unter folgenden Gesichtspunkten darstellen:

1. »die Freisetzungstendenz mit der latenten Möglichkeit, ›technologischer‹ Arbeitslosigkeit, 2. die Veränderung der Tätigkeitsstrukturen und Leistungsanforderungen sowie 3. die Tendenz zur Polarisierung in der betrieblichen Sozialstruktur wie in der Angestelltenschaft insgesamt.«[43]

Zu 1. Bislang hat sich die Automatisierung traditioneller Angestelltentätigkeiten vor allem in Großbetrieben durchgesetzt, die »Kapazitätssteigerung und Rationalisierung koppeln konnten«. Entlassungen wurden meist vermieden durch Umbesetzungen und freiwilliges Ausscheiden bzw. frühzeitige Pensionierung. Die Rationalisierung bewirkte z. T., daß akuter Arbeitskräftemangel behoben werden konnte. Allerdings haben diese Maßnahmen auch den Charakter indirekter Entlassung bzw. Arbeitsplatzreduzierungen, da nach Einführung der elektronischen Datenverarbeitung zeitweise ausgeschiedene Arbeitskräfte (Frauen mit Kindern vor allem) nicht mehr auf ihren Arbeitsplatz zurückkehren konnten oder durch Einstellungssperren nicht wiederaufgenommen wurden. Solange aus Gründen der wirtschaftlichen Kalkulation in den Kleinbetrieben (bis zu 100 Beschäftigte) die Automatisierung der Bürotätigkeiten noch nicht eingeführt werden kann, wird das Stellenangebot für diese Arbeitskräfte die Freisetzungen kompensieren können; jedoch wird dann bei Ungleichzeitigkeit der Rationalisierungs- und Automatisierungsprozesse eine gleichmäßige ökonomische Gesamtentwicklung vorausgesetzt.

Die Freisetzungen und Stelleneinsparungen treffen vor allem die ungelernten, niedrig qualifizierten und älteren weiblichen Angestellten, deren routinemäßige Arbeitsaufgaben am leich-

43 Herkommer, S., *Rationalisierung und Mechanisierung*, München 1970, S. 196.

testen mechanisiert werden können. Die jüngeren Angestellten werden z. T. umgeschult (z. B. als Locherinnen); aber auch diese Funktionen werden durch weitere Automationsstufen voraussichtlich wieder überflüssig. Eine andere Möglichkeit für die Beschäftigung dieser Arbeitskräfte bietet der tertiäre Sektor, wo die Verwendung von Elektronik zwar noch nicht ausgeschöpft, aber absehbar ist.

Zu 2. und 3. Die starke Polarisierungs- und Differenzierungstendenz der Angestelltenschaft zeigt sich vor allem in der vermehrten Einstellung hochqualifizierter wissenschaftlicher und technischer Fachkräfte, an der Abnahme der mittleren Berufspositionen (Sachbearbeiter) und der Zunahme der Arbeitsplätze, die durch repetitive Teilarbeit gekennzeichnet sind. »Locherinnen und Prüferinnen für die einfachsten repetitiven Büroarbeiten allerdings scheinen durch die neuesten technologischen Entwicklungen bereits wieder als Beruf in Frage gestellt. Charakteristisch für bestimmte Automatisationsstufen ist nämlich, daß Berufe schon wieder verschwinden, die erst kurz zuvor, auf niedrigeren Stufen der Mechanisierung entstanden waren.«[44] Bestimmte Arbeitsaufgaben, wie die der Sachbearbeiter, werden so aufgeteilt, daß besonders schwierige Probleme Spezialisten zugewiesen werden, während die technische Ausführung von wenig qualifizierten weiblichen Angestellten übernommen wird. Der Aufstieg nach dem »Bewährungsprinzip« in die Sachbearbeiterpositionen ist für Frauen damit weitgehend ausgeschlossen. Zugleich zeichnet sich eine Tendenz zur »Aufgabenstraffung und Zusammenlegung« ab. Die erhöhten Leistungsanforderungen sind selten mit Lohnerhöhungen verbunden. Die differenzierte Hierarchie und damit auch vielfältige Aufstiegsmöglichkeiten werden abgebaut. Eine kaum mehr durchlässige Stufengliederung zwischen den hochqualifizierten, »herrschenden und disziplinierenden« und den unqualifizierten, ausführenden Arbeitsfunktionen ist die Folge dieser Entwicklung.

Trotz Dequalifizierung, Verlust von Aufstiegschancen und Arbeitsplatzunsicherheit läßt sich bei den Betroffenen eine vorwiegend passive, irrationale Einstellung zu diesen Tendenzen feststellen. Wahrscheinlich wird diese Einstellung durch die Angestelltenverbände (z. B. V.w.A. = Verband weiblicher

44 Herkommer, S., a.a.O., S. 203.

Angestellter) noch gefördert, die nach wie vor um eine deutliche Distanzierung von Arbeiterorganisationen bemüht sind. Auf keinen Fall kann man nach diesen Untersuchungsergebnissen die Feststellung Steiners übernehmen, daß »das ausgebaute durchrationalisierte System mit seinen Millionen Bürogestellten objektiv den Einblick, die schöpferische Mitarbeit großer Teile der Bevölkerung bei der Planung, Kontrolle und Abrechnung der ökonomischen Prozesse [ermöglicht] und somit materielle und ökonomische Voraussetzungen für die Verwirklichung einer demokratischen Vorbereitung und Gestaltung der Entscheidungsprozesse im ökonomischen Bereich und darüberhinaus im gesamtgesellschaftlichen Bereich und politischen Leben [schafft]«.[45]
Die Austauschbarkeit der niedrig qualifizierten weiblichen Angestellten, die Arbeitsplatzunsicherheit, die zunehmenden körperlichen Anforderungen der Arbeitsaufgaben, die fehlenden Aufstiegschancen, der repetitiv-monotone Charakter der Arbeit und die diskriminierende Lohngruppeneinstufung verbinden die weiblichen Angestellten deutlicher mit den Industriearbeiterinnen als mit den Angestellten in mittleren und höheren Positionen.

4.1.2.1 Arbeitsplatzbeschreibungen

»Frauenfabrikarbeit heißt für 70 % aller Arbeiterinnen Akkordarbeit.«[46] Sie werden zu 45 % bzw. 46 % als ungelernte bzw. angelernte Arbeitskräfte eingestellt. Bevor wir auf die besonderen Merkmale der von Frauen geleisteten Arbeiten im Produktionsprozeß eingehen, soll die Beschreibung von typischen Arbeitsanforderungen und Arbeitsplätzen die Vorstellung von der konkreten Lage der Industriearbeiterin präzisieren.

1. »Arbeitsplatz: Rundtischpresse

Arbeitsaufgabe: an einer kleinen halbautomatischen Rundtischpresse (mit 10 gleichen Einsätzen) werden Radtriebe von 0,3 mm Durchmesser und Zahnräder (20 x 0,8 mm) von Hand in den Einsätzen des sich horizontal drehenden Rundtisches zusammengefügt. Ein automatisch gesteuerter Stempel der Presse nietet die Teile zusammen. Die fertigen Teile werden

45 Steiner, a.a.O., S. 61/62.
46 Herzog, M., a.a.O., S. 110.

durch Preßluft ausgeworfen. Die Maschine wird durch einen Einrichter eingerichtet.«[47]

2. »Arbeitsplatz: Spiralfedern zentrieren
Arbeitsaufgabe: Feine Spiralfedern, in deren Zentrum sich eine Messingrolle befindet, worin das Ende der Feder eingenietet ist, sind mit einer Pinzette so zu richten, daß die einzelnen Umgänge der Feder immer den gleichen Abstand haben und sich nicht berühren, sondern frei schwingen. Die Spirale muß völlig flach bleiben und darf weder Schirmchen noch Schlüsselchen bilden.«[48]

(1 und 2 werden nach einer höheren Leistungsgruppe entlohnt.)

3. »Arbeitsplatz: Tischbohrmaschine
Arbeitsaufgabe: in Werkstücke aus verschiedenem Material bis 3 mm Löcher bohren. Die Werkstücke werden in eine Bohrlehre eingesetzt. Danach wird die Lehre geschlossen und die Löcher bis zum Anschlag gebohrt. Die gebohrten Werkstücke werden aus der Bohrlehre wieder hinausgenommen und in bereitgestellte Transportkästen abgelegt. Die Maschine wird von einem Einrichter eingerichtet.«[49]

4. »Arbeitsplatz: Fräsmaschine
Arbeitsaufgabe: Nutenschlitze, Kanten oder Flächen fräsen. Die Werkstücke werden nebeneinander in eine Vorrichtung gelegt und festgespannt. Danach wird die Fräsmaschine in Gang gesetzt. Der Handhebel der Maschine wird jedes Mal bis zum Anschlag geführt und wieder in die Ausgangsstellung zurückgebracht. Die fertigen Werkstücke sind dann aus der Vorrichtung herauszunehmen und in bereitgestellte Transportkästen abzulegen. Die Maschine wird von einem Einrichter eingerichtet.«[50]

5. »Arbeitsplatz: Kontrolle
Arbeitsaufgabe: Qualitätskontrolle. Einzelteile sind mit Hilfe von Meßlehrdornen, Gewindelehrdornen, Gewindelehrringen oder Meßprofilen zu kontrollieren. Die Ergebnisse der Kontrolle sind festzuhalten und Ausschußteile von den anderen zu trennen.«[51]

47 Radke/Rathert, a.a.O., S. 31.
48 A.a.O., S. 33.
49 A.a.O. S. 72.
50 A.a.O., S. 74.
51 A.a.O., S. 98.

(3 bis 5 werden nach der untersten Leichtlohngruppe eingestuft.)

6. »Akkordarbeit in einem Elektrobetrieb.

Arbeitsplatz und Arbeitsaufgabe: Aufbauabteilung der Röhrenherstellung.

In der Halle arbeiten 400 Arbeiterinnen im Akkord. Ein breiter Gang teilt die Halle in eine rechte und linke Seite. Jede Seite ist 25 Reihen lang, in jeder Reihe sitzen 7–8 Arbeiterinnen, jede Arbeiterin sitzt vor einer Maschine. Der Abstand zwischen den Reihen wird immer geringer. [...] Die Maschinen der Arbeiterinnen sind verschiebbar und haben eine ca. einen Meter lange und 65 cm breite glatte Oberfläche. Das Geräusch der Maschinen liegt zwischen Tuckern und Klicken. An diesen Maschinen arbeiten ca. 350 Arbeiterinnen im Einzelakkord. Im Gruppenakkord am Band arbeiten 30 Arbeiterinnen in der Halle. Die Bandakkordarbeiterinnen beginnen mit dem Aufbau der Röhre. An zwei Bändern in der Halle arbeiten je 15 Arbeiterinnen. Die Arbeit sieht so aus: Eine Arbeiterin greift aus dem Materialkasten zwischen ihrem Bauch und dem Band zwei Teile, steckt beide in eine feststehende Form auf dem laufenden Band und drückt auf zwei Knöpfe. Die Arbeiterin neben ihr baut mit der gleichen Bewegung und zwei weiteren Teilen die Röhre weiter auf. Greifen, stecken, Knopf drücken dauern zwei Sekunden. Wenn die Röhre einmal um das Band herum ist, ist der Grundaufbau, das Gerüst der Röhre fertig. Ein Band spuckt bis zu 10 000 Röhren am Tag aus. Die Röhren werden am Ende des Bandes zu je 30 Stück in Kästen gelegt. So bekommen sie die 350 Einzelakkordarbeiterinnen, die weiter am Aufbau der Röhre arbeiten; das ist der zweite Teil des Produktionsprozesses in der Halle. Die Einzelakkordarbeiterinnen arbeiten an elektrischen Punktschweißmaschinen. Sie schweißen nach dem Grundaufbau den sensibelsten, den innersten Teil der Röhre. Ihre Arbeitsbezeichnung ist Montiererin. Zu ihrer Arbeit gehört das Montieren, Schweißen und Kontrollieren der Röhren.

Eine Arbeiterin schweißt im Durchschnitt bei einer Röhre 8–16 Schweißstellen. Die Akkordzeit liegt bei einer Minute. Die Arbeiterinnen schweißen im innersten Teil der Röhre Bändchen, d. h., sie schweißen Kontakte zusammen. Natürlich könnten diese Bändchen längst maschinell geschweißt werden,

es gibt auch eine Bändchenschweißmaschine, die aber nicht so sicher schweißt wie die Arbeiterinnen. [...] Die Maschine setzt dem Versuch der Unternehmensleitung, mit immer schlechterem Material zu arbeiten, um die Produktionskosten zu senken, bestimmte Grenzen. Die Akkordarbeiterinnen reagieren auf schlechtes, sich veränderndes Material mit täglich neuen Einfällen. Sie schweißen auf Kante, machen mit den Bändchen Schleifen um die Streben, statt sie wie sonst einfach anzuschweißen. Sie bessern, wenn sie zu stark geschweißt haben, die durchgeschweißten Stellen wieder aus, oder sie verändern die Schweißstärke der Maschine so lange, bis die Bändchen auch mit schlechterem Material halten.
Außer den Arbeiterinnen befinden sich in der Halle noch: Vorarbeiterinnen, die die Arbeiterinnen kontrollieren und abends die Stückzahlen jeder Arbeiterin eintragen. Sie sitzen jeweils am Ende einer Reihe von Arbeiterinnen. Werkstattschreiberinnen, die aus der erreichten Stückzahl der Arbeiterinnen den Lohn ausrechnen. Die Werkstattschreiberinnen sitzen zusammen mit dem Abteilungsleiter und den Meistern an einem großen Tisch am Anfang der Halle. Einrichter, die die Maschinen der Arbeiterinnen abfeilen, und Meister, die die Arbeit am Band ermöglichen und kontrollieren, sie sitzen zusammen am Ende der Halle in einem Glaskasten.«[52]

Wir folgen in der Beschreibung der Arbeitsfunktionen und des vorgeschriebenen Arbeitsverhaltens weitgehend den von Kern und Schumann[53] benutzten Zuordnungskriterien, da sie die durchschnittlich bekannten Frauenarbeitsplätze mit umfassen. Demnach fallen die meisten Arbeitsaufgaben (von denen die aufgeführten nur einige exemplarisch beschreiben) unter die Funktionsgruppen: direkte Kontrolle, direkt-produktive Funktionen (Bedienen, Dosieren, Montieren) und z. T. mittelbar-produktive Funktionen (ein höheres Maß an Mechanisierung ist vorausgesetzt), bei denen »die Tätigkeit des Arbeitenden nicht direkt auf den Arbeitsgegenstand bezogen ist, sie richtet sich primär auf die technische Einrichtung, das Produkt: bleibt jedoch Arbeitsgegenstand – es wird

52 Herzog, M., a.a.O., S. 111/112.
53 Kern, H. u. M. Schumann, *Industriearbeit und Arbeiterbewußtsein* Bd. I. Frankfurt 1970.

nur nicht direkt, sondern über eine Intervention an der technischen Einrichtung beeinflußt«.[54] Diese verschiedenen Funktionen können kombiniert auftreten, wie das Beispiel 6 zeigt. Die Arbeitssituation selbst wird unter folgenden Gesichtspunkten betrachtet:

a. Wie groß ist die Arbeitsautonomie der Arbeiter, und wie haben sich die Dispositionschancen verändert?

b) Welche Qualifikation verlangt und fördert die Arbeit, und welche Qualifikationsveränderungen haben sich ergeben?

c. Welche Anforderungen werden an das körperliche und sinnlich-nervliche Leistungsvermögen gestellt, und wie sehen hier die Veränderungen aus?

d. Welchen kooperativen Bindungen sind die Arbeiter unterworfen, wie steht es mit ihren Möglichkeiten zu informellen Kontakten, welche Veränderungen zeichnen sich in diesem Bereich ab?[55]

Zu a. Die Arbeiterinnen können den Zeitpunkt der Arbeitshandlung nicht selbst bestimmen. Arbeitsgegenstand, Arbeitsmittel können von ihnen nicht gewählt werden, die Arbeitstechnik läßt sich nur geringfügig modifizieren, wie am Beispiel des Bändchenschweißens gezeigt wurde. Die Arbeit kann nicht in selbstgewählter Zeiteinteilung ausgeführt werden, sie ist an der Bandgeschwindigkeit und Vorgabezeit orientiert. Ein Einfluß auf Gestalt und Struktur des Produkts besteht nur insofern, als Verformungen des Arbeitsgegenstandes begrenzt ausgebessert werden können oder unzulängliches Material ausgeschieden werden kann. Die Ausstoßmenge ist durch den Akkord und die Materialvorgabe weitgehend festgelegt, sie kann allerdings überschritten werden. Beim Einzelakkord kann der Produktausstoß pro Stunde innerhalb des Arbeitstages z. T. selbst bestimmt werden, d. h., die Arbeiterinnen bemühen sich in der Regel, in den ersten Arbeitsstunden eine möglichst hohe Stückzahl zu schaffen, damit sie in den folgenden Stunden nicht so schwer belastet sind. Die Mobilität innerhalb des Arbeitsraumes ist streng reglementiert vom Arbeitsablauf; nur zur Ergänzung von Material, zur Ablieferung der fertigen Arbeitsprodukte oder bei Maschinenstörungen darf der Arbeitsplatz außerhalb der Pausen verlassen werden. Durch

54 Kern/Schumann, a.a.O., S. 63.
55 Ebd., S. 66.

ständige Intensivierung und Rationalisierung des Arbeitsablaufes wird die Dispositionsmöglichkeit wahrscheinlich noch weiter eingeschränkt werden. – Es handelt sich also um Arbeitsaufgaben, die Autonomie und Disposition kaum zulassen und als hochgradig restriktiv charakterisiert werden müssen.

Zu b. Die geschilderten Arbeitsanforderungen setzen ein durchschnittliches, teilweise hohes Maß an Geschicklichkeit voraus. Materialkenntnis und Einblick in die technischen Funktionszusammenhänge sind zwar notwendig, aber stark an den spezifischen Arbeitsprozeß gebunden; diese Qualifikationen werden in kurzen Anlernzeiten erworben. Ausdauer, Anpassung an Veränderungen der Maschinerie und des Materials zählen zu den Grundbedingungen; selbständige Entscheidungsfähigkeit, Überblick über den Produktionsablauf und technische Intelligenz werden weder verlangt noch gefördert.

Zu c. Die körperlichen Anforderungen beziehen sich vor allem auf einseitige Muskelbeanspruchung. Schnelligkeit der Wahrnehmung und Reaktion in festgesetzten Zeiteinheiten ist ein Hauptmerkmal dieser Tätigkeiten. Ständige Wiederholung der gleichen Bewegungen führen zu starker nervlicher (Konzentration) und psychischer Belastung (das Einhalten der Akkordnorm). Die Arbeit wird oft durch Lärm, schlechte Klimatisierung, künstliche Beleuchtung, Verlängerung der Arbeitszeit durch Überstunden, Unsauberkeit des Arbeitsplatzes und ständige Kontrolle erschwert. Hohe Akkordsätze (bis 160 %), die den niedrigen Lohn ausgleichen sollen, werden fast nur von den 15- bis 25jährigen Frauen erbracht, mit zunehmendem Alter erhöht sich die Wahrscheinlichkeit, daß die Arbeiterinnen den Belastungen körperlich und nervlich nicht mehr gewachsen sind.[56] Verbesserungen, sofern sie den Produktionsprozeß und die Produktivität positiv beeinflussen, finden teilweise statt; alle übrigen Erleichterungen hängen von der »Freundlichkeit« der Unternehmensleitung und den gesetzlichen Arbeitsschutzbestimmungen ab.

Zu d. Die formellen Beziehungen der Arbeiterinnen im Gruppenakkord sind durch den Arbeitsablauf geprägt. Es sind kooperative Bindungen, die die Voraussetzung für die Arbeit

56 Mühlbauer-Braun, E., *Die Situation der Industriearbeiterin in der BRD*, 1968, S. 45.

des Einzelnen sind. Informelle Kontakte werden meist durch die Arbeitsgeschwindigkeit und das Konzentrationsgebot unterbunden. Wenn die Arbeitseinheit wenig differenziert ist, können sich Gespräche ergeben, aber meist lassen Lärm und volle Beanspruchung durch die Arbeitsaufgabe Kommunikation nur in Form von Signalen zu. Kontakte unter den Einzelakkordarbeiterinnen werden oft durch die Konkurrenzsituation unmöglich gemacht. Eine Verbesserung dieser Lage ist nicht zu erwarten.

Fassen wir zusammen: Der Arbeitsablauf insgesamt ist durch kontinuierliche körperliche und nervliche Anspannung, in kleinsten Zeiteinheiten vorbestimmte Bewegungsabläufe, prozeßgebundene Arbeitsanforderungen, minimale Mobilität und kooperative Abhängigkeit gekennzeichnet. Je nach Arbeitsaufgabe überwiegt die motorische oder die sensorische Beanspruchung.

Die Arbeiterinnen werden nach Leistungslohn bezahlt und sind hauptsächlich in die niedrigsten Lohngruppen eingestuft. Bei der Akkordarbeit wird unterstellt, daß der Arbeitende unausgesetzt gleichmäßig belastbar ist. Der Leistungslohn überläßt es nicht dem Arbeiter, jeweils nur so viel zu »leisten«, daß er seine Bedürfnisse befriedigen kann, er muß vielmehr die vom Unternehmer gesetzte Norm erfüllt haben, bevor er Einfluß auf die Höhe seines Lohnes nehmen kann. In seiner Studie über »Personalführung« kommt Schrikel gleichwohl zu dem Schluß, daß »der Akkordlohn als linear-proportionaler Stücklohn die konsequenteste Verwirklichung des Gerechtigkeitsgrundsatzes von Leistung und Gegenleistung und damit die schlechthin natürliche Lohnart [darstellt].«[57]

Wichtig für unseren Zusammenhang ist vor allem die Entwicklungstendenz der Arbeits- und Qualifikationsanforderungen im Hinblick auf die zunehmende Automatisierung der Produktionsabläufe. Kern und Schumann konnten bei ihren Untersuchungen keine Bestätigung für die These finden, daß entfremdete repetitive Teilarbeit mehr und mehr aufgehoben würde und gleichzeitig eine Requalifizierung der Industriearbeit zu erwarten sei. Aufgrund ihrer Ergebnisse läßt sich zwar eine Verringerung der körperlichen Beanspruchung feststellen, aber keine grundsätzliche Qualifikationsverbesserung. Die

57 *Personalführung*, Bd. I, Wiesbaden 1969, S. 232.

repetitive Teilarbeit wird abnehmen, jedoch in erheblichem Ausmaß weiterbestehen. Eine Polarisierung innerhalb der Industriearbeiterschaft zeichnet sich ab, denn trotz der Automatisierung werden repetitive Arbeiten immer wieder auftreten oder in vielen Branchen beibehalten werden. Es sind »Automationsprozesse zu beobachten, mit denen Dispositionschancen verringert, Qualifikationen reduziert, Arbeitsbelastungen erhöht und bestehende Gruppenzusammenhänge aufgelöst werden«.[58] Weiterhin ist zu beachten, daß der Automatisierungsprozeß relativ langsam fortschreitet und bisher nur begrenzt wirksam geworden ist.[59]

Bei Berücksichtigung der Entwicklung der Frauenerwerbsarbeit in den letzten hundert Jahren kann man aus den Ergebnissen von Kern und Schumann keinesfalls die These ableiten, daß gerade die Industriearbeiterin wesentlich von den positiven Momenten der Automatisierung – Requalifikation, partielle Reduktion repetitiver Teilarbeit, größere Autonomie und Dispositionsmöglichkeit, erträglichere Arbeitsbelastung und verstärkte Kontaktchancen – profitieren wird. »Die Frauenanteile wachsen noch in wirtschaftlich stagnierenden oder gar rückläufigen Industriebetrieben, in denen die Männerantcile zurückgehen, wohl weil auch Prestige, Lohn-, Aufstiegs- und Arbeitsplatzaussichten in diesen Bereichen zurückgehen. Außerdem werden Frauen häufig in lohnintensiven, halbmechanisierten Betrieben eingesetzt, für die die Männer zu teuer sind, weil diese Betriebe sich nur mehr auf der Basis niedriger Frauenlöhne rentieren. Hier hat die Frauenarbeit die zusätzliche Wirkung, den Fortschritt der Produktivkräfte zu hemmen.«[60]

Da anzunehmen ist, daß die extreme Benachteiligung der Frauen im Produktionsprozeß eine geschlechtsspezifische Auseinandersetzung mit ihr erfordert, soll im folgenden der Frage nachgegangen werden, wie die geschilderte Arbeitsplatzsituation, der technische Wandel und die Polarisierung innerhalb der Industriearbeiterschaft (nach Geschlecht und Qualifikation) von den Arbeiterinnen erfahren werden.

58 Kern/Schumann, a.a.O., S. 163.
59 A.a.O., vgl. S. 278.
60 Mühlbauer-Braun, E., a.a.O., S. 46.

4.1.2.2. Arbeitssituation: Verhalten und Einstellung der Arbeiterinnen

Wir gehen davon aus, daß die objektive Lage der Industriearbeiterinnen und die damit verknüpften Interessen in das Stadium möglichen »Bewußtwerdens« getreten sind. Das ergibt sich sowohl aus dem Entwicklungsstand der gesellschaftlichen Organisation der Arbeit, der zunehmenden Polarisierung der Klassen, als auch aus dem Wiederaufleben der Klassenkämpfe. Obwohl man das Bewußtsein der Arbeiter nicht nach Geschlechtszugehörigkeit klassifizieren kann, hat sich gezeigt, daß sich die Ergebnisse von Untersuchungen über das Arbeiterbewußtsein, die sich auf Industriearbeiter beziehen, nicht ohne weiteres auf unsere Fragestellung anwenden lassen. Wir mußten auf die wenigen, zum Teil älteren Studien über die Industriearbeiterin zurückgreifen und dieses Material durch Reportagen, Monographien und Intensivinterviews erweitern, um eine Vorstellung davon zu gewinnen, wie im Verhalten und in den Äußerungen der Frauen sich besondere Formen der Auseinandersetzung mit der Arbeitssituation ausdrücken.[61]

Wie die Industriearbeiterinnen ihre Arbeitssituation beurteilen, soll unter folgenden Gesichtspunkten dargestellt werden:

61 Zur Darstellung wurden folgende Veröffentlichungen herangezogen: *Die unfertige Emanzipation,* München 1965; Franzens-Hellersberg, L., *Die jugendliche Arbeiterin,* Tübingen 1932; *Frau – Gesellschaft – Gewerkschaft,* Düsseldorf 1969; *Frau und Öffentlichkeit,* INFAS--Report, Bad Godesberg 1965; *Frauenerwerbsarbeit.* Berichterstattung und Protokoll der 7. Frauenkonferenz der IG-Metall, Dortmund 1970; Herzog, M., *Akkordarbeiterinnen bei AEG/Telefunken,* a.a.O.,; Jaide, W., *Junge Arbeiterinnen,* München 1969; Kern/Schumann, *Industriearbeit . . .,* a.a.O.; Lisop, I., *Die Situation der berufstätigen Frau . . .,* a.a.O.; *Mädchen in Schule und Berufsausbildung,* Ms. 1967; Maeder, P., *Die gesellschaftliche Situation der Frau,* a.a.O.; Meinhof, U. M., *Frauen sind billiger,* a.a.O.; Mühlbauer-Braun, E., *Die Situation der Industriearbeiterin,* a.a.O.; *Rückkehr der Frau ins Erwerbsleben,* Frankfurt 1967; Rüger, S., *Gesellschaftliche Verwendung und Bewertung von Frauenarbeit in der BRD,* Berlin 1970; Runge, E., *Frauen,* Frankfurt 1969; Rutenfranz, J., *Überlegungen zur arbeitsmedizinischen Bewertung sogenannter »leichter« Frauenarbeiten,* 1970; Schneider, M., *Siemens, deine Kulis,* 1971; Schneider, P., *Die Frauen bei Bosch,* 1970; Simoleit, H., *Das Kapital schafft es,* 1971; *Der Spiegel,* Nr. 5/1971, S. 36 ff.; Thomas, K., *Die betriebliche Situation der Arbeiter,* Stuttgart 1964; Wachutka, W., Handlungsbereitschaft und *Arbeiterbewußtsein,* Berlin 1970; Wurzbacher u.a., *Die junge Arbeiterin,* 1958.

1. Berufswahl; 2. Einstellung zur Arbeitssituation; 3. Organisation.

4.1.2.2. 1. Berufswahl

Die fast stereotypen Antworten auf die Fragen, die die Berufswahl betreffen, lassen es gerechtfertigt erscheinen, die Ergebnisse der bearbeiteten Materialauswahl als repräsentativ zu bezeichnen. Bis auf eine kleine Minderheit haben alle Frauen einen bestimmten Berufswunsch gehabt, ehe sie ins Erwerbsleben eintraten. Wenn es sich nicht um »Traumberufe« handelte, scheiterten diese Wünsche oft schon daran, daß der Volksschulabschluß für die angestrebte Ausbildung nicht genügte (z. B. Kindergärtnerin, Volksschullehrerin). Eine Mehrheit jedoch konnte eine Berufsausbildung erst gar nicht beginnen, weil die Eltern dagegen waren, weil die Familie auf das Einkommen eines weiteren Familienmitgliedes angewiesen war, weil die Ausbildung der Söhne vorangestellt wurde oder weil es keine Lehrstellen gab. Die starke Bindung an die Zustimmung der Eltern wird in solchen Antworten deutlich: »[...] was die Eltern sagen, wird gemacht. [...] selbständig bin ich noch nie gewesen, ich frage noch heute um alles [...]«.[62] »Meine Eltern wollten es nicht. Ein Mädchen braucht keine Lehre, sie heiratet ja doch später.« »Meine Eltern waren dagegen, daß ich einen Beruf lerne. Sie sagten, daß ich das nicht brauche, ein Mädchen verdient auch so genug.«[63]

In der Hauptschule und später in der Berufsschule hat man die Mädchen einseitig auf hauswirtschaftliche und soziale Berufe, die sogenannten Frauenberufe, hingewiesen, und diese Praxis wird von der Berufsberatung fortgesetzt. So ist es nicht erstaunlich, daß die meisten Mädchen nur sehr eingeschränkte Wahlmöglichkeiten sahen (Friseuse, Verkäuferin, Schneiderin usw.), und daß sie, wenn diese Berufswünsche nicht erfüllt werden konnten oder die angefangene Lehre sich nicht als ihren Vorstellungen entsprechend erwies, eine andere Ausbildung gar nicht mehr in Betracht zogen. Mädchen, die zunächst einmal Geld verdienen wollten, um später eine Ausbildung beginnen zu können, gaben diese Absicht mit zu-

62 Wurzbacher, a.a.O., S. 52.

nehmender Dauer der Berufstätigkeit mehr und mehr auf; die meisten von ihnen hatten auch keine Ahnung, was ihnen in der Fabrik bevorsteht; wenn sie dann feststellten, daß diese Arbeit zu schwer oder zu langweilig ist, meinten sie, ein neuer Anfang lohne sich nicht mehr, weil sie schon zu alt seien. »Ich könnte ja jetzt Friseuse anfangen, sie würden mich jetzt nehmen. Aber lernen erst noch, das will ich nicht. Jetzt bleibe ich in der Fabrik, jetzt fange ich doch nichts Neues mehr an.« (15 Jahre) »Ich möchte so gerne noch was lernen, mit tausend Freuden, aber dazu ist es ja nun zu spät.« (19 Jahre)[64]

Da es für die meisten Mädchen wichtig ist, Geld zu verdienen, um der Familie nicht länger zur Last zu fallen oder um sich von ihr unabhängig machen zu können, brechen sie oft wegen der unzureichenden Erziehungsbeihilfen die Lehre wieder ab oder gehen trotz abgeschlossener Lehre in die Fabrik, weil sie dort von Anfang an mehr verdienen können als in den handwerklichen Berufen. Sowohl von den Eltern als auch von den Mädchen selbst wird die Frage nach dem Beruf und dem späteren Verdienst fast ausschließlich unter der Voraussetzung gesehen, daß nach der als selbstverständlich erwarteten Eheschließung das Berufsleben bald beendet sein wird und vorher möglichst viel verdient werden soll; d. h. die Berufswahl wird nicht zum Problem der Lebensplanung. Daß diese Rechnung selten aufgeht, zeigt die ständig anwachsende Zahl der erwerbstätigen verheirateten Frauen. Aus einer repräsentativen Umfrage unter 1 000 erwerbstätigen Frauen von 1968[65] geht hervor, daß 1/3 aller beschäftigten Frauen keine genaue Aussage über die voraussichtliche Dauer ihrer Berufstätigkeit machen können, nur 7 % der Altersgruppe zwischen 18 und 24 glauben, länger als 10 Jahre, weitere 7 % rechnen mit 5 bis 10 Jahren und 38 % meinen ungefähr noch 5 Jahre berufstätig sein zu müssen.[66] Mit der Dauer der Berufstätigkeit erhöhen sich die Schätzungen über die zukünftigen Berufsjahre. Während dieser Zeit ändert sich auch die Einstellung zur Erwerbsarbeit. Fast die Hälfte

63 Jaide, a.a.O., S. 48.
64 Wurzbacher, a.a.O., S. 49.
65 Vgl. *Frau – Gesellschaft – Gewerkschaft*, a.a.O.
66 Ebd., S. 11.

(47 %) der Frauen zählen die Berufstätigkeit zu einem festen Bestandteil ihrer Lebensführung, sie halten Frauenerwerbsarbeit für normal (47 % der Facharbeiterinnen, 45 % der An- und Ungelernten), 70 % sind der Meinung, verheiratete Frauen ohne Kinder sollten berufstätig sein, und 75 % halten die Geburt des ersten Kindes für den richtigen Zeitpunkt, die Berufstätigkeit aufzugeben.[67]

Daß die Berufstätigkeit nicht nur eine Übergangsphase in ihrem Leben ist, wird den meisten Frauen erst bewußt, wenn sie auch nach der Geburt des Kindes gezwungen sind, »mitzuverdienen«; dann ist aber eine neue Berufsausbildung oder eine Zusatzausbildung aus finanziellen und zeitökonomischen Gründen meist nicht mehr möglich.

4.1.2.2. 2. Einstellung zur Arbeitssituation

Was schon aus den statistischen Daten und der allgemeinen Bestimmung der Lohnarbeit hervorgeht, soll nun durch die Wiedergabe der praktischen Erfahrung Einzelner vermittelt werden: wie das, was durch statistische Mittelwerte nur abstrakt erfaßt ist, subjektiv empfunden und bewältigt wird.[68]

Die Abhängigkeit beginnt, wie dargelegt wurde, mit der eingeschränkten Berufswahl, d. h. die unqualifizierte oder unzureichend qualifizierte Arbeitskraft muß dort angeboten und verkauft werden, wo überhaupt etwas für sie bezahlt wird: in der Fabrik. Solange die Frauen noch in der Elternfamilie leben, und erst recht, wenn sie eine eigene Familie haben, kann Arbeit nur in der näheren Umgebung der Wohnung aufgenommen werden. Mütter sind zudem auf eine »günstige« Arbeitszeit angewiesen, die es ihnen erlaubt, wenigstens am Nachmittag die Kinder selbst zu versorgen. Da die einzige Qualifikation die Funktionsfähigkeit des Körpers und der Nerven ist – Geschicklichkeit der Hände, das ungestörte Sehvermögen, die Ausdauer beim Stehen, die kontinuierliche Belastung der Muskulatur, das gleichmäßige Konzentrationsver-

67 *Frau – Gesellschaft – Gewerkschaft*, a.a.O., S. 15.

68 Es muß hinzugefügt werden, daß die Berichte der Arbeiterinnen von ihnen selbst keineswegs als Dokument subjektiver Erfahrungen verstanden werden, sondern als Ausdruck einer allgemeinen Situation derer, die unter den gleichen Bedingungen arbeiten müssen.

mögen – wird die Bindung an den Arbeitspaltz mit zunehmendem Alter, das heißt vom dreißigsten Lebensjahr an, immer stärker. »Frau Heinrich bekäme auch Schwierigkeiten, wollte sie mit 33 Jahren die Fabrik wechseln. Eine Akkordarbeiterin gilt nach 10 Jahren als alte Arbeiterin. Die neue Fabrik, falls sich Frau H. bewerben sollte, würde eher drei junge Arbeiterinnen einstellen, alle drei anlernen, in Kauf nehmen, daß zwei während der Anlernzeit wieder kündigen, die dritte vielleicht nur ein paar Jahre bleibt, als das Risiko einzugehen und Frau H. einzustellen, die zwar eine alte erfahrene Akkordarbeiterin ist, die sich schnell einarbeiten würde, aber bei der nach 12 Jahren Akkordarbeit eine oder mehrere chronische Krankheiten da sind, die lange Fehlzeiten für die neue Fabrik bedeuten könnten.«[69]

Diese Abhängigkeit von der uneingeschränkten Funktionsfähigkeit des eigenen Körpers, dessen Belastbarkeit während eines Arbeitstages und selbstverständlich mit zunehmendem Alter stetig abnimmt, zeigt sich deutlich an der Höhe der Altersrente: nicht die leistungsstärksten Jahre werden der Berechnung zugrunde gelegt, sondern die letzten Jahre, in denen der Höchstlohn selten erreicht werden kann. Akkordarbeit und Stücklohn sind Hauptmerkmale der Frauenfabrikarbeit; sie bestimmen den Arbeitsablauf, die individuelle Handlungsfähigkeit, die Kommunikation, das Maß der Ausbeutung.

Die neu eingestellten Arbeiterinnen werden in den meisten Fällen direkt an einen Arbeitsplatz gestellt, ohne daß sie einen Überblick über den gesamten Betrieb hätten gewinnen können. Die Einarbeitung erfolgt durch ältere Kolleginnen, die nur darauf zu achten haben, daß die nötigen Handgriffe sobald wie möglich beherrscht werden, damit der Arbeitsablauf nicht unterbrochen wird. Die neue Arbeiterin muß sich auf die jeweils erreichte Akkordnorm einarbeiten, um kooperationsfähig zu sein, d. h. sie muß lernen, in Sekundeneinheiten zuverlässig Handgriffe und Bewegungsabläufe zu vollziehen, und zwar so, daß jede überflüssige Bewegung ausgeschaltet und rasches Ermüden vermieden wird. »Die Frauen sitzen mit breiten Beinen vor der Maschine wie vor einem gewaltigen künstlichen Pferd und setzen mit lautlosen Bewegungen und nach dem Rhythmus, den ihnen die Maschine vorgibt,

69 Herzog, a.a.O., S. 115.

die Schalter zusammen. Man sieht nur ihre im Tempo der vorbeifahrenden Einzelteile sich drehende Köpfe und Augen, von der Maschine zum Band, vom Band zur Maschine, die Ellbogen und Hände wie an unsichtbaren Fäden von der Maschine gezogen. Der ganze Körper ist eingezwängt in das Dutzend Grundfunktionen, das die Maschine der menschlichen Tätigkeit übrigläßt: hinlangen, greifen, bringen, loslassen, fügen, trennen, drücken, drehen, kurbeldrehen, anvisieren. Blick verschieben, lesen; das bis zu 5 000 mal am Tag«.[70] Wenn der Anlernprozeß abgeschlossen ist, muß das mechanische Funktionieren selbstverständlich geworden, die Distanz zum Arbeitsvorgang so groß sein, daß er durch den Lärm der Maschinen und die Arbeit der anderen nicht mehr gestört wird.

Arbeiten der beschriebenen Art werden in der Lohngruppen-Klassifizierung als körperlich leichte Arbeiten bezeichnet, die nach kurzer bzw. vierwöchiger Anlernzeit ausgeführt werden können. Lediglich in zwei Tarifgebieten der BRD werden in den Lohngruppentexten neben körperlichen Belastungen auch geistige Belastungen (Sinne und Nerven) und Umwelteinflüsse (Temperatur, Schmutz, Lärm usw.) berücksichtigt.[71]

Abgesehen davon, daß sich bei zunehmender Mechanisierung das Kriterium der körperlichen Belastung – als Muskelbelastung – immer weniger zur Lohngruppeneinstufung eignet, daß die Anlernzeit sich als Merkmal der Qualifikationsanforderung nur dann als sinnvoll erweist, wenn sie als die Fähigkeit des Umlernens in kurzer Zeit verstanden wird, erkennen und erfahren die Frauen sehr rasch, daß sich der Lohn nach der Geschlechtszugehörigkeit richtet. Wenn Männer gleiche Arbeit leisten, werden sie nach kürzerer Anlernzeit höher eingestuft oder sie erhalten für gleiche Arbeit eine höhere Leistungszulage, die von den Frauen nicht eingeklagt werden kann, da sie tariflich nicht festgesetzt ist. Doch meist stellen die Arbeiterinnen fest, daß ein Mann »die Akkordarbeit, die ich mache, nicht für 2 000 DM im Monat machen wollte, er würde es einfach nicht schaffen. Die einzige Rechtfertigung für den Mehrverdienst der Männer ist doch die, daß es einfach so ist und immer so war, daß die Lohntüte der Männer

70 Schneider, P., a.a.O., S. 91.

71 Vgl. *Frauenerwerbsarbeit,* T. II, a.a.O., S. 161/162.

dicker ist wegen ihrer Rolle als Oberhaupt der Familie. Mein Mann sagt, er würde einfach Komplexe kriegen, wenn ich soviel hätte wie er.« »Wir sind in einer Leichtlohngruppe. Wir Frauen – sagen uns die Männer – könnten nur leichtere Arbeiten machen. Ja, wenn wir acht Stunden täglich im Akkord schweißen, löten und bohren, liegt es dann an unserer ›leichten‹ Arbeit, daß wir abends todmüde ins Bett fallen?«[72]

Die Frauen sind also nicht nur von ihrer Familie, vom Wohnort, von der betriebsgebundenen Qualifikation und der Form der Arbeit abhängig, sondern sie müssen auch damit rechnen, daß sie schlechter bezahlt werden als die männlichen Hilfsarbeiter, daß an Arbeitsplätzen, an denen Männer gearbeitet haben, Frauen einspringen müssen, ohne daß sie in die gleiche Lohngruppe eingestuft werden, daß sie ständig gezwungen sind, ihre Akkordnorm zu steigern, um auf einen Durchschnitt zu kommen, der bei Krankheit oder Arbeitsausfall (Maschinenschäden z. B.) ein ausreichendes Einkommen garantiert. »Uns wird gesagt, daß uns im Akkord nach oben keine Grenzen gesetzt sind.«[73]

Werden die Lohngruppen insgesamt angehoben, so bleiben gleichwohl die Relationen zum Ecklohn, d. h. zwischen Männer- und Frauenlöhnen, gleich. Solange die Männer nicht erkennen, daß bei fortdauernder Geltung der Lohngruppentexte und weiterer Mechanisierung auch sie vor der Herabstufung in eine niedrige Lohngruppe nicht sicher sind, wird der Konkurrenzdruck der billigen Frauenarbeit und damit die Spaltung der Arbeiterschaft durch die Einstellung der Männer gegenüber den Frauen verstärkt. Es sind nämlich vorwiegend Männer, die die Arbeit der Frauen als Prüfer, Zeitnehmer, Einrichter und Meister kontrollieren. »Gleich an einem der ersten Tage sah ich [P. Schneider] so einen Zeitnehmer, wie er sich mit seiner Stoppuhr neben einer Frau aufstellt, immer abwechselnd die Hände der Frau mit dem Zeiger auf seiner Uhr vergleichend. Während der Frau der Schweiß über das Gesicht lief und ihre Augentusche und ihr gemaltes Schönheits-Pflästerchen in dunklen Strähnen über die Backen floß, schnauzte er sie an, sie solle weniger Schräubchen auf einmal

72 Schneider, M., a.a.O., S. 44/45.
73 A.a.O., S. 44.

in die Zuführschiene legen, dann glitten sie besser.«[74] »Die Männer kommen sich hier doch wie Götter vor, sind aber keine Götter, sondern ziemliche Waschlappen und Faulenzer, und von uns haben sie nichts zu erwarten. Denn wir arbeiten für sie, die aber nicht für uns.«[75] Andererseits wären die Arbeiterinnen gern ebenso selbständig wie die Prüfer und Zeitnehmer; sie verstehen, daß diese die Frauenarbeit für einen »Leichtlohn« nie machen würden und antworten auf die Frage, was sie werden wollten, wenn sie noch einmal auf die Welt kämen: »Ist doch klar, dann werde ich ein Mann.«[76]
Es gibt aber nicht nur die Repression durch die Hierarchie von oben, sondern auch den Druck von unten, der die Versuche der Frauen, den Akkord auf einer bestimmten Höhe zu halten, die Arbeitsbedingungen zu verbessern, zunehmend einschränkt; sie wissen, daß es noch billigere Arbeitskräfte gibt, die nur darauf warten, einen Arbeitsplatz in einer deutschen Firma zu bekommen: die Gastarbeiterinnen. Die scheinbar gegensätzlichen Interessen werden am Arbeitsplatz von den Vorgesetzten und den Arbeiterinnen selbst ständig neu bewußtgemacht und gegen alle Akkordarbeiterinnen eingesetzt. Die Gastarbeiterinnen wollen in ein oder zwei Jahren möglichst viel verdienen, d. h. sie müssen den Akkordsatz erhöhen (»Diese verdammten Gastarbeiter machen uns die Vorgabezeichen kaputt«)[77] oder Überstunden und Schichtarbeit machen, die von den deutschen Arbeiterinnen verweigert werden; andererseits werden die deutschen Arbeiterinnen dazu benutzt, die Ausländerinnen anzutreiben, denn die langsame Arbeit verdirbt ihnen den Akkord am Band. »Während die Firma einen immer größeren Teil der traditionellen Produktion in die Länder mit billiger Arbeitskraft schafft, demonstriert sie den Berliner Akkordarbeiterinnen durch die tägliche Neueinstellung der ungelernten und sprachlosen Türkinnen und Jugoslawinnen, daß sie jederzeit ersetzbar sind und immer überflüssiger werden. So gelingt es der Geschäftsleitung, die Angst vor der Entlassung, auch während der Hochkonjunktur, wach zu halten.«[78]

74 Schneider, P., a.a.O., S. 102.
75 A.a.O., S. 103.
76 Herzog, M., a.a.O., S. 126/127.
77 Schneider, M., a.a.O., S. 46.
78 Schneider, P., a.a.O., S. 89.

Im Grunde wissen die deutschen Arbeiterinnen, daß die Gastarbeiterinnen nicht einfach dumm oder faul sind; sie beobachten täglich, daß die Ausländerinnen unter den schlechtesten Bedingungen leben, sich kaum verständigen können, hilflos der Diskriminierung innerhalb und außerhalb des Betriebs ausgesetzt sind. Da sie aber objektiv die Arbeitsplätze der deutschen Frauen bedrohen, äußern sich solche Einsichten selten in Form von solidarischer Unterstützung; meist bleibt es dabei, daß man diese Kolleginnen bedauert und daß man über diese Bestätigung der eigenen Überlegenheit der Identifikation mit ihnen ausweicht. »[...] die haben aber auch viele Maschinen [im Betrieb], die eigentlich nur Männer machen können, wo auch Frauen dranstehen, aber wo sie meistens Ausländerinnen ranstellen, [...] die ackern da vielleicht, [...] daß die nach 8 Stunden noch nicht umfallen, das wundert mich wirklich.«[79]
Die Auseinandersetzung mit der Lage der anderen Arbeiterinnen geschieht fast ausschließlich averbal, sie ist praktisch auf die bloße Anschauung reduziert, Gespräche sind bares Geld: »[...] entweder ich quassel oder ich schaffe meinen Akkord, beides kann ich nicht.«[80] »Wenn die Gruppenakkordfrauen mit den Einzelakkordfrauen oder den Prüfern Kontakt aufnehmen wollen, fährt der Meister sofort dazwischen: ›Am Monatsende kommt ihr gelaufen und wollt Geld, aber mit Quatschen verdient man kein Geld.‹«[81] »Längere Gespräche konntest du bei dem Akkord gar nicht führen, der Akkordsatz war schon ziemlich hoch, ja. Und du mußtest ja deine Stückzahl schaffen, und da konntest du 'ne längere Aussprache oder Diskussion mit den Kollegen gar nicht führen.«[82]
Ein weiteres Mittel, um Unterhaltungen zu verhindern, ist die gemischte Besetzung der Bandkolonnen: deutsche neben ausländischen Arbeiterinnen. Dadurch werden einzelne Gruppen isoliert, Ausländerinnen und Deutsche, Männer und Frauen. Die Frauen sehen nur, bevor sie das gemeinsame Interesse wahrnehmen können, daß, wer Akkordarbeit macht,

79 Rüger, a.a.O., S. 94.
80 Herzog, M., a.a.O., S. 120.
81 Schneider, M., a.a.O., S. 45.
82 Rüger, a.a.O., S. 79.

an den Arbeitsplatz gefesselt ist, und daß, wer nach Zeitlohn bezahlt wird, umherlaufen kann; daß die jungen Arbeiterinnen den Betrieb noch wechseln können, wenn ihnen die Arbeit zu schwer ist; daß die Gastarbeiterinnen mehr arbeiten können, weil sie genau wissen, wann sie wieder aufhören; daß die Frauen mit Kindern am stärksten belastet sind; daß die älteren, erfahrenen Arbeiterinnen sich am leichtesten ausbeuten lassen, und daß jede Einzelne sich antreiben muß, um den Lohn auf einem bestimmten Niveau zu halten.
Wenn man die Reaktionen der Frauen auf dieses System der Abhängigkeit beurteilen will, muß man herausfinden, in welchem Kontext sich für sie die Abhängigkeit darstellt. Sind sich die Arbeiterinnen der Tatsache bewußt, daß die Volkswirtschaft ohne die Frauenarbeit nicht mehr auf dem erreichten Stand weiterbestehen kann, daß ganze Industriezweige von der Frauenarbeit leben und daß viele Branchen nur durch die billige Arbeitskraft der Frau und damit die Minimisierung des variablen Kapitalanteils konkurrenzfähig bleiben? Daß niedriger Lohn und Akkordarbeit doppelte Ausbeutung bedeuten? Ist ihnen klar, daß in der momentanen Phase der Rationalisierung und Mechanisierung »die energetisch leichte Arbeit zunehmend die Norm wird«, daß »die Größe des Energieumsatzes als differenzierendes Kriterium für Entlohnungssysteme«[83] weitgehend hinfällig wird, daß die Lohngruppentexte den tatsächlichen Arbeitsverrichtungen nicht mehr entsprechen und daß gerade die diskriminierte typische Frauenarbeit, die Geschicklichkeit, Fingerfertigkeit und Ausdauer bei starker sensorischer und motorischer Beanspruchung erfordert, den Unternehmern enorme Extraprofite einbringt, die ihnen Investitionen für Rationalisierungsmaßnahmen ermöglichen, die die »leichte« Arbeit immer mehr zu anstrengender stumpfsinniger Arbeit machen? Wird durchschaut, daß die betrieblichen Sozialleistungen und die Human-relations-Methoden nicht aus Sorge um den Menschen, sondern in erster Linie aus Sorge um den Profit eingesetzt werden? Wird die Unterdrükkung durch die Maschinerie als Sachzwang oder als Ausdruck der profitablen Anwendung von Technologie und Wissenschaft verstanden? Haben die Frauen den Zusammenhang von Überstunden und Konjunktur, von Lohnerhöhung und Ak-

83 Rutenfranz, a.a.O., S. 28.

kordnormsteigerung erkannt? Was wissen sie von der Verwendung ihrer Produkte (z. B. für die Rüstung) und der Gesamtentwicklung des Betriebs? Ist ihnen bewußt, daß sie sich so lange für ihre Kinder abarbeiten, bis diese selbst als produktive Arbeiter vom Kapital gebraucht werden können? Die Berichterstattung und das Protokoll zur IG Metall-Frauenkonferenz zeigen, daß diese Fragen von den Delegierten dieser Gewerkschaft aufgenommen und realistisch beurteilt werden. Die Äußerungen der Arbeiterinnen über ihre Situation und die Reportagen der Betriebsbeobachter lassen jedoch erkennen, daß die Arbeitsbedingungen nur selten über den betrieblichen Bereich hinaus in einem gesamtgesellschaftlichen Zusammenhang gesehen werden.

Die Frauen täuschen sich nicht über den Charakter der »leichten« Arbeit; sie sehen jedoch als einzige Chance, diese Situation zu verlassen, die Heirat oder die Erhöhung des Einkommens des Ehemanns. Sie erfahren auch, daß trotz arbeitsmedizinischer Forschungen und Schutzbestimmungen der Arbeitsplatz und die Arbeitsaufgaben nicht ihren Bedürfnissen gemäß eingerichtet sind, sondern der Maximierung der Produktivität ihrer Arbeitskraft dienen (bei Arbeiten mit sehr empfindlichem Material wird z. B. auf eine »menschengerechte« Klimatisierung der Arbeitsräume verzichtet).[84] »Die notwendig, unbedingt Frauen an schwere Maschinen zu stellen. Es müßte da Arbeitsplätze geben, die Frauen machen können, weil schwere Arbeit doch Männer eher bewältigen können, obwohl das für 'nen Mann eigentlich genau so anstrengend ist, 'ne Arbeit zu machen.«[85]

Der Zwang, die notwendige Lohnhöhe täglich neu zu erarbeiten, macht jeder Akkordarbeiterin klar, daß sie im Grunde Gespräche sich nicht leisten kann und die unbezahlten Pausen nicht überziehen darf. So schildert eine Frau, daß eine Zigaretten-Pause sie 80 Pfennig kostet = 8 geschweißte Röhren[86]; zu welchem Preis jede Röhre verkauft wird, berechnet sie nicht. Überstunden muß sie machen, wenn die Auftragslage gut ist, aber gegen Kurzarbeit kann sie keinen Einspruch erheben. Daß die Konflikte mit den Kolleginnen

84 Vgl. Wurzbacher, a.a.O., S. 198.
85 Rüger, a.a.O., S. 106.
86 Herzog, a.a.O., S. 127.

und den Meistern nicht in objektiv unterschiedlichen Interessen begründet, sondern der Abhängigkeit der Lohnarbeiter vom Kapital geschuldet sind, wird kaum begriffen, so daß sie die Aggressionen immer wieder an den Kollegen festmachen. Die Art und Weise der Arbeit erlaubt der Arbeiterin nicht, sich mit ihrem Leben – der produktiven Arbeit – auseinanderzusetzen. »[...] das Schlimmste bei so 'ner ganzen Akkordarbeit ist, daß du so richtig dahinvegetierst. Du gehst jeden Tag zur Arbeit, machst deine Arbeit, du kannst die dann mit geschlossenen Augen machen, von dir wird geistig überhaupt nichts verlangt, und da kannst du unheimlich abstumpfen mit der Zeit.«[87]

Die repetitiv-monotone Teilarbeit läßt keine Lernprozesse zu. Die zyklische Wiederholung der Handlungsabläufe darf die intellektuelle Aufmerksamkeit nur so lange an den Arbeitsprozeß binden, bis er automatisch bewältigt werden kann; dann stellt die Arbeit keine Anforderungen mehr an die individuellen Fähigkeiten. Selbstwertgefühl und Identität können aus ihr nur insofern abgeleitet werden, als körperliche Leistungskraft durch das Quantum fertiger Arbeitsprodukte (Stückzahlen) bestätigt wird. Individualität kann lediglich durch dem Arbeitsprozeß äußerliche Differenzierungen in Gestik, Kleidung und außerbetrieblicher Lebenssphäre demonstriert werden. Die Dissoziation von Arbeitsleben und Privatleben wird aber nur erträglich, wenn durch affektive Besetzung der Arbeit selbst die Arbeitsfähigkeit hergestellt wird. Welche Formen diese Bemühungen annehmen, soll im folgenden kurz dargelegt werden.

Grundsätzlich erfährt der Lebensprozeß, d. h. das produktive Leben im Kapitalismus eine Umwertung: die Arbeit wird zum Instrument, um das Leben außerhalb der Arbeitszeit, das eigentliche Lebensinteresse, ökonomisch zu sichern. Da die Arbeiterinnen den gesamten Produktionsprozeß nicht übersehen können, kann auch die Organisation der eigenen Arbeit nicht von technischen Gesichtspunkten her beurteilt werden.[88]

87 Rüger, a.a.O., S. 92.

88 Anders als herabgestufte oder umgeschulte Facharbeiter haben sie keine Material- und Werkzeugkenntnisse und kaum eine Vorstellung von den Maschinen, an denen sie arbeiten; sie haben nur Bewegungsabläufe kennengelernt, für sie gibt es immer nur die an eine bestimmte Arbeitsaufgabe gebundene Erfahrung. S. dazu: Thomas, a.a.O., S. 15.

Der Gedanke, daß die eigene Gesundheit den Vorrang haben könnte und entsprechende Veränderungen nötig seien, wird nur in extremen Situationen artikuliert. Zu einem wilden Streik kam es in einem Betrieb, in dem vorwiegend Frauen arbeiteten: Sie legten »die Arbeit spontan für zwei Stunden nieder, um gegen die beabsichtigte Einführung eines neuen Prämiensystems zu protestieren, das die Grundarbeitsleistung drastisch heraufsetzen sollte. [...] die von einem Frankfurter Betriebsberatungsinstitut ausgearbeiteten Daten des neuen Systems [sahen] eine Arbeitsleistung [vor], die 50 bis 60 Prozent über der derzeitigen gelegen hätten. Bisher habe die Arbeitsleistung schon durchschnittlich 25 Prozent über normal betragen.«[89]

Nur die jungen Arbeiterinnen versuchen, der Akkordarbeit durch Betriebswechsel auszuweichen, die älteren sind froh, wenn sie sich an einem bestimmten Maschinentyp eingearbeitet haben und auf einen »guten Durchschnitt gekommen« sind; deshalb ist für sie auch jede Neuerung am Arbeitsplatz eine Bedrohung der erreichten Lohnquote und das Umlernen eine zusätzliche Belastung.[90] Ebenso wie sie die Arbeitsbedingungen als unveränderbar hinnehmen, ignorieren die Arbeiterinnen die Grenzen ihrer körperlichen und nervlichen Belastbarkeit. Da sie wissen, daß die Grundnorm einen ausreichenden Lohn nicht garantiert, steigern sie die Norm bis zu 160 %.[91] Solche Überanstrengung läßt sich jedoch nicht allein mit dem niedrigen Stücklohn erklären; sie stellt vielmehr die einzige Möglichkeit der sozialen Anerkennung innerhalb der Betriebshierarchie dar. Das Inferioritätsgefühl kann nur durch Steigerung des Akkords und überdurchschnittliche Leistungen kompensiert werden. Die Frauen sagen sich selbst, daß »die Arbeit ja getan werden muß«, und sie wissen, daß die Arbeitsbedingungen im Grunde überall gleich sind. »Meine Arbeit war körperlich nicht sehr schwer. Bloß, daß ich nun den ganzen Tag auf den Beinen war, nicht sitzen konnte bei der Arbeit und eben sehr früh aufstehen mußte bei der Früh-

89 *Frankfurter Rundschau* vom 7. 7. 1970

90 Diese Abwehr von Veränderungen wird in der Literatur oft als Beweis für das Desinteresse und die besondere Monotonieunempfindlichkeit der Frauen gedeutet. S. dazu: Lisop, a.a.O., S. 17, Kroeber-Keneth, a.a.O., S. 192.

91 Meinhof, a.a.O., S. 22.

schicht, weil ich vorher noch die Annett [die Tochter] versorgen mußte – ich bin 1/4 vor 4 aufgestanden. Aber so die Arbeit, ich fand sie nicht direkt stur, weil ich zwischendurch immer mal was anderes machen konnte, weil die Laufzeit eben fast drei Minuten war.«[92]

Wer sich die Belastung durch die Arbeit möglichst wenig anmerken läßt, wird von den Kolleginnen bewundert. Daß die Männer leichtere und bequemere Arbeit verrichten und die besseren Aufstiegschancen[93] haben, wird von der Mehrzahl der Frauen akzeptiert.[94] Obwohl sie ihre Arbeitsleistung mit der der Männer vergleichen können und sich selbst dabei richtig einschätzen, sind sie auf Lob und Anerkennung ihrer Arbeit durch die Zeitnehmer und Meister angewiesen. Die traditionelle Geschlechtsrollenzuordnung wird durch die industrielle Arbeitsteilung nicht aufgehoben, sondern als Disziplinierungs- und Befriedigungsmittel eingesetzt. Persönliche Anerkennung gilt als Hauptkriterium für Arbeitszufriedenheit. Obwohl in manchen Veröffentlichungen noch beklagt wird, daß Frauen nie ein ähnlich sachlich-distanziertes Verhältnis zu ihrer Arbeit[95] entwickeln wie die Männer, ist von den Unternehmensleitungen dieser Mangel in der Personalpolitik gewinnbringend einkalkuliert. Durch persönliches Lob (»Sie sind doch eine unserer besten Arbeiterinnen«) bringt man die Frauen dazu, ihre Leistungen zu steigern, um sich die Anerkennung zu erhalten. Da diese Formen der »Anteilnahme« durch Vorgesetzte sich bei längeren Fehlzeiten oder bei Leistungsabfall als bedeutungslos erweisen und oft auch als »Antreiberei« durchschaut werden, können sie nicht allein das Maß der Arbeitszufriedenheit und der Anpassung bestimmen. Entscheidend für die Erträglichkeit der täglichen Arbeitssituation ist vielmehr die positive Einstellung der Kollegen, die miteinander kooperieren müssen.

Obwohl jede Unterhaltung am Arbeitsplatz durch die ständige Kontrolle, das Arbeitstempo und den Lärm oder ausdrückliche Verbote so gut wie unterbunden ist, gibt es zwischen den nahe beieinander arbeitenden Frauen eine mehr

92 Rüger, a.a.O., S. 88.

93 Oft wollen sie die »Kommandoposten« auch gar nicht, weil sie wissen, daß diese Kollegen isoliert sind und verächtlich gemacht werden.

94 *Frau – Gesellschaft – Gewerkschaft*, a.a.O., S. 15.

95 Vgl. Wurzbacher, a.a.O., S. 325.

oder weniger ritualisierte Kommunikation, die die freundliche bzw. ablehnende Einstellung der Arbeiterinnen zueinander deutlich macht. Die Angst vor Isolation läßt Streit selten offen ausbrechen, Kritik wird vorwiegend durch ironische Bemerkungen oder Witze zum Ausdruck gebracht. Die größte Anerkennung genießen die tüchtigen, attraktiven und kameradschaftlichen Frauen, die auch gegenüber den männlichen Vorgesetzten ihre Interessen wahrzunehmen wissen. Die Trennung von Arbeitssphäre und Privatleben kennzeichnet auch die Gespräche – die Berufsprobleme bleiben in der Regel ausgespart. Bei den verheirateten Frauen stehen Kinder, Familie, Heim und Liebe, bei den unverheirateten Liebe, die Familie und das Heim im Vordergrund der Unterhaltungen.[96] Über Sexualität und Männer zu sprechen, ist für das Prestige in der Gruppe so wichtig, daß die jüngeren Arbeiterinnen oft sexuelle Erfahrungen vortäuschen, um von den älteren ernst genommen zu werden. Die Männer beurteilen die Frauen nach dem äußeren Erscheinungsbild und ihrer Bereitschaft, auf ihre Anspielungen und Witze einzugehen. »Wenn der Meister die Frauen zu irgend etwas auffordert, tut er es immer mit einem anzüglichen Zierwort, so als handle es sich um einen persönlichen Gefallen für ihn. [...] ›Wir wissen schon, daß wir hier danach taxiert werden, was für ein Fahrgestell eine hat‹.«[97] Als weitere Gesprächsthemen werden vor allem Urlaub, Kino, Fernsehen und Sport genannt. Obwohl der Gesprächsinhalt durch das Leben in der Freizeit, die Familie und die Kinder bestimmt ist, werden im Betrieb selten Freundschaften geschlossen, die auch im Privatleben eine Rolle spielen; unbewußt wird jede Verknüpfung von Arbeit und Privatleben vermieden. Eine Beobachterin berichtet, daß »zwei ältere Arbeiterinnen, die jahrzehntelang nebeneinander gearbeitet hatten und sich gut verstanden, sich zum ersten Mal in der Wohnung besuchten, als sie jeweils ihr Dienstjubiläum feierten«.[98] Dieses distanzierte Verhalten zueinander wird durch den Charakter der Arbeit selbst hervorgerufen. Die Arbeiterinnen erleben immer wieder, daß zunehmender Leistungsdruck Rücksicht und Hilfsbereitschaft nahezu unmöglich

96 Wurzbacher, a.a.O., S. 329.
97 Schneider, P., a.a.O., S. 102/103.
98 Wurzbacher, a.a.O., S. 330.

macht; er zwingt sie, Fragen und Probleme der anderen abzuwehren. Engagement für eine offensichtlich benachteiligte Kollegin oder spontane Unterstützung neu eingestellter Arbeiterinnen wird um so schwieriger, je mehr sich jede Einzelne bemühen muß, ihren »Durchschnitt zu halten.« Die Konkurrenz unter den Arbeiterinnen ist durch individuelle Leistungszuschläge und Prämien derart verschärft, daß sie solche Vergünstigungen voreinander verheimlichen.

Die Frauen im Betrieb sind – abgesehen von den seltenen, spontanen und unberechenbaren Manifestationen der Solidarität und Hilfsbereitschaft – ganz auf ihre subjektiven Fähigkeiten verwiesen, die Arbeitssituation erträglich zu machen. Sie versuchen, trotz der vorgeschriebenen Bewegungsabläufe, ihre Bewegungen zu variieren, sie teilen den Tag nach Pausen ein, die Stunden nach Minuten, die Minuten nach Stückzahlen. »Frau W. teilt ihre halben Stunden in sechs mal 5 Minuten ein. In fünf Minuten muß sie fünf bis sechs Röhren schweißen. Nach einem Kasten, nach dreißig Röhren, kann sie für fünf bis sieben Minuten ihre Beine vom Fußpedal nehmen, während sie die geschweißten Röhren unter der Lupe kontrolliert.«[99]

Häufig führt der Zwang einer Arbeit, die die Gedanken nicht beansprucht, Interesse als wirkungslos überflüssig macht und keine verantwortlichen Entscheidungen verlangt, zu einer Flucht in Tagträume, welche die Arbeiterinnen vor der Auseinandersetzung mit ihrer objektiven Lage schützen. Aus den Gesprächen wird deutlich, daß sie dabei nicht nur die alltäglichen Aufgaben planen, die sie nach der Arbeit erledigen müssen – diese sind so organisiert und eingeübt, daß sie nicht ständig neu überdacht werden müssen. Den Inhalt der Tagträume bildet vielmehr meist die Vergangenheit oder die Zukunft – was man tun könnte, wenn man nicht mehr arbeiten muß, was am Wochenende oder im Urlaub unternommen werden soll. »Ich hab' bei meiner Arbeit nicht über so Probleme nachgedacht, ich hab' da lieber über Dinge nachgedacht, die erfreulicher sind. Wie sich das Kind entwikkelt. [...] Ob überhaupt mal 'ne Aussicht ist, daß ich 'mal aufhören kann zu arbeiten, daß ich 'mal 'ne richtige Familie haben kann, daß wir 'mal 'nen bißchen Ruhe haben und

99 Herzog, a.a.O., S. 122.

'mal was gemeinsam machen können, und auch in der Woche und wie das mit dem Kind werden soll.«[100] Und natürlich sind die Tagträume von den durch Groschenromane, Illustrierte und Werbung geprägten Wunschbildern erfüllt. Aufgrund der Gleichförmigkeit des Arbeitsprozesses machen sich bestimmte Gedanken immer wieder an den gleichen Stellen des Bewegungsablaufes fest.

Die Zunahme der Krankheiten mit der Dauer der Berufstätigkeit zeigt, daß die für die psychische Balance so wichtigen Kompensationen wie Tagträume und freundschaftliche Beziehungen den körperlichen Verschleiß nicht wesentlich beeinflussen oder korrigieren können. Frühinvalidität (Herz-, Kreislauf-, Muskel- und Gelenkerkrankungen) tritt bei Frauen viermal häufiger als bei Männern auf, da die besonders anstrengende statische Muskelarbeit typisch für Frauenarbeit ist.[101] Verheiratete berufstätige Frauen erkranken zwanzigmal häufiger an Magengeschwüren als nicht berufstätige.[102] Krankheiten werden im übrigen oft nicht ausgeheilt, weil die Frauen ihren Arbeitsplatz durch lange Fehlzeiten nicht verlieren wollen. So versuchen sie, solange es geht, zu verheimlichen, daß sie der Arbeitsbelastung nicht mehr gewachsen sind; sie haben Angst vor der Diskriminierung (»Bandscheibenschäden und Sehnenscheidenentzündungen, das sind bei uns hier Modekrankheiten«)[103] und vor Versetzung an einen Arbeitsplatz, an dem sie die Lohnhöhe nicht mehr beeinflussen können oder als »Abgeschobene« und Handlanger für die jüngeren jeden Anspruch auf soziale Anerkennung im Betrieb einbüßen. »Das ›Krankfeiern‹ nach bestimmten, festeingehaltenen Zeitabständen ist Ausdruck der unerträglich gewordenen Anspannung, der täglichen Erfahrung des Gehetztseins, des Kontrolliertwerdens, der Unsicherheit, wie lange die Anforderungen noch bewältigt werden können.« »Es besteht bei Männern wie auch bei Frauen ein eindeutiger Zusammenhang zwischen der Krankheitsdauer und der Möglichkeit, am Arbeitsplatz Initiative zu entfalten und Verantwortung zu tragen, und zwar in dem Sinne, daß diejenigen, die mehr selbst

100 Rüger, a.a.O., S. 95.
101 Lisop, a.a.O., S. 15.
102 Ebd., S. 16.
103 P. Schneider, a.a.O., S. 99.

entscheiden und verantworten dürfen, kürzer krank waren. Auch dies entspricht medizinischen Erkenntnissen, daß Krankheit immer dann entsteht, wenn das Individuum entscheidend in seiner Selbstentfaltung gehindert wird.«[104]

Daß Krankheit nicht nur unbewußt, sondern auch bewußt als Protest gegen die Unterdrückung im Betrieb verstanden werden kann, beschreibt P. Schneider: »Ein junges Mädchen schlug sich mit dem Kochlöffel solange auf ihren Arm und das Handgelenk, bis der Arm blutig und geschwollen war. Sie wurde für ein paar Wochen krank geschrieben.«[105]

Wie ist es zu interpretieren, daß die Arbeiterinnen auf der einen Seite den Protest gegen die ihnen aufgezwungene Arbeitssituation selbstzerstörerisch gegen sich selbst wenden und andererseits Bereitschaft zu kollektivem Widerstand zeigen? Was sagt dieses Verhalten über ihr Bewußtsein von ihrer objektiven Lage aus, und wie läßt sich in bezug darauf ihre Entschlossenheit zu interessenorientiertem Handeln einschätzen? Verhalten und Äußerungen der Arbeiterinnen lassen eine realistische Einstellung gegenüber den materiellen Bedingungen ihrer Reproduktion erkennen. Die Form ihrer Arbeit entspricht dem Verwertungsinteresse des Kapitals, möglichst alle Arbeit unterschiedslos anzuwenden. Der technische Wandel bedeutet für die Arbeitsplätze der Frauen: Reduktion der Qualifikation auf kurzfristig erlernbare repititive Teilarbeit und damit Austauschbarkeit der Qualifizierten. Technischer Fortschritt stellt sich ihnen als Erhöhung der Akkordnorm, Einschränkung der Dispositionsmöglichkeiten und Bedrohung des Arbeitsplatzes dar. Eine Erhöhung des Lohns geht mit vermehrter Ausbeutung einher, ohne daß eine Aussicht besteht, den sozialen Status zu verbessern. Kern und Schumann haben nachgewiesen, daß Arbeiter, die unter vergleichbaren Bedingungen arbeiten müssen, keine allgemeine Verbesserung ihrer Situation erwarten und ihre berufliche Zukunft pessimistisch beurteilen.[106]

Auch das Verhalten der Frauen am Arbeitsplatz zeigt, daß die Angst vor dem Verlust des Arbeitsplatzes, die zuneh-

104 Kellner, W., *Der Aussagewert des Krankenstandes,* S. 93/94; zit. nach Mühlbauer-Braun, a.a.O., S. 44.
105 Schneider, P., a.a.O., S. 99.
106 Kern/Schumann, a.a.O., S. 257, 259.

mende Belastung und das Gefühl der Ersetzbarkeit ihnen gegenwärtig sind. Weiterhin wird deutlich, daß sie sich des restriktiven, entfremdeten Charakters der Arbeit bewußt sind. Sie können ihre produktive Tätigkeit nicht als aktive Beziehung zur Umwelt erfahren, ihre Produkte stehen ihnen fremd gegenüber (sie kennen oft nicht einmal die schließliche Verwendung der von ihnen hergestellten Teilprodukte), der Arbeitsprozeß wird als Strafe empfunden, sie müssen jede Identifikation mit der Arbeit selbst vermeiden und jede Gelegenheit wahrnehmen, sich als Subjekt von ihrer objektiven Bestimmung als Ware Arbeitskraft zu unterscheiden. Unter den gegebenen Arbeitsbedingungen erweist sich, »daß die Arbeit dem Arbeiter äußerlich ist, d. h. nicht zu seinem Wesen gehört, daß er sich daher in seiner Arbeit nicht bejaht, sondern verneint, nicht wohl, sondern unglücklich fühlt, keine freie physische und geistige Energie entwickelt, sondern seine Physis abkasteit und seinen Geist ruiniert. Der Arbeiter fühlt sich daher erst außer der Arbeit bei sich und in der Arbeit außer sich. Zu Hause ist er, wenn er nicht arbeitet, und wenn er arbeitet, ist er nicht zu Hause. [...] Sie [die Arbeit] ist daher nicht die Befriedigung eines Bedürfnisses, sondern sie ist nur ein Mittel, um Bedürfnisse außer ihr zu befriedigen.«[107] Das rein ökonomische Interesse an der Arbeit, das den Frauen oft als »Arbeiten zur Befriedigung von Luxusbedürfnissen« vorgeworfen wird, ist also die Voraussetzung, um in der arbeitsfreien Zeit zu sich selbst zu kommen. Sie müssen sich ihrer Identität dort versichern, wo scheinbar »Selbstaktualisierung« erlaubt ist: in der Ehe, in der Familie, in der Konsumentenrolle.

Doch das instrumentelle Verhältnis, das die Arbeiterin zu ihrer Arbeit aufbauen muß, die strikte Trennung von Arbeitszeit und Freizeit hebt das Bewußtsein objektiver Abhängigkeit nicht auf. Sie nimmt durchaus wahr, daß das Leben außerhalb der Arbeit und eine ansatzweise autonome Lebensplanung (in der Familie) durch die Tatsache, austauschbarer Teil der Maschinerie zu sein, bei Verschleiß ausgeschieden zu werden, handfest bedroht ist. Die Arbeiterinnen müssen ihr einziges Eigentum – die Arbeitskraft – dort verkaufen, wo sie am schnellsten verbraucht wird; das heißt, sie haben nur

107 Marx, K., *Texte zur Methode und Praxis II*, Reinbek 1966, S. 54/55.

die Alternative, durch pragmatische Anpassungsversuche den Zwang zu akzeptieren, ihn als unabänderlich zu begreifen. Partielle Arrangements mit den Vorgesetzten, Arbeitszufriedenheit[108], sowohl Mißtrauen als auch spontane Solidarität mit den Kollegen und individueller Widerstand sind in diesem Sinne konsequente Ausdrucksformen des Arbeiterbewußtseins ebenso wie die Teilnahme an spontanen Streiks. Daß sie eine grundsätzliche Verbesserung ihrer Lage nicht von »oben« erwarten, zeigt sich z. B. in der Antwort auf die Frage, ob die Unternehmensleitung bei der Einteilung der Schichten die Versorgung der Kinder berücksichtige: »Das interessiert die ja gar nicht.«[109] Sie lassen sich eher von Verwandten und Freunden helfen, als sich an Behörden oder Vorgesetzte zu wenden.[110] Sie beneiden zwar die Büroangestellten, die keine schmutzige Arbeit machen müssen, »einen Kaffee nach dem anderen [kochen]«, »schick gekleidet gehen können«, aber andererseits möchten sie nicht so »stolz wie die« sein, sie werten sie ab, weil sie wissen, daß sie selbst nie in diese »bequemen Posten« aufsteigen können: »Die denken, die leiten da den Betrieb. [...] ob die es [das Arbeiten] da in den Büros unbedingt nötig haben, das weiß ich nicht. [...] Die haben auf jeden Fall 'ne leichtere Arbeit.«[111]
Auch für die Arbeiterinnen stellt sich die Gesellschaft dar als in ein »Oben« und »Unten« gespalten[112] – und diese Dichotomie scheint für sie aus zweifachem Grund natürlich und unüberwindbar zu sein: über ihre Unterordnung unter das Kapital hinaus sind sie dem männlichen Teil der Arbeiterklasse individuell und insgesamt untergeordnet, was wiederum, wie gezeigt wurde, ihre Funktion als Reservearmee bestimmt.

108 K. Thomas stellt fest, daß die angelernten Arbeiter die längste Zeit benötigen, um den Anforderungen der Arbeitsaufgaben zu genügen und eine bestimmte Lohnhöhe zu erreichen; sie haben weniger Vergleichsmöglichkeiten und sind aus diesen Gründen (betriebsgebundene Ausbildung, Austauschbarkeit) am meisten an den Betrieb gebunden und am wenigsten in der Lage, Widerstand gegen schlechte Arbeitsbedingungen zu leisten. A.a.O., S. 16/17.

109 Rüger, a.a.O., S. 77.

110 Rüger, a.a.O., S. 105.

111 Rüger, a.a.O., S. 105.

112 Vgl. Herkommer, S., *Gesellschaftsbild und politisches Bewußtsein*, 1969, S. 213; *Frau – Gesellschaft – Gewerkschaft*, a.a.O., S. 4.

4.1.2.2.3. Gewerkschaftliche Organisation[113]

Aus der vorangegangenen Darstellung ergibt sich, daß die Arbeiterinnen ihre Lage lediglich durch individuelle Anpassungsversuche erträglich machen können, sie damit aber auch ständig reproduzieren müssen, wenn sie nicht kollektive Widerstandsformen entwickeln.

Der niedrige gewerkschaftliche Organisationsgrad der Arbeiterinnen ist vor allem der mangelnden Berufsorientierung, der Auffassung der Erwerbstätigkeit als Übergangsstadium und der spezifisch weiblichen Verarbeitung der täglichen Ohnmachtserfahrung am Arbeitsplatz zuzuschreiben. Seit der Zerstörung der sozialistischen Frauenorganisationen und dem Verlust einer gesellschaftstheoretischen Perspektive, die es den Frauen ermöglichte, ihre soziale Situation über den betrieblichen und familiären Rahmen hinaus zu interpretieren, können sie ihre Einstellung zum Arbeitsprozeß nur noch nach den Kriterien des ausreichenden Lohns und der Arbeitsbelastung subjektiv definieren. Solange die Berufstätigkeit als kurzfristig verstanden wird, die Lohnsumme ein akzeptables Nettoeinkommen garantiert, die körperlichen Belastungen noch bewältigt werden können und andererseits keine realisierbaren Alternativen angeboten werden, läßt sich die Unterwerfung unter inhumane Arbeitsbedingungen als Arbeitszufriedenheit deuten. Die Akkordarbeit und die Bezahlung nach Leistungslohn verschärfen nicht nur die Konkurrenz unter den einzelnen Arbeiterinnen, sondern sie verhindern auch eine selbstbewußte Einschätzung der eigenen Lernfähigkeit; Selbstbewußtsein kann die Arbeiterin aus der ihr aufgenötigten Form der produktiven Arbeit schwerlich ableiten. Nachdem die Frauen erfahren haben, daß sie trotz hoher Leistung und Bereitschaft zur Weiterbildung so gut wie keine Chancen haben, in der Betriebshierarchie aufzusteigen, ist ein positives Verhältnis zu außerbetrieblicher Schulung (besonders bei verheirateten Arbeiterinnen) von ihnen nicht zu erwarten, wenn nicht eine spürbare Verbesserung der eigenen Lage damit verbunden ist. So erscheint es nur konsequent, daß die Abstinenz gegenüber den Gewerkschaften – hierin exemplarisch für die besondere Abneigung, die die Frauen gegenüber Organisa-

113 Vgl. dazu: Konrad, Regina, *Die Frauenarbeit des Deutschen Gewerkschaftsbundes.* Berlin, FU, unveröff. Dipl. Arb. (Soz.) 1971.

tionen und kollektivem Handeln unter gegebenen Bedingungen zeigen – bei denjenigen Arbeiterinnen am stärksten ist, die am geringsten qualifiziert sind, die in Klein- und Mittelbetrieben arbeiten, in denen sich die gewerkschaftlichen Aktivitäten am wenigsten auswirken und daher auch die Inhalte gewerkschaftlicher Zielsetzungen kaum bekannt sind.[114]
Bei den organisierten Arbeiterinnen sind vor allem die Facharbeiterinnen (20 %)[115], die länger als 20 Jahre Erwerbstätigen und die in Großbetrieben Beschäftigten stärker als der Durchschnitt repräsentiert. Interviews, die E. Runge[116] und S. Rüger[117] aufgenommen haben, zeigen, daß auch die traditionelle Haltung der Familie zur Gewerkschaftsmitgliedschaft Einfluß auf die Beitrittsbereitschaft hat. Aus den Ergebnissen einer Erhebung von 1968[118] geht hervor, daß die Mehrheit der Arbeiterinnen (72 %) an einem Beitritt nicht interessiert ist, wobei als Begründung »Desinteresse« angegeben wird. Eine direkte Ablehnung der Gewerkschaften äußerten lediglich 7 %; nur 40 % der Befragten konnten zutreffende Aussagen über die Aufgaben der Gewerkschaften machen.
Die über 200 Delegierten aus allen Tarifbezirken der Bundesrepublik der 7. Frauenkonferenz der IG Metall bestätigten in ihren Beiträgen, wie berechtigt Resignation der Arbeiterinnen gegenüber der Organisation ist. Zwar hat in einigen Tarifgebieten die Neuformulierung der Lohngruppentexte zur Erhöhung der Grundlöhne geführt, die Verkürzung der Arbeitszeit und die Verbesserung der Arbeits- und Mutterschutzgesetzgebung alte Forderungen zum Teil erfüllt, aber die Mehrzahl der eingebrachten Anträge beweist, daß die Bemühungen um eine wesentliche Änderung der Lage der lohnabhängigen Frauen erfolglos geblieben sind. Abschaffung der ungleichen Entlohnung für gleiche Arbeit, die Beseitigung der untersten Leichtlohngruppen, eine bessere und längere schulische und betriebsunabhängige berufliche Ausbildung für Frauen, Einrichtung von Kinderkrippen, Betriebskindergärten, Ganztagsschulen, Neuregelung der Alters- und Kran-

114 Vgl. *Frau – Gesellschaft – Gewerkschaft*, a.a.O., S. 24 f.
115 Ebenda.
116 Runge, E., *Frauen*, a.a.O.
117 Rüger, S., *Gesellschaftliche Verwendung und Bewertung von Frauenarbeitskraft in der BRD*, a.a.O.
118 Vgl. *Frau – Gesellschaft – Gewerkschaft*, a.a.O., S. 24 f.

kenversorgung, Verlängerung der Schutzfrist nach der Entbindung, Beurlaubung für Mütter kranker Kinder, gesetzliche Maßnahmen, die den Gesundheitsschutz und die Sicherheit am Arbeitsplatz garantieren sollen, und Verbesserung der Miet- und Steuergesetzgebung stehen seit 15 Jahren als unerfüllte Forderungen im Programm der Gewerkschaften.[119] Die Delegierten stellten fest, daß diese Forderungen nicht nur gegen den Widerstand der Unternehmer, sondern auch gegen das Desinteresse und die offene Ablehnung der eigenen Kollegen vertreten werden müssen. So kommt es immer wieder zu Appellen an die männlichen Kollegen, doch endlich zu begreifen, daß die Unternehmer sich nur so lange der billigen Frauenarbeitskraft uneingeschränkt bedienen können, wie die Arbeiter selbst die Frauen lediglich als Konkurrentinnen betrachten; daß der Mangel an Solidarität gegenüber den minderentlohnten und unqualifizierten Kolleginnen die Männer nicht vor der weiteren Entwertung ihrer Arbeitskraft bewahren wird.[120] Die wenigen Berichte über erfolgreiche Aktionen gegen Erhöhungen der Akkordnorm, über verstärkte Teilnahme von Frauen an Seminaren und über die Aufnahme der »Gleichberechtigungs-Problematik« in den Massenmedien ändert nichts an der Tatsache, daß in Frauenbetrieben die Betriebsräte meist von Männern gestellt werden, und daß die Frauen in den gewerkschaftlichen Entscheidungsgremien unterrepräsentiert sind. Aus den Diskussionsbeiträgen wird klar, daß den Delegierten die Funktion der billigen Frauenarbeitskraft und das Maß der Ausbeutung durch Akkord und Leistungslohn bewußt ist, und ebenso, daß jede Verbesserung der Lage der Arbeiterin im Kapitalismus nur durch Kampfmaßnahmen errungen werden kann, andererseits die Mitgliederwerbung immer noch daran scheitert, daß die Mehrzahl der Arbeiterinnen nicht erkannt hat, daß Lohnforderungen, trotz befristeter Erwerbsarbeit, kollektiv durchgesetzt werden müssen.

Den emphatischen Aufrufen auf Gewerkschaftskongressen

119 Die darüber hinausgehenden Anträge zeigen, daß die Konferenzteilnehmerinnen sich des gesamtgesellschaftlichen Bezuges ihrer Forderungen bewußt sind: z. B. Anträge auf Verbot der NPD, Resolutionen gegen Rüstung, Krieg und Terror, Forderungen nach Kontakten mit dem FDGB, gegen Bodenspekulation usw.

120 *Frauenerwerbsarbeit*, T. II. a.a.O., S. 169.

steht die geringe Einflußmöglichkeit im Betrieb selbst gegenüber. Die durch die restriktive Arbeit systematisch verstärkte Passivität der Arbeiterinnen und die Struktur des Arbeitsplatzes selbst erschweren Aufklärung und Agitation. Das Arbeiten unter Zeitdruck und die kurzen Pausen machen Gespräche nahezu unmöglich; Veranstaltungen nach der Arbeitszeit können die meisten Frauen nicht besuchen, da sie ihre Kinder vom Kindergarten abholen und Hausarbeiten erledigen müssen oder einfach jede Stunde der Freizeit zur Erholung benötigen. Ein entscheidendes Hindernis für die Mobilisierung der Arbeiterinnen besteht freilich in der Furcht, durch gewerkschaftliche Aktivität unliebsam aufzufallen und den Arbeitsplatz zu verlieren. Diese Bedenken sind vor allem in Betrieben gerechtfertigt, in denen wenig Gewerkschaftsmitglieder beschäftigt sind, also in den Klein- und Mittelbetrieben und solchen, in denen vorwiegend Frauen arbeiten. Als Beispiel für einen Versuch, Gewerkschaftsarbeit im Betrieb zu leisten, sollen die Erfahrungen der Arbeiterin R. D. dienen[121]: Die Arbeiterin R. D. arbeitete in einem Betrieb der Textilbranche, in dem zirka $^2/_3$ der Beschäftigten Ausländer sind und von den 300 Beschäftigten nur vier gewerkschaftlich organisiert waren. In diesem Betrieb mußten die Frauen ihre Werkzeuge selbst mitbringen und für die Reparatur sorgen (Scheren, die etwa jede Woche nachgeschliffen werden müssen). Es gelang R. D., den anderen Arbeiterinnen klarzumachen, daß es nicht ihre Aufgabe sei, in der Freizeit die Scheren zum Schleifen zu bringen und dafür auch noch die Kosten zu tragen. Nachdem sie sich bei der Direktrice und schließlich beim Chef beschwert hatte, wurden die Scheren vom Betrieb angeschafft und repariert. Außerdem erkundigte sie sich bei der Gewerkschaft nach den Tarifen und Urlaubsregelungen und informierte die Kolleginnen. Die übrigen Arbeiterinnen hatten keine Ahnung, daß sie seit Jahren um sechs Tage Urlaub und zusätzliches Urlaubsgeld (ca. 90 DM) betrogen worden waren. – Keine der Arbeiterinnen hatte den Mut, zum Chef zu gehen, um ihre Rechte einzufordern: als sich auch keine Delegation bilden ließ, wurde schließlich eine Liste herumgegeben, auf ›der mit ein paar Worten dazu, ganz höflich aber bestimmt‹ für die sechs Tage Urlaub und

121 *Protokoll I*, in: *Kürbiskern*, 1/1971, S. 161 ff.

das zustehende Urlaubsgeld plädiert wurde. Die Liste verschwand, den Chef interessierte nur, wer das inszeniert hatte, nachdem so lange Ruhe im Betrieb geherrscht hatte. R. D. konnte sicher sein, daß ihr Name beim Chef genannt wurde. Sie wandte sich wieder an die Gewerkschaft, warb vierzehn neue Mitglieder und organisierte eine Betriebsversammlung, um im Betrieb endlich einen Betriebsrat zu schaffen. Schließlich erreichte sie, daß eine Versammlung während der Arbeitszeit einberufen wurde, 30 Frauen waren anwesend, andere gar nicht benachrichtigt worden. Für den Wahlausschuß wurden R. D., eine Kollegin und der Betriebsleiter, den der Chef vorgeschlagen hatte, gewählt. Der anwesende Gewerkschaftssekretär protestierte nicht gegen die Einmischung der Betriebsleitung. Eine Kandidatenliste für den Betriebsrat wurde aufgestellt. »Die Kolleginnen waren anfangs Feuer und Flamme. Jeder wollte mitmachen, jeder wollte die Besten drinhaben im Betriebsrat und so wurden die Vorschläge immer mehr.«[122] Als R. D. die Liste termingerecht am Schwarzen Brett aushängen wollte, wurde sie zum Chef gerufen, der sie als ›Scherenrevolutionärin‹ titulierte und ihr zu verstehen gab, daß er sie als Urheberin der Unruhe erkannt habe. Sie ließ sich nicht unter Druck setzen. Am nächsten Tag kursierte eine neue Liste im Betrieb, bis auf vier waren alle Kandidaten zur Unternehmerliste übergewechselt. Von diesen vier waren zwei organisiert und eine noch so jung, daß sie sicher sein konnte, leicht eine neue Stelle zu finden. R. D. wurde von nun ab fast täglich zum Chef gerufen, er versuchte, sie ›weich zu machen‹, weil er wußte, daß ohne sie die anderen auch nicht mehr mitmachten. Sie antwortete, daß er gegen das Betriebsverfassungsgesetz verstieße und sie nicht zwingen könnte, die Kolleginnen, die sie gewählt hätten, im Stich zu lassen. Inzwischen waren beide Listen ungültig geworden, da der Termin für die Wahl nicht eingehalten werden konnte. Der Wahlausschuß wurde im Beisein des Gewerkschaftsvertreters aufgelöst. Nach drei weiteren Tagen wurde R. D. gekündigt, wegen Arbeitsmangel. Sie ging vor das Arbeitsgericht; die Kolleginnen, die länger als zehn Jahre beschäftigt waren, haben die Urlaubstage und das Urlaubsgeld bekommen. R. D. sagt: »Nun, der Betriebsrat an sich, das hätte dem Unter-

122 A.a.O., S. 166.

nehmer nicht so sehr wehgetan. Aber wenn damit auch die Gewerkschaft in den Betrieb kommt, das ist dann schon was anderes. Einen Betriebsrat ohne Gewerkschaft, der ist doch schwach. Auf jeden Fall. Ohne Unterstützung, ganz auf sich gestellt, das kann nichts geben! Die Gewerkschaft, die wollen sie draußen halten.«[123] Und sie hofft, »daß die wenigen, die drin im Betrieb etwas Standvermögen besitzen, auch weitermachen. Auch wenn nun der Betriebsrat im Eimer ist. Jetzt erst recht«.[124]

Dieses Protokoll ergänzt die Delegiertenberichte der Frauenkonferenz und die Reportagen aus den Betrieben. Für die Bemühungen, Arbeiterinnen zu organisieren, läßt sich daraus folgendes schließen: Die ökonomische und persönliche Abhängigkeit der Frauen von ihren Arbeitsplätzen und der Betriebshierarchie verurteilt den Widerstand Einzelner und kleiner unorganisierter Gruppen gegen die Arbeitsbedingungen zum Scheitern. Mangelhafte Schul- und Berufsausbildung sowie fehlende Vergleichsmöglichkeiten verhindern, daß die Arbeiterinnen sich qualifiziert mit der Situation am Arbeitsplatz auseinandersetzen; sie kennen oft nicht ihre Rechte im Betrieb und den Inhalt der Tarifabkommen. Die Möglichkeit, informelle Gruppen außerhalb des Arbeitsplatzes zu bilden und Absprachen mit Kollegen zu treffen, die nicht in der Nähe des eigenen Arbeitsplatzes beschäftigt sind, ist sehr gering. Informationen, die es den Arbeiterinnen ermöglichen, ihre Situation zu definieren, ihre Funktion als Reservearmee und Produzenten von Extramehrwert zu erkennen, müssen von außen an sie herangetragen werden, da die innerbetrieblichen Informationen Propagandazwecken (Werkszeitungen) und damit der Stabilisierung der Autoritätsstruktur dienen bzw. kritische Auseinandersetzungen über die innerbetriebliche Situation nicht zulassen.

Die Frauen sind bereit, für solche Forderungen sich einzusetzen, die gesetzlich schon verankert sind und Aussicht auf spürbare Verbesserung ihrer Lage versprechen. Die oft geäußerte Arbeitszufriedenheit und Gewöhnung an inhumane Zustände ist als Verdrängung zu verstehen, die so lange eine realitätsgerechte Form der Anpassung darstellt, wie keine

123 A.a.O., S. 168.
124 Ebd.

Chance besteht, die Zustände wenigstens partiell zu verändern, die die Verdrängung notwendig machten. Weil jedoch diese Verdrängung Lernprozesse verhindert, müssen zuerst solche Forderungen gestellt werden, die in dem jeweiligen Betrieb durchgesetzt werden können bzw. deren Verweigerung durch die Betriebsleitung den Interessenantagonismus im Betrieb durchschaubar macht. Forderungen dieser Art müssen die Mehrheit der Arbeiterinnen betreffen, und ihre Verwirklichung muß relativ kurzfristig möglich sein, da ein längeres Aufschieben der erwarteten Verbesserungen die Motivation aktiver Teilnahme an den gemeinsamen Bemühungen vermindert.

Weiterhin muß gewährleistet sein, daß solche Bemühungen von einer Organisation unterstützt werden, die unter Umständen die beteiligten Arbeiterinnen rechtlich vertritt, die sich andernfalls dem Druck der Unternehmensleitung nicht gewachsen fühlen. Zwar enthalten die Anträge der IG Metall-Konferenz keine Forderungen nach Abschaffung der Akkordarbeit oder des Lohnsystems überhaupt, aus der Berichterstattung geht jedoch hervor, daß diese Gewerkschaft Kampfmaßnahmen der Arbeiterinnnen unterstützen wird und sich bemüht, Einrichtungen für Schulung und berufliche Ausbildung zu schaffen, an denen auch verheiratete Arbeiterinnen teilnehmen können, ohne daß sie ihre familialen Aufgaben vernachlässigen und finanzielle Einbußen in Kauf nehmen müssen.

Obwohl unsere Schilderung der Arbeitsbedingungen, denen die Arbeiterinnen unterworfen sind und unsere Darstellung der betrieblichen Situation nicht als vollständig betrachtet werden können, läßt sich aus ihnen ableiten, daß die Agitation unter den Frauen zuerst das Ziel verfolgen muß, sie zum Kampf für die Verbesserung ihrer alltäglichen Arbeitssituation zu befähigen. Nur so können sie die Erfahrung erfolgreichen solidarischen Handelns machen und zu einer selbstbewußten Auseinandersetzung mit ihrer gesellschaftlichen Situation finden. Die disziplinierte Unterwerfung unter die Arbeitsbedingungen (und damit die mangelnde Auflehnungsbereitschaft) läßt sich nicht aus dem Unvermögen der Arbeiterinnen erklären, ihre Lage im Produktionsprozeß wahrzunehmen. Arbeiterinnen können die diskriminierende Stellung im

Produktionsprozeß und die negative Statuszuweisung in der Gesellschaft[125] nur durch den positiv bewerteten Status der Ehefrau und Mutter kompensieren. Um die entfremdete Arbeitssituation ertragen zu können, muß die Erwerbstätigkeit rein instrumentell begriffen werden, als Übergangsphase zur Eheschließung oder zur Verbesserung des Lebensstandards der Familie und der Zukunftschancen der Kinder. Die Notwendigkeit, das Familienleben im Rahmen des vorgegebenen Konsumstandards zu führen, um im privaten Bereich auf die gesellschaftliche Anerkennung nicht verzichten zu müssen, verstärkt die Bereitschaft, sich dem wachsenden Leistungsdruck kritiklos anzupassen.

Die Frage nach der Herausbildung von Klassenbewußtsein bei den Arbeiterinnen stellen heißt, untersuchen, in welchem Maße sie ihre Stellung im Produktionsprozeß als den primären Bezug zur Gesellschaft erkennen. Das bedeutet: lohnabhängige Frauen können erst dann gegen ihre Ausbeutung am Arbeitsplatz Widerstand leisten, wenn ihnen bewußt geworden ist, daß das Motiv ihrer Unterwerfung unter die Erwerbsarbeit – das gesicherte Ehe- und Familienleben – selbst in einem funktionalen Zusammenhang mit der Ausbeutung steht.

4.2. Erwerbstätigkeit verheirateter Frauen und Familie

4.2.1. *Vorbemerkungen*

Zwei Überlegungen verlangen ein näheres Eingehen auf den Problemkomplex Familie, obwohl wir uns – gemäß unserer Aufgabenstellung – mit der *abhängig erwerbstätigen Frau* und nicht mit der »Nur-Hausfrau« beschäftigen. – Einerseits ist die Frau in der Bundesrepublik primär durch ihre familialen Funktionen definiert, was sich unter anderem, wie bereits erwähnt, ausdrückt in geringerem Lohn als zusätzliche Arbeitskraft (ob verheiratet oder ledig), in der rechtlichen Festlegung des Primats der Haushaltsaufgaben vor außerhäuslicher Tätigkeit, in der einseitigen und ungenügenden Ausbildung der Mädchen, in dem Selbstverständnis der Mehr-

125 Vgl. *Der Spiegel, 25/1971*, Nr. 5, S. 50: »Wieso gleichen Lohn? Der Mann hat doch viel größere Hände!«

zahl der berufstätigen Frauen, die ihre zentrale Rolle in der Familie sehen. Andererseits bildet die Grundlage dieser Selbstdefinition die frühe Sozialisation in der Familie. Anders als beim Mann erweist sich die Funktionalität des in der Familie angelegten Geschlechtsrollenverhaltens der Frau vorwiegend in der familialen Situation, was sowohl die Verfestigung ihres eigenen Verhaltens als auch die Weitergabe dieser Rollenerwartungen an die Töchter begünstigt. Die familiale Situation und die sich daraus ergebenden Mechanismen der Geschlechtsrollenübernahme erklären zum Teil, warum die im primären Sozialisationsprozeß erworbenen psychischen Dispositionen zur »leidvollen Anpassung an die eigene Unterdrückung«[126] führen.

Um ein angemessenes[127] Geschlechtsrollenverhalten zu ermöglichen, müssen bestimmte Dispositionen in Verbindung mit der Übermittlung spezifischer Wertmuster fixiert werden – psychische Dispositionen, die zur Folge haben, daß die Frau ihre Unterdrückung als Streben nach Sicherheit, ihren begrenzten Aktionsradius als eigenes Unvermögen, ihre Abhängigkeit als Liebesbedürfnis, ihre Passivität als qualitative Unveränderbarkeit ihres gesellschaftlichen Kontextes und sich selbst als Objekt dieses unveränderbaren »Schicksals« erfährt. Die Vorgänge, die zur Übernahme der Geschlechtsrolle in der Weise führen, daß die Rollenerwartungen tatsächlich einen Teil der Persönlichkeit konstituieren, sich als scheinbar natürliche Geschlechtscharakteristika äußern, sind nicht ablösbar von der Struktur und Funktion der Familie für die Gesellschaft, denn »[...] die Familie [hängt] nicht nur von der geschichtlich konkreten gesellschaftlichen Realität ab, sondern ist bis in ihre innerste Struktur hinein gesellschaftlich vermittelt.«[128]

Diese doppelte Bestimmung der Frau in der Familie und

126 Gottschalch, W. u. a., *Sozialisationsforschung* ..., Frankfurt/M. 1971, S. 127.

127 Angemessen im Hinblick auf das soziale »Leitbild« der Frau und, damit zusammenhängend, die vorindustrielle Situation der »Nur-Hausfrau« – unangemessen jedoch für die faktisch existierenden, im »Leitbild« jedoch ausgeklammerten Erwartungen an die Frau, was ökonomische Autonomie, Wahl des Ehemanns, Berufsentscheidung und Einsatzfähigkeit betrifft.

128 *Soziologische Exkurse*, in: *Frankfurter Beiträge zur Soziologie*, Bd. 4, Frankfurt/M. 1956, S. 117.

durch die Familie erfordert eine Analyse des *Wesens und der Funktion der Familie für das bestehende System*, wenn man zu Einsichten in die gesellschaftlichen Entwicklungen kommen will, die Chancen für die Emanzipation der Frau enthalten. So fragmentarisch ein solcher Ansatz im Rahmen dieser Arbeit zwangsläufig bleiben muß, so kann er doch die Gefahr vermeiden helfen, die sich gerade in der »Familiendiskussion« der Studentenbewegung häufig gezeigt hat, nämlich das auf Grund des Stands der Produktivkräfte Mögliche der Faktizität der Geschichte unvermittelt gegenüberzustellen (»Zerschlagt die Kleinfamilie«) – ein Verfahren, das sowohl die Einsicht in das historische Geschehen weitgehend versperrt als auch zur Ohnmächtigkeit politischen Handelns beiträgt. Erst die Kritik der Sozialstrukturen, die aus den Widersprüchen kapitalistischer Reproduktion theoretisch immanent entfaltet wird, erlaubt, die in dieser Entwicklung der Widersprüche angelegten Möglichkeiten praktisch auszuführen.

4.2.2. *Allgemeine Bestimmungen zur Familie*

Auf den ersten Blick scheint die Familie primär gattungsgeschichtlich und durch den natürlichen Zusammenhang der Geschlechter und den sich daraus ergebenden Funktionen wie Zeugen, Gebären und Aufzucht der Kinder bestimmt. Die historische Entwicklung der Familienform zur heute vorherrschenden »modernen Familie« stellt sich dar als die Reduktion möglicher Familienformen auf das ihnen Wesentliche: *die Kern- oder Gattenfamilie*. Der auch in öffentlichen Verlautbarungen niemals unterschlagene »gesellschaftliche Bezug und die gesellschaftliche Bestimmung der Familie« sind bei einer solchen Betrachtungsweise festgemacht an der Erziehung der Kinder zu »fähigen Mitgliedern der Gesellschaft«, d. h. das Erziehungsziel bemißt sich an der vorgegebenen Gesellschaftsstruktur.

Die in der bürgerlichen Gesellschaft gesetzte Trennung des gesellschaftlichen Lebenszusammenhangs in eine öffentliche Verkehrssphäre und eine private Sphäre verstärkt den Schein der Losgelöstheit der Familie von der Gesellschaft, den Schein des Familienzusammenhangs als natürlichen und unveränderbaren und also einer innerfamilialen Arbeitsteilung, nach der die der Frau wesensgemäßen Aufgaben im Gebären und Aufziehen der Kinder bestehen (geschlechtliche Arbeitsteilung). Noch dieser Schein der Unabhängigkeit läßt sich aus der tatsächlichen Abhängigkeit des privaten Bereichs von den – der kapitalistischen Warenproduktion entsprechenden – Verkehrsformen der Mitglieder der bürgerlichen Gesellschaft begreifen. Die bürgerliche Gesellschaft stellt sich – in ihrer bloß vermittelten Gesellschaftlichkeit – dar als der Zusammenhang, in dem der Verkehr der Warenbesitzer geregelt wird, also der Sphäre der Öffentlichkeit, des Marktes. Der Zweck des Austausches, nämlich ein Bedürfnis zu befriedigen, d. h. zuallererst das Leben zu reproduzieren, liegt außerhalb des eigentlichen Tauschaktes, ist Privatangelegenheit der einzelnen Warenbesitzer. Ist daher ausschließlich die Familie der Zusammenhang, in dem das *individuelle* Leben sich entwickelt, produziert und reproduziert wird, so ist die Arbeit bloßes Lebens*mittel* zur Reproduktion des individuellen Lebens.

Erst eine Analyse der materiellen Stellung der Familie im Gesamtreproduktionsprozeß der Gesellschaft und eine Charakterisierung der Form der Verausgabung der Arbeitskraft im Kapitalismus und deren Folgen für das Bewußtsein erlauben, diesen Schein der Privatheit, den Schein des prinzipiellen Widerspruchs zwischen Individuum und Gesellschaft sowie der notwendigen Unterdrückung elementarer Bedürfnisse im Sozialisations- bzw. Arbeitsprozeß zu durchbrechen. Die Verkehrsverhältnisse selbst geben nur die Basis für diese Vorstellungen ab, wie in ihnen der *Schein der freien und gleichen Mitglieder* begründet ist. Der *Klassencharakter der Familie,* die Notwendigkeit der »Schrumpfung« der Familie zur modernen isolierten Kleinfamilie und die besondere Bedeutung der Abhängigkeit der Frau in der bürgerlichen Institution Familie sind dagegen mehr oder minder vermitteltes Resultat der kapitalistischen Produktionsweise.

Mit zunehmender Industrialisierung wurde nicht nur die Produktion weitgehend aus der Familie herausverlagert, sondern war auch die Mehrheit der Arbeitenden – aller Produktionsmittel beraubt – gezwungen, ihre Arbeitskraft zu verkaufen, um sich reproduzieren zu können. Ist der Wert der Ware Arbeitskraft in der kapitalistischen Produktionsweise letztlich durch die Kosten der Reproduktion bestimmt, so ist damit

(im gesellschaftlichen Durchschnitt) die Verkleinerung der Reproduktionseinheit auf eine Größe unerläßlich, die ihr eine dem historisch-gesellschaftlichen Stand entsprechende Reproduktionsmöglichkeit sichert (Entwicklung der Kleinfamilie).
Die Einführung der großen Industrie ermöglicht die massenhafte Einbeziehung von Frauen in den industriellen Produktionsprozeß durch die Verminderung erforderlicher Muskelkraft und handwerklichen Könnens. So kann das Kapital sein Interesse an billiger Arbeitskraft, nämlich von Frauen und Kindern, ebenso verwirklichen, wie durch die Verteilung des Werts der Arbeitskraft auf mehrere Familienmitglieder den Ausbeutungsgrad erhöhen (wenn dies auch nicht im gleichen Maße – aufgrund des nunmehr höheren Verschleißes – erfolgen kann). Das heißt: die Familie der Lohnabhängigen ist nicht nur zur *Ökonomisierung* der privaten Reproduktionsbedingungen, sondern auch zur *Mitarbeit* aller arbeitsfähigen Mitglieder genötigt. Mit dem Verbot der Kinderarbeit zur Sicherung des Angebots neuer Generationen von Arbeitskräften auf dem Markt erhöhte sich die Bedeutung der Frauenerwerbsarbeit. Wie im Kapitel über die Geschichte der Frauenemanzipationsbewegungen bereits dargestellt wurde, mußten jedoch auch Arbeitsschutzbestimmungen eingeführt werden, sobald in gesellschaftlich bedeutsamem Umfang die Wahrnehmung der gesellschaftlichen Funktionen der Familie durch die Frauenerwerbsarbeit bedroht schien.
Da diese Funktionen in einer Gesellschaft, deren wirtschaftliche Basis vom privaten Profit geprägt ist, nicht als gesellschaftliche Interessen gesellschaftlich erfüllt werden können, erscheinen sie als die privaten Interessen, die sich gegen staatliche Eingriffe so lange wehren, wie nicht das abstrakte Interesse des Gemeinwohls (die Verwertbarkeit der Arbeitskräfte) diese Eingriffe erfordert. Die Lohnform verstärkt diesen Schein der Privatheit des ganzen reproduktiven Lebensbereiches, da sie die Annahme nahelegt, daß die individuell gegen das Kapital ausgetauschte Arbeit, nicht aber lediglich der *Anteil* des Arbeiters am eigenen Produkt, die durchschnittlichen Reproduktionskosten der Arbeitskraft, bezahlt wird. Daher sind die von der Frau innerhalb der Familie verrichtete Arbeit zur täglichen Reproduktion und die Aufzucht der Kinder »wertlose« Privatarbeit für Ehe und Familie.

Obschon die Hausfrauenarbeit keine Produktivkraft darstellt, die sich das Kapital gratis – als natürliche Beigabe zur lebendigen Arbeit – aneignet, insofern sich der Lohn auf die Reproduktionskosten der *gesamten* Familie bezieht, ist sie keine wertbildende Arbeit und hat folglich auch keinen Preisausdruck. Die »Gebrauchswerte«, die die Frau herstellt, tauschen sich nicht als Ware; die von ihr geleistete Arbeit ist weder Lohnarbeit noch sich gegen Revenue austauschende Arbeit; sie ist allenfalls einem feudalen Abhängigkeitsverhältnis vergleichbar. In der Isolation des privaten (reproduktiven) Bereichs halten sich also zäh Reste der alten geschlechtlichen Arbeitsteilung und die entsprechenden patriarchalischen Autoritätsverhältnisse, obwohl die reale (gesellschaftliche) Basis, nämlich die Verfügungsgewalt des Mannes über Privateigentum, in den Familien der Lohnabhängigen nicht mehr gegeben ist. Solange allein der Mann die Reproduktionskosten der Familie durch seine Arbeit aufbrachte, war darin die Aufrechterhaltung patriarchalischer Strukturen materiell begründet. Die Tatsache und die Zunahme der Frauenerwerbsarbeit lösen diese Begründung zunehmend auf.
Solange jedoch die private Hausarbeit weiterhin verrichtet werden muß und die den Frauen erreichbaren Arbeitsplätze durch spezifische Belastungen gekennzeichnet sind, werden die Arbeiterinnen selbst häufig den Rückzug in die Familie, da es an Alternativen mangelt, erstreben, ja sie sind genötigt, die Ideologie vom »Wesen der Frau« zur Interpreation ihrer Misere heranzuziehen.
Gehen wir davon aus, daß sich die Emanzipation der Frau nicht als bloße »Emanzipation« von der Familie (bzw. der Gebundenheit darin) im Hinblick auf die Aufnahme einer beruflichen Tätigkeit darstellt, sondern daß vielmehr die Erwerbstätigkeit selbst erst die Möglichkeit schafft, die gesellschaftlichen Verhältnisse als veränderbar zu erkennen, so müssen wir untersuchen, wie sich in unserer kapitalistischen Gesellschaft die Form der Frauenerwerbstätigkeit und die Funktion der Arbeit der Frau in der Familie wechselseitig bedingen bzw. in Widerspruch zueinander geraten und so Veränderungen im Bewußtsein der Betroffenen auslösen können.

4.2.3. *Ökonomische Gesichtspunkte zur Entwicklung der Erwerbstätigkeit verheirateter Frauen in der BRD*

Die Absorption ausbeutbarer Arbeitskraft durch das Kapital stieß bereits gegen Ende der 50er Jahre auf gewisse Grenzen. Neben den Flüchtlingen aus der DDR waren es vor allem die Frauen, die neu in den Erwerbsprozeß einbezogen werden konnten. Die sich seit Anfang der 60er Jahre abzeichnende Knappheit auch der Arbeitskraftreserve bislang nicht erwerbstätiger Frauen führte zu einer Reihe von Überlegungen und Maßnahmen, den Schwierigkeiten auf dem Arbeitsmarkt zu begegnen. Einmal wurden seit Ende der 50er Jahre zunehmend ausländische Arbeitskräfte in den Produktionsprozeß eingegliedert; ferner wurde empfohlen, das »Potential« der verheirateten Frauen und Mütter für den Produktionsprozeß verfügbar zu machen.[129] Nicht zuletzt aufgrund der Teilzeit-Arbeitsstätten (vor allem im Wirtschaftsaufschwung nach der Krise 1966/67) kam es in den letzten 10 Jahren zu einem außerordentlichen Anstieg der Erwerbstätigkeit *verheirateter* Frauen und Mütter.

Vor dem Hintergrund und auf der Basis technologischen Wandels konnten die Unternehmer seit Mitte der 60er Jahre in wachsendem Maße (und nur durch die Krise unterbrochen) auch ungelernte, bisher zum Teil sogar nichterwerbstätige Hausfrauen in kürzesten Anlernzeiten für hohe Leistungen trainieren und sie vor allem an monotone Tätigkeiten setzen (z. B. Fließbandmontage oder Verpackungstätigkeiten) bzw. zu allen möglichen Dienstleistungen heranziehen.[130] Da junge, noch nicht verheiratete Frauen ohnehin zu rund 90 % erwerbstätig sind und das Reservoir verwitweter und geschiedener Frauen ebenfalls weitgehend ausgeschöpft ist, konzentriert sich das Interesse der Unternehmer hauptsächlich auf die Einbeziehung verheirateter Frauen und Mütter in den Produktionsprozeß. Daß sich diese Tendenz trotz der scheinbar ungebrochenen Herrschaft der Mutterschaftsideologie und des darin angelegten Primats der Hausarbeit in den letzten

129 Vgl. u. a. Läge, Helga, *Die Industriefähigkeit der Frau*, Düsseldorf 1962, S. 102–111.

130 Vgl. zu dem allgemeineren politökonomischen Zusammenhang: Redaktionskollektiv Gewerkschaften, in: *Probleme des Klassenkampfs* Nr. 4, 1972.

Jahren in wachsendem Ausmaß durchsetzt, machen die im folgenden zitierten Daten deutlich. Die Analyse der Haushalte lohnabhängiger Familien zeigt, daß die Gründe für die steigende Erwerbstätigkeit verheirateter Frauen ebenso in der ökonomischen Situation dieser Familien zu suchen sind wie in dem Interesse der Unternehmer an möglichst vielen und billigen Arbeitskräften auf dem (Arbeits-)Markt.

Vergleicht man die Zahl *erwerbsfähiger* Frauen (Altersgrenze: 60), die von 1961 bis 1971 um 2 % zurückgegangen ist, und die Zahl der außerhalb der Landwirtschaft erwerbstätigen Frauen, die im selben Zeitraum um 5 % gestiegen ist[131], mit den entsprechenden Zahlen zur Erwerbstätigkeit *verheirateter* Frauen in der BRD, so fällt die hohe Zuwachsrate auf, die nicht weniger als 44 % beträgt[132]: »1971 waren von allen über 15jährigen verheirateten Frauen (ohne die in der Landwirtschaft arbeitenden) nahezu ein Drittel berufstätig gegenüber weniger als einem Viertel zehn Jahre zuvor.«[133] Bereits 1968 waren mehr als die Hälfte aller weiblichen Erwerbspersonen (53,2 %) verheiratete Frauen (1950: 36,4 %).[134]

Vor allem bei den abhängig erwerbstätigen Frauen ist ein starker Anstieg des Anteils der verheirateten Frauen zu beobachten. Die Zunahme der Erwerbstätigkeit in abhängiger Stellung (Arbeiterinnen, Angestellte und Beamtinnen) ist deshalb vor allem eine Zunahme der Arbeit verheirateter Frauen.[135] Obzwar in dieser Erwerbstätigengruppe die absolute Zahl verheirateter Frauen ohne Kinder unter 15 Jahren wesentlich größer (2,25 Millionen) ist als die Vergleichszahl verheirateter Frauen mit Kindern unter 15 Jahren (1,6 Mill.), ist gleichwohl bei den letzteren der stärkste Zuwachs zu verzeichnen, und zwar um 40 %, wenn 1965 als Bezugsjahr ge-

131 Schubnell, H., *Die Entwicklung der Erwerbstätigkeit von Frauen und Müttern für Veränderungen dieser Entwicklung,* unveröff. Manuskript (1971), S. 5.

132 A.a.O., S. 6.

133 A.a.O., S. 6. (Im folgenden zu vernachlässigende Gründe für diese Entwicklung waren: die Zunahme verheirateter Frauen um 7 % und der Wechsel von der Landwirtschaft in andere Erwerbsbereiche.)

134 Vgl. Anhang, Tab. 4.

135 Schubnell, *Die Entwicklung* . . ., a.a.O., S. 12. (Seit 1965 betrug die Zunahme 30,8 %; selbst errechnet nach Schubnell, S. 11.)

nommen wird.[136] Von allen verheirateten Müttern mit Kindern unter 15 Jahren waren 1971 32,7 % erwerbstätig.[137] Hinter der gleichbleibenden Erwerbsquote von Frauen verbergen sich also beachtliche Veränderungen, nämlich die Zunahme der Erwerbstätigkeit verheirateter Frauen und vor allem der Mütter – diese Entwicklung zeigt sich in besonderem Maße bei den abhängig erwerbstätigen Frauen.
Diese Daten verweisen auf die Notwendigkeit für die verheirateten Frauen, zu arbeiten, um eine den durchschnittlichen Erwartungen entsprechende Reproduktion zu gewährleisten. Die Tatsache allein, daß der größte Teil der abhängig erwerbstätigen Mütter als Arbeiterinnen (und das heißt bei Frauenarbeit: unter meist schlechten Arbeitsbedingungen) erwerbstätig sind, zeigt an, daß sie die »Doppelbelastung« nicht aus »Freude am Beruf« auf sich genommen haben.[138]
Sehen wir uns nun die Situation in den *Haushalten* genauer an, da sich erst in diesen der ökonomische Druck des Kapitals (niedrige Löhne) über die Knappheit der (Lebens-)Mittel vermittelt. Wenn sich die ökonomischen Motive zur Erwerbstätigkeit auch unterschiedlich im Bewußtsein der Betroffenen darstellen (was häufig als »Konsumzwang« interpretiert wird), so läßt doch allein schon die Durchschnittsrechnung eines Mehrpersonenhaushalts erkennen, daß 2 Personen erwerbstätig sein *müssen*, will man eine dem gesellschaftlichen Durchschnitt entsprechende Lebensführung verwirklichen: Bei einem mittleren Nettoeinkommen eines 4-Personen-Arbeitnehmerhaushalts[139] von 1 220 DM müssen durchschnittlich so viel an laufenden Ausgaben für Nahrungs- und Genußmittel, Elektrizität, Verkehr, Wohnungsmieten usw. bestritten werden, daß die Sparquote nicht einmal 10 % (nämlich 1970 97 DM) beträgt.[140]

136 A.a.O., S. 12.

137 *Unsere Zeit* (UZ) vom 21. 7. 72, S. 18 nach Sozialbericht/72.

138 Schon 1962 waren von den außerhalb der Land- und Forstwirtschaft abhängig erwerbstätigen Mütter 70,5 %, Arbeiterinnen 27,8 %, Angestellte und 1,7 % Beamtinnen, vgl. *Bericht der Bundesregierung über die Lage der Familien in der BRD*, Bundesdrucksache V/2532 (1968), S. 61.

139 Also nicht nur der Arbeiterhaushalte im engeren Sinn.

140 Osterland, Martin, Wilfried Deppe u.a., *Materialien zur Lebens- und Arbeitssituation der Industriearbeiter in der BRD*, Zwischenbericht im Rahmen eines Projekts des SOFI Göttingen, Juni 1972, Tabelle , S. 83 ff.

Wie knapp die Haushaltsmittel in Arbeitnehmerfamilien sind, wird am geringen Ausmaß und an dem Zweck des Sparens ebenso deutlich wie an der Form von Kreditaufnahmen und Verschuldungen; sie dienen – wie die folgenden Zitate aus einer zusammenfassenden Darstellung empirischer Materialien belegen – zu einem beträchtlichen Teil dem Erwerb lebenswichtiger Güter, um dessentwillen auch Verschuldungen in Kauf genommen werden (was wiederum zu einem verstärkten Erwerbszwang der Ehefrauen führt). Sind die Ersparnisse in 4-Personen-Arbeitnehmerhaushalten ohnehin gering (die Sparquote betrug 1970 7,7 %)[141], so dienen sie hier vor allem der ökonomischen Sicherung: 1. als Vorsorge gegen Notfälle, 2. zur Altersversorgung, auch des Ehepartners, 3. zum Kauf von Gebrauchsgegenständen, 4. für Urlaubsreisen etc.[142] So werden »nach einer Angabe Gleitzes [...] 2/3 der Ersparnisse von Arbeitnehmerhaushalten für ›häusliche Investitionen‹ verwendet, d. h. zum Erwerb langlebiger Konsumgüter.«[143] Darüber hinaus ist »ausdrückliches ›Vertragssparen‹ mit dem Ziel der Vermögensbildung [...] in Arbeiterhaushalten beinahe bedeutungslos.«[144] Und: »Am häufigsten ergaben sich in Arbeiter- und Angestelltenhaushalten Abzahlungsverpflichtungen aus dem Erwerb eines Autos, an zweiter Stelle aus der Anschaffung von Wohnungsmöbeln. In deutlich höherem Maße ergaben sich 1966 für Arbeiterhaushalte Abzahlungsverpflichtungen aus dem Erwerb elektrischer Haushaltsgeräte und aus Sammelbestellungen bei Versandhäusern.«[145]
In einem 4-Personen-Arbeitnehmerhaushalt waren 1965 durchschnittlich 1,7 Personen erwerbstätig, wofür sie durchschnittlich 928 DM monatliches Nettoeinkommen erhielten (was, auf das einzelne Familienmitglied bezogen, 232 DM ausmacht).[146] Noch deutlicher ist die Situation bei den 5- und Mehrpersonenhaushalten. Obwohl bei diesen im Durchschnitt 2 Personen erwerbstätig sind, sinkt das durchschnittliche Nettoeinkommen pro Haushaltsmitglied auf 215 DM ab.

141 Osterland, a.a.O., S. 112.
142 A.a.O., S. 113.
143 A.a.O., S. 114.
144 A.a.O., S. 119.
145 A.a.O., Anhang, S. 41.
146 A.a.O., S. 105.

Es ist also festzuhalten, daß mit der Zahl der Personen die Zahl der Einkommensbezieher steigt, während gleichzeitig das durchschnittliche ausgabefähige Nettoeinkommen zurückgeht. Gerade in Arbeiterhaushalten spielt zweifellos der Beitrag der Kinder zum Haushaltsgeld eine wichtige Rolle; andererseits heiraten hier Kinder relativ früh und gründen einen eigenen Hausstand. Geht man davon aus, daß 1 200 bis 1 800 DM netto in einem 4-Personen-Arbeitnehmerhaushalt monatlich gebraucht werden, so ist es nicht verwunderlich, daß bei diesem Einkommensniveau 1969 über die Hälfte aller Mütter erwerbstätig sein mußten.[147] Die Steigerung der Warenpreise, der Steuern und Mieten verstärkten den Druck auf das Budget. Das gilt in erster Linie für die Miete; sie beträgt durchschnittlich weit über 10 % des Einkommens und liegt bei 168 DM.[148] Die bei einer »Mitarbeit« der Frauen notwendig werdende Unterbringung der Kinder in öffentlichen Kindergärten verschärft ebenfalls die Kostenbelastung der privaten Haushalte und zehrt einen großen Teil des Zusatzverdienstes der Frau wieder auf. Angesichts eines derart knappen Budgets kann die Anschaffung von Kühlschränken, elektrischen Waschmaschinen usw., also »langlebigen Konsumgütern«, die aufgrund der »Doppelbelastung« der Frau in Beruf und Familie teilweise unerläßlich ist, kaum aus dem Lohn des Ehemannes bestritten werden.[149] Vielmehr ist dazu entweder die Erwerbstätigkeit der Ehefrau oder die Aufnahme von Krediten erforderlich, die allerdings wiederum den Zwang zur Erwerbstätigkeit der Frau verstärken.
Es ist also nur realistisch, wenn lediglich von 5 % der (erwerbstätigen) Mütter »Freude am Beruf« bzw. »Spaß am Beruf« als Motiv für die Aufnahme der Erwerbstätigkeit angegeben wurde, dagegen bei über 90 % ökonomische Motive

147 A.a.O., Tab. 79.
148 A.a.O., Tab. 83.
149 Die in den letzten 10 Jahren verbesserte Ausstattung mit Kühlschränken (von 54 % 1962 auf 89 % 1969) oder elektrischen Waschmaschinen (von 7 % 1962 auf 43 % 1969) in Arbeiterhaushalten war häufig ohne die Erwerbstätigkeit der Ehefrau nicht möglich. (»Außerdem ist [...] die Anschaffung eines Pkw in Arbeiterhaushalten oft von der Erwerbstätigkeit der Ehefrau abhängig. [...] In Familien mit 3 Kindern verfügen 64 % (Ehefrauen erwerbstätig) bzw. 51 % (Ehefrau nicht erwerbstätig) über einen Pkw.«) Osterland, a.a.O., S. 110 f.

die rapide zunehmende Erwerbstätigkeit von Müttern in abhängiger Stellung erklären.[150] Dem Bericht der 7. Frauenkonferenz der IG Metall zufolge entfällt der größte Teil der Antworten auf die Frage nach den Motiven der Erwerbstätigkeit auf den »Aufbau der Erweiterung der häuslichen Basis« (also das »Mitverdienen«), der sich weiter unterteilt in Aufbau des Haushalts, Erhöhung des Lebensstandards, Hausbau und Wohnungsbeschaffung. Daneben spielen »ausgesprochene ›Existenznot‹ wie z. B. bei unzureichenden Renteneinkommen, schlechter Gesundheit des Ehemannes, Finanzierungsunterhalts der Kinder«[151] eine bedeutende Rolle.

4.2.4. *Zur familienbezogenen Erwerbstätigkeit von Frauen*

Wurde bisher die Zunahme der Erwerbstätigkeit verheirateter Frauen im ökonomischen Kontext beschrieben, so soll nun dargestellt werden, warum diese Tendenz in Widerspruch gerät zu Ideologien, die im wesentlichen von einem Phasenverlauf im Erwerbsverhalten verheirateter Frauen ausgingen. Im Zentrum soll dabei die sogenannte Drei-Phasen-Theorie stehen, wie sie von A. Myrdal und V. Klein[152] entwickelt wurde, und die bis vor kurzem zur Erklärung des faktischen Erwerbsverhaltens der Frauen als Modell[153] herangezogen wurde. Wie aus unserer (kurzen) Analyse der ökonomisch-materiellen Begründung der steigenden Erwerbstätigkeit verheirateter Frauen hervorgeht, besteht erst seit der in den 60er Jahren einsetzenden Knappheit an Arbeitskräften für das Kapital die Notwendigkeit, auf bis dahin »brachliegende« Arbeitskräfte zurückzugreifen, um nicht gravierende Wachstumseinbußen in Kauf nehmen zu müssen. So ist es nicht verwunderlich, wenn die vorherrschenden Erklärungsmuster von der herrschenden Ideologie selbst Schritt für Schritt zurückgenommen werden, um die neuen Tendenzen im Erwerbsverhalten verheirateter Frauen erklären und die wissenschaftliche Grundlage für eine in diesem Sinne »fortschrittliche«

150 IG Metall, *Berichterstattung für die 7. Frauenkonferenz von Dortmund*, 24.–25. Sept. 1970, o.O., o.J., S. 15.

151 Ebd.

152 Myrdal, A. und V. Klein, *Die Doppelrolle der Frau*, a.a.O.

153 Vgl. hierzu die Darstellung des Erwerbsverhaltens der Frau in Kapitel 3,3 der vorliegenden Arbeit.

Arbeitsmarktpolitik schaffen zu können. In diesem Zusammenhang kam es auch zur Überprüfung der Drei-Phasen-Theorie. Myrdal und Klein unterteilten den Lebenslauf der Frau in drei Phasen, denen jeweils ein bestimmtes Erwerbsverhalten entspricht, bedingt durch die jeweilige Lebenssituation und eine entsprechende Motivationsstruktur. Auf eine 1. Phase der Erwerbstätigkeit folge bei Heirat oder Geburt des ersten Kindes eine Phase der Nichterwerbstätigkeit; die Frau kehre erst dann wieder in den Erwerbsprozeß zurück (im Alter von ca. 40 Jahren), wenn ihre Kinder selbst erwerbsfähig seien. Die für die bürgerliche Gesellschaft charakteristische doppelte Bestimmung der Frauenarbeit: einerseits reproduktive, nicht gesellschaftlich bewertete Hausarbeit und Kinderaufzucht zu leisten, andererseits billige und disponible Arbeitskraft im kapitalistischen Produktionsprozeß zu sein, wurde in diesem Theorem nicht nur ahistorisch, als quasi natürlich bedingte »doppelte Belastung« dargestellt, sondern überdies in Phasen aufgelöst. Überwiegende Familienorientiertheit und Berufsorientiertheit lösen in diesem Modell einander harmonisch ab; für letztere ist »lediglich« die Erfüllung familialer Pflichten vorausgesetzt. Die Funktionen der Produktion und Reproduktion der Ware Arbeitskraft werden nicht als gesellschaftliche verstanden, sondern der privaten Ökonomie der Arbeit der Frau zugeordnet; der Widerspruch zwischen Mutterschaft und gesellschaftlich bewerteter Lohnarbeit wird verschleiert. Zudem wird unterstellt, daß sich die Motivationsstruktur der Frauen analog der aktuellen Lebenssituation entwickele.

Der oberflächliche Blick auf die Statistik scheint dieses Theorem zu bestätigen: Unverheiratete jüngere Frauen sind zu ca. 90 % erwerbstätig; in der 2. Lebensphase (Frauen mit Kindern unter 13 Jahren) sind nur 27 % in den Erwerbsprozeß einbezogen, Frauen mit Kindern zwischen 13 und 21 Jahren (Übergang zur 3. Phase) dagegen zu 43 %.[154] Die Frage der Zunahme der »emanzipatorischen« Erwerbstätigkeit von Frauen scheint somit eine Frage der verstärkten »Rückkehr der Frau ins Erwerbsleben« (im Alter von ca. 40 Jahren) zu sein.

154 Vgl. Weltz, F., *Bestimmungsgrößen der Frauenerwerbstätigkeit*, Sonderdruck aus: *Mitteilungen* ..., 4. Jg., 1971, Heft 2, S. 203.

In Form von Auftragsforschung wurden nun in letzter Zeit detailliertere Untersuchungen zu Bestimmungsgründen der Erwerbstätigkeit bei verheirateten Frauen durchgeführt.[155] Die Drei-Phasen-Theorie verlangte die Propagierung neuer Verhaltensmuster, die der doppelten Bestimmung der Frauenarbeit im Kapitalismus ideologisch Rechnung trugen, indem sie das traditionelle Leitbild der Hausfrau und Mutter ebenso beachten mußten wie das progressive der im Berufsleben stehenden »emanzipierten« Frau. Die Drei-Phasen-Theorie konnte beide »Rollen« insofern konfliktfrei vereinen, als sie diese in eine zeitliche Abfolge aufgliederte. Die Ergebnisse der erwähnten neueren Untersuchungen haben allerdings gezeigt, daß dieses Ablaufschema nicht, zumindest nur begrenzt, der Realität entspricht. Weder besitzt es einen Erklärungswert für die Gruppe der ledigen Frauen insgesamt und der verheirateten Frauen ohne Kinder, noch kann es das Erwerbsverhalten der Gruppe verheirateter Mütter hinreichend erfassen, denn die Mehrzahl der verheirateten Frauen mit Kindern ist in der 3. Phase nicht erwerbstätig, und ein gutes Viertel scheidet in der 2. Phase nicht aus dem Erwerbsprozeß aus.[156] »Der Prozeß der ›Rückkehr‹ ins Erwerbsleben in der dritten Lebensphase, der in der höheren Erwerbsquote zum Ausdruck kommt, dürfte also nur zum Teil ein Wechsel von der Nichterwerbstätigkeit zur Erwerbstätigkeit sein, sondern in starkem Maße durch einen Übergang von Teilzeit- und vorübergehender Beschäftigung zu voller Berufstätigkeit gekennzeichnet sein.«[157]

Unter Berücksichtigung von Gelegenheitsarbeiten ergaben Schätzungen, daß der Anteil der überhaupt Erwerbstätigen bei den Frauen in der 2. Phase (mit Kindern unter 13 Jahren) nur um ca. 7–10 % niedriger liegt als bei den Frauen im Übergang zur 3. Phase (jüngstes Kind 13–21 Jahre alt).[158] Die Statistik über (Voll-)Beschäftigungsverhältnisse ergab da-

155 Hofbauer, H., U. Bintig u. W. Dadzio, *Die Rückkehr von Frauen in das Erwerbsleben,* in: *Mitteilungen ...,* Aug. 1969, Nr. 9; Kohler, H. u. L. Reyher, *Erwerbstätigkeitsphasen der Frauen,* Sonderdruck aus: *Mitteilungen ...,* 3. Jg., 1970, Heft 3; Weltz, F., *Bestimmungsgrößen der Frauenerwerbstätigkeit,* a.a.O.

156 Vgl. Weltz, a.a.O., S. 201–206.

157 A.a.O., S. 206.

158 Vgl. Weltz, a.a.O., S. 205 f.

gegen eine Differenz von 16 %. Von daher erklärt sich auch das Ergebnis der Untersuchung von Kohler und Reyher, wonach sich ausgesprochene Häufungen der Rückkehr von Frauen in den Erwerbsprozeß nach einer 1. Phase der Versorgung der Kinder – wie sie die Interpretation der altersspezifischen Erwerbsquoten aus den laufenden Querschnittsstichproben nahelegt – in Wirklichkeit nicht feststellen lassen.

Fassen wir zusammen: Frauen sind im Sinne des § 1356 nicht nur dann erwerbstätig, wenn es ihre familialen Pflichten erlauben, d. h. die Kinder relativ erwachsen sind, sondern auch als verheiratete – also angeblich versorgte – häufig zur Weiterarbeit während der 2. Phase gezwungen. Die Tatsache, daß dies häufig in Form von »Gelegenheits- oder Jedermannsarbeit« geschieht, verweist auf die *vorwiegend ökonomische* Bedingtheit der Erwerbstätigkeit bei verheirateten Müttern kleiner Kinder. Eben um der Rolle der guten Hausfrau und Mutter genügen zu können, müssen sie zeitweise Arbeit aufnehmen. Ihre – statistisch sichtbare – Rückkehr in das Erwerbsleben, nämlich ihr Vollarbeitsverhältnis (nachdem die Kinder ein bestimmtes Alter erreicht haben), dürfte ebensowenig in »Unausgefülltheit« ihre Ursache haben. Untersuchungen des IAB (Institut für Arbeitsmarkt- und Berufsforschung Erlangen) belegen, daß die erste Unterbrechung der Erwerbstätigkeit (zum großen Teil im Alter von 20 bis unter 30 Jahren) wegen Heirat oder Niederkunft stattfand, die Rückkehr jedoch bei 3/4 (77,9 %) aller verheirateten Frauen, deren Männer voll erwerbstätig sind, nach einer Unterbrechung von weniger als 8 Jahren und bei einem knappen Drittel (30,4 %) sogar in einem Zeitraum von weniger als zwei Jahren erfolgt.[159]

Falls jedoch die Berufstätigkeit unterbrochen worden ist und auch kein weiterer Bezug zum Erwerbsleben, vor allem durch Teilzeitbeschäftigung oder Gelegenheitsarbeiten, besteht, verstärkt sich die Distanz zum Berufsleben so sehr, daß eine Rückkehr unwahrscheinlich wird bzw. nur noch aus Existenznot erfolgt. Weltz zieht in seiner Studie daraus offen die Konsequenzen für eine maximale Ausnutzung aller Arbeitskraftreserven aus der Sicht der Unternehmen, freilich ohne auf die erhöhte Belastung dieser Frauen einzugehen: »Wenn

159 Vgl. Hofbauer, Bintig und Dadzio, a.a.O., S. 720.

einmal durch eine längere Periode der Nichtberufstätigkeit der Konnex zur beruflichen Sphäre abgerissen ist, reduziert sich die Wahrscheinlichkeit einer Rückkehr ins Erwerbsleben rapide. Bei eben jenen Frauen, die sich in der zweiten Lebensphase ganz ihren familialen Funktionen widmen – und damit in ihrem Verhalten dem Drei-Phasen-Konzept entsprechen –, ist die Rückkehr ins Berufsleben am unwahrscheinlichsten; gerade jene Frauen, die den Kontakt zur Berufssphäre nie ganz aufgegeben haben, kehren am ehesten wieder voll ins Berufsleben zurück.«[160]
Zwar weist Weltz auch auf »neben diesen subjektiven Schwierigkeiten«[161] existierende objektive Faktoren hin, die die Erwerbstätigkeit von Frauen bestimmen: »[...] die wachsende Bedeutung gewisser Vorbildungsqualifikationen und vor allem der kontinuierlichen Fortbildung, das rasche Veralten etablierter Qualifikationen, die Schwierigkeiten beim Einsatz älterer Arbeitskräfte, all dies dürfte die Wiedereingliederung nach einer längeren Zeitspanne völliger Nichtberufstätigkeit in Zukunft eher noch erschweren.« Aber: »Gleichzeitig ist der Bedarf der Wirtschaft nach kurzfristig disponiblen Arbeitskräften, die über gewisse Allgemeinqualifikationen verfügen und zugleich in den sogenannten Jedermannsarbeiten eingesetzt werden können, beträchtlich. Männliche deutsche Arbeitskräfte werden diesen Bedarf kaum mehr erfüllen; die Bereitschaft, Jedermannsarbeiten anzunehmen, wird mit dem rasch steigenden Ausbildungsniveau sinken.«[162] Das heißt: »Der Übergang in die zweite Lebensphase führt im Regelfalle zum Ausscheiden aus dem Erwerbsprozeß oder zu *einer Marginalsituation im Beschäftigtensystem, die genau dem Bedarf dieses Systems an kurzfristig disponiblen Arbeitskräften entspricht.«*[163] Daraus leiten sich folgerichtig die Empfehlungen an die Unternehmer zur Anwerbung weiblicher Arbeitskräfte ab: »Endlich und vor allem aber wird man, wenn *langfristig* das Erwerbspotential der Hausfrauen besser genutzt werden soll, darauf hinzuwirken haben, daß der Kontakt mit der Berufswelt in dem Augenblick, in dem familiale Verpflich-

160 Weltz, a.a.O., S. 213.
161 A.a.O., S. 214.
162 Ebd.
163 Ebd.

tungen (vor allem die Geburt des ersten Kindes) bislang das völlige Ausscheiden aus dem Erwerbsleben erzwangen, nicht mehr ganz abreißt. Die konkreten Maßnahmen, die zu diesem Zweck sowohl von den Betrieben wie von der Arbeitsverwaltung ergriffen werden können, sind zahlreich und reichen von regelmäßiger Informierung der ausgeschiedenen Frauen durch ihren bisherigen Arbeitgeber über die Entwicklungen und Veränderungen im Betrieb bis zu – vorzugsweise wohl öffentlich getragenen – Einrichtungen mit dem Ziel, die berufliche Qualifikation der eben aus dem Erwerbsleben ausgeschiedenen Frauen ›frisch‹ zu halten. Auf die *besondere Rolle, die in diesem Zusammenhang Aushilfs- und Gelegenheitsarbeiten, Heimarbeit und alle sonstigen Formen von Erwerbstätigkeit zukommt, die die Frau in den kritischen Jahren relativ wenig beanspruchen,* aber doch den Kontakt mit der Berufswelt aufrechterhalten, wurde weiter oben bereits mehrmals hingewiesen.«[164]

Es gilt also vor allem, die Frauen »bei der Stange zu halten«. Dies – und in einem weit geringeren Maß die Anhebung der Qualifikation der Frauen, die Erhöhung ihres Informationsstandes – ist das Ziel solcher »Arbeitspolitik«. Gerade die aus der privaten Arbeit in der Familie resultierende Unkenntnis der Frauen, das fehlende Bewußtsein vom gesellschaftlich bedingten Wert ihrer Arbeitskraft, von den bereits erkämpften Arbeitsschutzbestimmungen im allgemeinen und den Mutterschutzbestimmungen im besonderen, prädestinieren sie zum idealen Ausbeutungsobjekt. »Aber diese Diskriminierung [Lohndiskriminierung der Frauen, d. Verf.] wird weitgehend als eine Selbstverständlichkeit akzeptiert.«[165] Über Probleme der erreichbaren Monatsverdienste heißt es im *Bericht der Bundesregierung:* »Die Hälfte konnte hierzu keine Angaben machen – auch das ist wieder ein Indiz dafür, wie vage die Vorstellungen über die Bedingungen auf dem Arbeitsmarkt selbst bei jenen Frauen sind, die konkrete Berufspläne haben.« »Die Verdienstschwelle, die eine Arbeitsaufnahme finanziell attraktiv erscheinen läßt, liegt recht niedrig.«[166]

164 Weltz, a.a.O., S. 215. (Hervorh. d. Verf.)
165 A.a.O., S. 209.
166 *Bericht der Bundesregierung über die Maßnahmen zur Verbesserung der Situation der Frau,* Bundestagsdrucksache VI/3689, August 1972, S. 6.

So nimmt es nicht wunder, daß »die Job-Vermittlungsstellen [für Zeitpersonal, d. Verf.] [. . .] seit Herbst 1969 mit Erfolg tätig [sind]«.[167] Die Gewerkschaften haben es in diesen »in unbürokratischer Weise« arbeitenden Organisationen äußerst schwer, die tariflichen und gesetzlichen Rahmenbestimmungen zu Mutterschaft, Lohnfortzahlung im Krankheitsfall, Kündigungsschutz für diese Lohnarbeiterschichten durchzusetzen bzw. sie zur Geltung zu bringen, sobald sie gesetzlich verankert sind.

Daß die Realität der Teilzeitarbeit von maximaler Leistungsausnutzung und schlechten tariflichen Rahmenbedingungen gekennzeichnet ist, braucht nicht sonderlich betont zu werden. Die mit der Teilzeitarbeit (nur für Frauen) nahegelegte Einstellung des »Zuverdienens auf Zeit« ermöglicht es den Unternehmern, die betrieblichen Arbeitsbedingungen kompromißlos nach ihren Wünschen zu ordnen, denen dann die Frauen um so schutzloser ausgesetzt sind, je weniger sie bereit sind, sich im gewerkschaftlichen Kampf gegen die Ausraubung ihrer Kräfte zu wehren. Auch deshalb gilt der Einsatz von Teilzeitarbeiterinnen als kostenoptimal.

In den letzten Jahren ist das Angebot von Teilzeitarbeit und die Nachfrage nach ihr bei verheirateten Frauen und Müttern erheblich angestiegen: die Hälfte aller Rückkehrerinnen ins Berufsleben, die verheiratet sind, wünschen Teilzeitarbeit. Sie verstehen das größere Angebot als Möglichkeit, einen Kompromiß zwischen dem ökonomischen Zwang zur Erwerbstätigkeit und den nach wie vor vorhandenen familialen Anforderungen zu finden. So stieg die Teilzeitbeschäftigung verheirateter Mütter mit Kindern unter 18 Jahren zwischen 1964 und 1971 von 617 000 auf 1 104 000, also auf nahezu das Doppelte. Der Anteil derjenigen, »die Kinder unter 18 Jahre haben und weniger als 24 Stunden in der Woche arbeiten, [ist] doppelt so groß wie bei den verheirateten Frauen ohne Kinder«[168]; er beträgt 575 000. »Während verheiratete Frauen mit Kindern 1971 nur zu etwas über 2/5 (42,5 %) einer vollen Berufstätigkeit nachgingen gegenüber 2/3 (67 %) verheirateter Frauen ohne Kinder, haben nicht ver-

167 Ebd.
168 Schubnell, a.a.O., S. 23.

heiratete Frauen mit Kindern unter 18 Jahren zu 71 % voll gearbeitet, die ohne Kinder sogar zu 86 %.«[169]
Bei den Rückkehrerinnen ins Berufsleben liegt der Prozentsatz der Teilzeitarbeit Suchenden bei der Hälfte (49,9 %), d. h. er ist mehr als dreimal so groß wie der durchschnittliche Anteil der in Teilzeitarbeit beschäftigten Frauen (15,1 %).[170] Dies galt jedenfalls für das Jahr 1969; damals wurden über 4/5 der Teilzeitarbeit suchenden Frauen auch entsprechend beschäftigt. »Den höchsten Anteil von Teilzeitarbeit suchenden Frauen weisen die verheirateten auf, deren Ehemänner in Vollzeitarbeit beschäftigt sind (58,7 %).«[171] Ihre Zahl steigt mit zunehmendem Alter (bis zum Alter von 40 Jahren)[172] kontinuierlich an. Der Grund dafür ist, daß die von Unternehmern vor allem im Dienstleistungsgewerbe, im Handel und in der Industrie angebotenen Teilzeitbeschäftigungsformen flexible Arbeitszeitregelungen aufweisen, die auch Müttern die Wiederaufnahme der Erwerbstätigkeit erlauben.

4.2.5. *Das neue Leitbild: Partnerschaft*

Den hier aufgezeigten Veränderungen entsprechen modifizierte Leitbilder, die der vom Kapital nachgefragten Frauen- und vor allem Mütter-Erwerbstätigkeit Rechnung tragen. Die Erwerbstätigkeit verheirateter Frauen und Mütter wird neuerdings nämlich nicht nur dann akzeptiert (gemäß § 1360 BGB), wenn sich die Familie in einer unmittelbaren Notlage befindet; die Frau soll nach den sich jetzt herausbildenden Leitvorstellungen vielmehr ein informierter, mit der sozialen Umwelt vertrauter »Partner« des Mannes sein.[173]
Die Partnerschaftsideologie, der zufolge die emanzipierte Frau in Familie und Beruf »ihren Mann steht«, soll eine Form von Erwerbstätigkeit propagieren, die scheinbar mit den Familienpflichten verträglich bleibt und gleichzeitig der Sta-

169 Ebd.
170 Hofbauer u.a., a.a.O., S. 722.
171 A.a.O., S. 723.
172 A.a.O., S. 724.
173 Vgl. Kätsch, E.M., *Langfristige Bestimmungsgründe für die Erwerbstätigkeit verheirateter Frauen*, Köln 1965, S. 90, zitiert in: Simon, Dieta, *Frauenarbeit und Mädchenberufsausbildung*, unver. Dipl. Arb., Berlin 1972, S. 128 ff.

bilisierung der Familie dient. Dabei sollen in der privaten innerfamilialen Arbeitsteilung die neu sich bildenden Belastungen zwischen Mann und Frau verteilt und aufgelöst werden, nicht aber dort, wo sie entstanden sind: in der Gesellschaft. So wird der privaten Konfliktregulierung in der Familie die Bewältigung gesellschaftlich vermittelter Probleme überlassen: die Kindererziehung einerseits und die tägliche Wiederherstellung der Arbeitsfähigkeit – nun auch der Frau – andererseits. So erweckt das vermehrte Angebot von Teilzeitarbeit den Anschein, »den Bedürfnissen gerade der durch Haushalt, Familie und Beruf doppelt belasteten Frauen weitgehend entgegen zu kommen, indem sie es ihnen ermöglicht, beide Pflichtenkreise besser miteinander zu verbinden«.[174] Aufgrund der flexiblen Arbeitszeiten erscheint die Arbeitszeit als relativ frei disponierbar; das heißt: es entsteht bei den Frauen der Eindruck, mit dieser *Neben*beschäftigung befristet und auf Vorbehalt einen *Zusatz*verdienst erarbeiten zu können. Daß Teilzeitarbeit häufig nur eine »freie« Wahl zwischen schlechten Alternativen in Reinigungs- oder Gaststättenberufen mit bisweilen äußerst schlechten Tagesarbeitszeiten und hohen Arbeitsbelastungen (während der Haupteinkaufszeiten im Einzelhandel) bedeutet, wird dabei ebenso übersehen wie die Tatsache, daß die verbreitete Ansicht, man arbeite »auf Vorbehalt« aus ökonomischen Gründen eine Illusion ist. Weit realistischer preist die *FAZ* (*Blick durch die Wirtschaft* vom 27. 10. 69) unter dem Titel *Teilzeitkräfte – Arbeitsreserve für das Dienstleistungsgewerbe* die Vorzüge dieses Systems optimaler Ausnutzung von Frauenarbeit an. Die Zeitung verweist auf die guten Erfahrungen mit der »Arbeitszeit nach Maß« für junge Verkäuferinnen mit Kind, denen »man die Fraulichkeit des Verkäuferinnenberufs stärker bewußt machen« solle und derer man in den »Schwerpunkten der Arbeitsstunden bedarf«, um sie als Aushilfskräfte, vor allem am Samstag morgen, einsetzen zu können. Schon Läge[175] hatte 1962 Teilzeitarbeit empfohlen, weil Teilzeitarbeiterinnen »nicht selten je Zeiteinheit eine höhere Leistung als Ganztagskräfte [erzielen], weil sie ihre Schicht beenden, bevor die leistungsmindernden psychischen und physischen Faktoren

174 Läge, Helga, a.a.O., S. 103.
175 A.a.O., S. 102–111.

wirksam werden«.[176] Da diese Faktoren erst nach der Arbeit wirksam werden, sind von ihnen zwangsläufig die hausfrauliche Tätigkeit und die Erziehung der Kinder betroffen.
Immerhin: die hier skizzierten Leitbildveränderungen deuten an, daß nicht mehr als natürlich gilt, was bislang als unabänderliche, natürliche Wesensbestimmung der Frau angesehen wurde. Die sich herauskristallisierenden neuen Rollenzuordnungen (z. B. Partnerschaftsideologie) modifizieren die alte geschlechtliche Arbeitsteilung in der Familie, der zufolge der Mann die Ernährerfunktion und die Frau die reproduktiven Tätigkeiten in der Familie auszuüben habe. Dies könnte zur Folge haben, daß nunmehr ihre »schicksalhafte« Unterordnung unter die familialen Pflichten von den Frauen selbst als historische und damit als korrigierbar wahrgenommen wird. Die Partnerschaftsideologie versucht durchaus, diese Veränderungen aufzugreifen, indem sie die Lasten gleich und gerecht auf beide Ehepartner verteilt; sie modifiziert zwar die geschlechtliche Arbeitsteilung, aber behält sie im Grunde dennoch bei. Die gesellschaftlich fundierten Belastungen werden so einer Scheinlösung im familialen Bereich zugewiesen und damit der gesellschaftlichen Auseinandersetzung entzogen. Da der familiale Bereich als Sphäre der Intimität, in der sich gesellschaftlich bedingte Konflikte als persönliche darstellen, erlebt wird, begünstigt das Partnerschaftsmodell eine neue Form verinnerlichter Selbstverantwortung zur Lösung familial nicht lösbarer Probleme.

4.2.6. *Veränderungen in der familienorientierten Einstellung der Frauen zur Erwerbstätigkeit*

Wie der Lebenslauf der Frauen nicht mit dem Drei-Phasen-Modell übereinstimmt, so kann auch bei ihrer Bemühung, den widersprüchlichen (und gleichzeitigen) Anforderungen an sie zu genügen, keine prinzipielle Übereinstimmung zwischen ihrem – aufgrund der aktuellen Lebenssituation gebotenen – Verhalten, den diesem Verhalten zugrunde liegenden Normen und ihren eigenen Interessen erzielt werden. Bereits der Versuch von Arbeiterfrauen, sich nach dem traditionellen Leitbild von ihrer sozialen Geschlechtsrolle zu verhalten, eine gute

176 A.a.O., S. 106.

Mutter und Hausfrau zu sein, zwingt sie in vielen Fällen, mit diesem Leitbild zu brechen: die aus familialen Gründen notwendige Erwerbsarbeit (Anschaffungen, Ferien, Ausbildung der Kinder etc.) kehrt sich gegen das ursprüngliche Motiv (Schuldgefühle den Kindern gegenüber etc.).[177] Die Familienorientierung allein bietet keinen Halt mehr. Da es an Alternativen fehlt und der Schein der notwendigen Trennung von privater und öffentlicher Lebenssphäre fortbesteht, wird zwar die Selbstdefinition der Frauen im Hinblick auf den Bezugspunkt Familie nicht grundsätzlich erschüttert, aber die Widersprüchlichkeit der eigenen Situation zunehmend erfahrbar. Ausbildung und eigene Erwerbstätigkeit verändern die Einstellung zur eigenen Lage, die Familienorientiertheit gewinnt allmählich eine neue Qualität. Zwar sind die am häufigsten genannten[178] und somit ausschlaggebenden Motive für das Erwerbsverhalten der Mehrzahl der Frauen – sowohl für die Aufnahme einer Erwerbstätigkeit, ihre Unterbrechung, ihre Fortsetzung als auch für ihren völligen Abbruch – ausschließlich in der Familie verwurzelt, aber die Vielzahl der genannten möglichen – oft erzwungenen – Verhaltensweisen auf der Basis dieses einen Motivs verlangt und fördert eine andere Art von Familienorientierung. Diese kann nicht länger im Sinne einer sicheren Lebensplanung verstanden werden; die Lebensperspektive ist nicht mehr nur an eine von der Produktion scheinbar unabhängige Sphäre der privaten Konsumtion gebunden. Dieser Schein selbst wird dadurch zerstört, daß die Orientierung der Frau auf den reproduktiven Bereich ihre Teilnahme am Produktionsprozeß erfordert bzw. voraussetzt. Indem die Frauen gegen ihren Willen oder ohne Not ihre Erwerbstätigkeit aufgeben müssen, um Pflichten als Ehefrau und Mutter erfüllen zu können, erfahren sie deutlich die Widersprüchlichkeit ihrer Situation und darüber hinaus, daß ihre »privaten Funktionen« in Wirklichkeit keine privaten sind. Die Frauen nehmen so vermittelt wahr, daß im Hinblick auf Hauswirtschaft und Kindererziehung an Reproduktionsformen festgehalten wird, die zwar dem »Wesen der Frau« zu entsprechen scheinen, die jedoch im Kon-

177 Vgl. hierzu Kapitel 4.1.1.2. der vorliegenden Arbeit.
178 Vgl. Weltz, a.a.O., S. 206 ff.

trast zur Realität, d. h. im Widerspruch zum Zwang zur Erwerbsarbeit stehen.

4.2.7. *Veränderungen in den familialen Funktionen und in der Struktur der Familie*

4.2.7.1. *Zur Situation im Haushalt*

Aufgrund der verstärkten Erwerbstätigkeit der Frauen stehen die juristischen Regelungen des Verhältnisses von Familien- und Berufspflichten zur Diskussion.

Die bisherige Regelung des § 1356 des BGB bestimmte, daß die Frau die Konsumeinheit Familie wirtschaftlich organisiert, was zu einer enormen Verringerung der Reproduktionskosten der Ware Arbeitskraft führte, denn »die Arbeit der Frau bei dieser Reproduktion läuft ja nicht über den Markt und wird deshalb auch nicht nach den Markt- und Tauschgesetzen entlohnt«.[179] Die neue Fassung soll folgendermaßen lauten: »Beide Ehegatten sind berechtigt, erwerbstätig zu sein. Bei der Wahl und Ausübung einer Erwerbstätigkeit haben sie auf die Belange des anderen Ehegatten und der Familie die gebotene Rücksicht zu nehmen.«[180]

Zwar stellt dieser Änderungsvorschlag zum § 1356 die Gleichberechtigung hinsichtlich der Erwerbstätigkeit der Frau in Aussicht, aber nur in der Weise, daß er gleichzeitig die Verantwortung für die Haushaltsarbeiten den beiden Ehepartnern individuell aufbürdet. Es soll zwar die freie, gleichberechtigte Entscheidung der Ehepartner rechtlich formuliert werden, doch zeigt schon die Erläuterung des Entwurfs, wo die Gleichberechtigung ihre reale Schranke hat: »Mit der Aufgabe des bisherigen gesetzlichen Leitbildes der Ehe soll das Ehemodell der Hausfrauenehe nicht zurückgedrängt werden. Die rollenverteilte Ehe in der Form der Hausfrauenehe erscheint vielmehr, jedenfalls für bestimmte Ehephasen – etwa dann, wenn Kleinkinder oder heranwachsende Kinder vorhanden sind – in besonderer Weise ehegerecht.«[181]

179 Holzer, Dagmar/Reder, Renate/Schuhler, Juliane, *Frauenemanzipation in der Bundesrepublik, Kürbiskern* 1/71, S. 127.

180 Zit. nach Konze, Marianne, *Für Befreiung der Frau,* Frankfurt/M. 1972, S. 118.

181 A.a.O., S. 119.

Die Hausarbeit der Frau stellt nach wie vor die billigste, nämlich unentgeltliche Form der Reproduktion der Arbeitsfähigkeit im Kapitalismus dar, auch wenn sie, »wirtschaftlich« gesehen, längst »rationaler« hätte gestaltet werden können. Daß Vorstellungen, die Hausfrauentätigkeit zu bezahlen, in der Öffentlichkeit belächelt oder beargwöhnt werden[182], hat seinen Grund darin, daß sie im Kapitalismus keinen Mehrwert schafft und daher als unproduktiv gilt, ihre Bedeutung aber gerade deshalb ideologisch forciert werden muß, um der Familie diese Verpflichtung »privat« anzuhängen.

Hausarbeit ist die Sisyphusarbeit der eintönigen, immer erneuten Wiederherstellung aufgebrauchter, verzehrter Dienstleistungen. Es ist die Arbeit dessen, »der ewig nur die Voraussetzungen für das Funktionieren liefert, dem aber gerade das Funktionieren die Voraussetzung selbst zerstört.«[183] Sie vollzieht sich überdies isoliert von allen gesellschaftlichen Prozessen. Als Verwalterin des Haushaltsbudgets zur Erfüllung ihrer Konsumentenrolle erlebt die Frau ihre volle Abhängigkeit vom Lohn des Mannes zur Reproduktion der Familie; selbst die sublimeren Formen gesellschaftlicher Anerkennung in der Status- und Prestigeskala sind über den Mann vermittelt und erweisen sich so als Faktoren der Unterordnung unter den Mann und als Momente ihrer eigenen Unselbständigkeit. Im übrigen verlangt die Vorstellung vom gleichberechtigten Partner auf dem Markt von den Hausfrauen, die Knappheit des Budgets beim Einkauf durch entsprechenden »Gewinn« zu kompensieren: im Einkauf liege der Gewinn. Diese Variante der Gleichberechtigungsideologie hat ihre Wurzel in den Zirkulationsverhältnissen dieser Gesellschaft. Über die Lohnform als Form der Teilhabe am gesellschaftlichen Reichtum wird verschleiert, daß die Produzenten eben dieses Reichtums nur mit einem vergleichsweise geringen Anspruch auf einen Teil der von ihnen geschaffenen Produkte (nämlich mit dem Lohn) entgolten werden – dem Lohn, mit

182 Vgl. z. B. Berechnungen wie die folgende: »Würde die Arbeitsleistung der Hausfrauen mit DM 4,-- pro erbrachter Stunde Hausarbeit seit 1940 bezahlt, so müßte das gesamte öffentliche und private Vermögen an die Hausfrauen übergehen.« Gmelin, O., *Bankrott der Männerherrschaft*, Ffm. 1971, S. 31.
183 Schrader-Klebert, K., *Die kulturelle Revolution der Frau*, in: *Kursbuch* 21, 1969, S. 27.

dem die Familie auf dem Markt einen Teil des von dem Ernährer der Familie geschaffenen Produkts zurückerhält (wobei hier die Arbeiter als Gesamtarbeitskraft vorausgesetzt sind). Auf dem Markt scheint es, als träten gleichberechtigte Partner einander gegenüber, die jeweils ihr Äquivalent, entsprechend dem Tauschakt zwischen Geld und Waren, erhalten. Da im Einkauf der Gewinn liege (als Übervorteilung), hänge es somit maßgeblich von dem Verhalten der Verbraucher ab, »ob der Wettbewerb funktioniert oder nicht. [...] dieser kann nur funktionieren, wenn die Verbraucher gewillt sind, als gleichberechtigte Partner am Markt aufzutreten. Die Freie Marktwirtschaft benötigt einen kritischen, urteilsfähigen Verbraucher, der sich genau wie der Hersteller und der Händler darüber im klaren ist, daß er als Marktpartner eine wichtige Rolle spielt, daß er mit jedem Kauf direkt in das Marktgeschehen eingreift und den Wirtschaftsablauf mitbestimmt.«[184]
Hier wird der Hausfrau suggeriert, sie könne in ihrer Macht als Verbraucherin relativ frei walten und disponieren, Preise mitbestimmen und Gewinne erzielen – eine absurde Vorstellung, wenn man bedenkt, daß Preisabsprachen bzw. Preisentwicklungen nicht durch die isolierten einzelnen Verbraucher am Ladentisch korrigiert, sondern allenfalls im Lohnkampf (bzw. gewerkschaftlichen Kampf) begrenzt beeinflußt werden können.

So führt dieser Schein, den Unternehmen gegenüber sei der vereinzelte Verbraucher Partner und damit mächtig, zur Resignation, wenn die Unsinnigkeit dieser Suggestion beim täglichen Einkauf widerlegt wird; sie drückt sich aus in Vorstellungen wie: »An den Preissteigerungen läßt sich doch nichts ändern« und im Versuch der Arbeiter, durch Erhöhung der Arbeitsleistung im Betrieb ein höheres Entgelt zu erhalten, mit dem die gestiegenen Preise ausgeglichen werden können. Soll der Haushalt selbst technisiert und die Arbeit erleichtert werden, so muß – wie dargestellt – häufig die Ehefrau erwerbstätig werden; die Folge davon sind neue außerordentliche Belastungen. Ursprünglich als Erleichterung der Hausarbeit bzw. als Voraussetzung der Erwerbstätigkeit gedacht, kann die Erleichterung durch Technisierung der Haushalts-

184 Aus: *Frauen 1968*, SPD-Broschüre, zit. nach Konze, M., a.a.O., S. 161.

tätigkeit erst dann verwirklicht werden, wenn die Hausfrau selbst erwerbstätig geworden ist.[185]

Mit welcher Finesse Haushalts- und Erziehungsfunktionen während der arbeitsfreien Zeit in der Familie geplant werden müssen, zeigt folgendes Zitat aus Interviews mit erwerbstätigen Müttern: »Meistens ist es ja so, daß Susanne bis halb sieben spätestens im Bett liegt. Manchmal geht sie gleich von Anfang an, wenn sie rein kommt, in ihr Zimmer und spielt da allein rum, und manchmal hat sie total das Bedürfnis, mit uns zu spielen, dann spielen wir mit ihr alle Kinderspiele durch. [...] Das, was wir machen, richtet sich in der Zeit nach Susanne. Sie setzt sich z. B. gerne in die Ecke und zieht aus allen Schuhen die Schnürsenkel raus, und da darf man sie nicht bei stören, *naja, ist klar, daß wir was anderes machen dabei:* Nehmen die Wäsche aus der Waschmaschine und hängen die auf oder räumen paar Sachen weg.«[186]

Statistisch schlägt sich die außerordentliche Belastung erwerbstätiger Mütter deutlich nieder; z. B. reduziert sich der Bereich der »Freizeit« im Durchschnitt auf ein Minimum, häufig muß selbst die Schlafzeit eingeschränkt werden, um die Aufgaben in Betrieb, Haushaltsführung und Kindererziehung miteinander vereinbaren zu können bzw. die »Pflichtenkreise verträglich« (Helga Läge) zu gestalten. Aus Untersuchungen geht hervor, daß außer Haus erwerbstätige Mütter im Vergleich mit nicht erwerbstätigen Müttern viel weniger Zeit für Schlaf, Kindererziehung und Kinderpflege, Freizeitbeschäftigungen, soziale Kontakte zur Verfügung haben; während sich nicht erwerbstätige Mütter 6,8 Std. der Kindererziehung und -pflege widmen können, haben erwerbstätige Mütter durchschnittlich 2,9 Std. weniger Zeit dazu.[187] Mit der Berufstätigkeit vieler Ehefrauen und Mütter sind jedoch Möglichkeiten der Entfaltung sozialer Kontakte und damit der Durchbrechung der familialen Isolierung gegeben. Die unmittelbare Erfahrung des Gegensatzes von Lohnarbeit und Kapital im Betrieb macht sie sensibel für die gesellschaftlichen

185 Vgl dazu das Kapitel über Lohn und Qualifikation in dieser Arbeit.

186 Rüger, Sigrid, *Gesellschaftliche Verwendung und Bewertung von Frauenarbeitskraft in der BRD*, Berlin 1970, S. 136 (Hervorh. v. Verf.).

187 Vgl. Ulshoefer, Helga, *Mütter im Beruf*, Weinheim/Berlin/Basel 1969, S. 66 ff.

Probleme, einschließlich der familialen; sie erkennen, daß es wichtig ist, gegen die Ausraubung aller Leistungsreserven im Betrieb und für ein ihren Lebenshaltungskosten angemessenes Lohnniveau zu kämpfen.
Den erwerbstätigen Frauen wird bei der Ausübung der Lohnarbeit (tendenziell) bewußt, daß die Unzulänglichkeit der Unterhaltsmittel nicht in der Unfähigkeit des Mannes begründet ist, daß ihre besondere Benachteiligung nicht das Resultat der Unterordnung des einen Geschlechts unter das andere ist, sondern daß diese Benachteiligung selbst gesellschaftlich vermittelt ist. Obschon gewisse gewerkschaftliche Forderungen wie die nach besserer und kostenloser Unterbringung der Kinder, Verbilligung der häuslichen technischen Hilfsmittel (über steuerliche Hebel) weitgehend unerfüllt bleiben, so wird doch an der Erweiterung solcher Forderungen sichtbar, daß die mit der Zunahme der Erwerbstätigkeit der verheirateten Frauen verknüpften Probleme allmählich von der Organisation der Lohnarbeiter erkannt werden. Es wird deutlich, daß an gesellschaftlichen Widersprüchen zwischen Lohn und Kapital liegt, was als individuelle Schuldverpflichtung über die jeweils passenden Ideologien (von Mutterschaft- bis Partnerschaftsideologie) verordnet wird und im Einzelfall häufig zur Resignation führt. Der Abbau der Ungleichheit zwischen Mann und Frau findet seine Grenze an der fortexistierenden Ungleichheit zwischen Lohnarbeit und Kapital und muß von dorther begriffen werden. Die intensive Wahrnehmung gesellschaftlicher Widersprüche wird durch die andauernde Hausfrauentätigkeit ebenso behindert wie durch die ungenügenden Bedingungen am betrieblichen Arbeitsplatz selbst, denen Frauen aufgrund ihrer mangelhaften Ausbildung oft stärker ausgeliefert sind als Männer. Die gewerkschaftlichen Aktivitäten längerfristig erwerbstätiger Frauen in Rote-Punkt-Aktionen oder den Tarifkämpfen in der Metall- und Textilindustrie seit den September-Streiks zeigen allerdings einen Wandel in der Grundeinstellung der Frauen an.

4.2.7.2. *Veränderungen im Eherecht*

Die ökonomische Abhängigkeit von der Erwerbstätigkeit des Mannes erfahren die Frauen als bedrohliche Unsicherheit der eigenen Existenz häufig erst bei der Auflösung der Ehe durch Tod des Ehegatten oder Scheidung. Aus der umfangreichen Untersuchung *Die Lage der Mütter in der BRD*[188] wird ersichtlich, wie wenig gerade Mütter auf ein Ende der Ehe »vorbereitet« sind. »Die heutige Frau, die zu heiraten und Kinder zu haben wünscht und verantwortungsbewußt an ihre und die soziale Zukunft der Kinder denkt, muß bestrebt sein, Fähigkeiten und Nachweise zu erwerben, die ihr die volle Teilnahme am Erwerbsleben sichern, eine Teilnahme, die für sich allein oder zu einem großen Teil das zu erwartende wirtschaftliche Normalniveau sichert, falls sie Witwe wird oder die Ehe durch Scheidung endet.«[189] War dies trotz des § 1356 des BGB und der Unterhaltspflicht des Schuldigen bei einer Scheidung (meistens die Männer) durch die Realität erzwungen, so ist die von der SPD geplante, oben geschilderte Neufassung des Eherechts und der Scheidungsfolgen lediglich Ausdruck der Erkenntnis, daß die Ehe allein keine zureichende Versorgungsinstitution mehr für die Frau darstellt. (Vgl. dazu die Zunahme der Erwerbstätigkeit verheirateter Frauen und die der Scheidungsquote.)

Drei Gesichtspunkte am Vorschlag der SPD zur Ehereform sind hervorzuheben[190]:

1. Durch Änderung des § 1356 BGB soll der verbreiterten Erwerbstätigkeit von Frauen Rechnung getragen werden; fortan sollen die »Ehegatten alle Angelegenheiten des gemeinsamen Lebens [...] in eigener Verantwortung regeln«.[191]

2. Statt der bisherigen Ehescheidung nach dem »Verschuldensprinzip« soll nun nach dem »Zerrüttungsprinzip« die Ehe dann aufgelöst werden, wenn sie gescheitert ist, und zwar ohne nach der Schuld zu forschen. Die Ehe soll nicht mehr grundsätzlich als unauflösbare Institution gelten. Deshalb kann der Auflösung auch nicht mehr prinzipiell von einem der Ehepartner widersprochen werden (Widerspruchsrecht).

3. In der rechtlichen Logik konsequent sind die ökonomischen und sozialen Folgen ebenfalls eigenverantwortlich zu tragen

188 Junker, R., *Die Lage* ..., Ffm., 1965–68.

189 A.a.O., S. 349, Teil 2.

190 Eine gründliche Darstellung der Möglichkeiten und Grenzen der Eherechtsreform findet sich bei Menschik, J., a.a.O., S. 92 ff.

191 *Reform d. Rechts d. Ehescheidung und der Scheidungsfolgen* 1970, S. 4, zit. nach Menschik, J., a.a.O., S. 93.

und im Prinzip lediglich Hilfen zur Selbsthilfe unter den Ehepartnern auf Zeit möglich.
Da aber die Frauen aufgrund lebenslanger Bindung an die Ehe und geringer Qualifikation sowie weitgehend häuslicher Pflichtenvorstellungen auf eine solche Situation ungenügend vorbereitet sind und meist auf sich allein gestellt ihren Unterhalt besorgen müssen, kommt es zwangsläufig zu schwerwiegenden Problemen, die die Frauen individuell nicht lösen können; nicht zufällig ist gerade bei verwitweten und geschiedenen Frauen die Rate der Fürsorgeempfänger extrem hoch.[192]
Hieran zeigt sich, was eine rechtliche Reform wert ist, die die gesellschaftlichen Bedingungen unangetastet läßt, welche die doppelte ökonomische Ausbeutung von Frauen bewirken. Der offensichtliche Widerspruch zwischen (grundsätzlich zu begrüßender) formaler Gleichstellung und realer Ungleichheit bzw. Diskriminierung fordert freilich dazu auf, nun auch die Wirklichkeit am rechtlichen Anspruch zu messen. Die Richtung der auch von den Gewerkschaften geführten Auseinandersetzung zeigt, daß sich an den Diskussionen um rechtliche Formeln dieser Widerspruch gegen die ökonomische Ungleichheit artikuliert. In den letzten Jahren ist das Interesse an einer verbesserten Ausbildung von Frauen deutlich gewachsen, ohne daß allerdings bisher gravierende Veränderungen stattgefunden hätten. Der Kampf für den Abbau »sozialer Härten« muß sich vor allem richten auf
– die Sicherung des Arbeitsplatzes durch Garantie der Weiterbeschäftigung bei Zwangspausen (z. B. bei Schwangerschaft);
– »Freistellung von der Arbeit bei Erkrankung von Angehörigen unter Fortzahlung des Entgelts«[193];
– kostenlose Übernahme von Dienstleistungen durch öffentliche Einrichtungen (von Servicehäusern bis zu Kinderbetreuungsstätten);
– eine unabhängige Alterssicherung der Frau.[194]
Die Erfüllung dieser Forderungen wird Staat und Unternehmen abgerungen werden müssen; eine Eherechtsreform bedeu-

192 So ergab eine Kieler Untersuchung einen Prozentsatz von 43,1 % geschiedener Frauen unter den Sozialhilfebedürftigen. Vgl. Strang, H., *Erscheinungsformen der Sozialhilfebedürftigkeit*, Stuttgart 1970, S. 99.
193 *Anträge und Entschließungen an den 9. Ordentlichen Bundeskongreß des DGB*, Berlin 1972, S. 206.
194 A.a.O., S. 200–212.

tet nämlich erst dann einen realen Fortschritt, wenn sie die soziale Lage der Lohnabhängigen strukturell verbessern hilft.

4.2.7.3. Weitere Bestimmungsgründe der Auflösung der Mutterschaftsideologie im privaten Bereich

Die sozialen und psychischen Auswirkungen der seit ca. 1965 im größeren Umfang verbreiteten sicheren Antikonzeptionsmittel, vor allem der sogenannten Pille[195], sind bislang kaum hinreichend untersucht; wir können hier nur allgemeine Vermutungen anstellen. Mit der Pille ist es den Frauen prinzipiell möglich, sexuelles Empfinden von der Angst vor Schwangerschaft und deren einschneidenden – in dieser Gesellschaft vor allem materiellen und sozialen – Folgen zu lösen. Die mit dem Lohnarbeitsverhältnis gesetzten Herrschaftsstrukturen erlauben freilich keine isolierte Befreiung eines Einzelbereichs des tätigen Lebens; einem befreiten Erleben der Sexualität stehen die herrschende Moral, die geschlechtsspezifische Sozialisation und die bürgerliche Form der Ehe als unmittelbar erfahrbare Bestimmungsmomente entgegen.

Seitdem Mutterschaft nicht mehr als »Schicksal« hingenommen zu werden braucht, sowohl der Zeitpunkt der Schwangerschaft als auch die Anzahl der Kinder sich bestimmen lassen, werden die Brüchigkeit der angebotenen Leitbilder und die spezifisch weiblichen Benachteiligungen als allgemein gesellschaftliche und nicht als natürliche Bestimmung der Funktionen der Frau zunehmend deutlich. Indem sich Familienplanung realisiert, wird sich das Interesse der Frauen an ihrer Erwerbstätigkeit stärker durchsetzen können, werden die konkreten Arbeitsplatzbedingungen nicht länger die gedankliche Flucht in die Familie bewirken. In der Familienerziehung muß sich das auf die Erziehung der Töchter auswirken: Ausbildung statt traditioneller Form der Aussteuer.[196]

Die Forderung des DGB nach der Pille auf Rezept der Krankenkassen für alle Frauen ist deshalb zu unterstützen; sie

195 1972 wurde sie von jeder 5. gebärfähigen Bundesbürgerin regelmäßig genommen. (*Der Spiegel*, Nr. 31, 26. Jg. 1962, S. 85.)

196 Dem entspricht, daß die im DGB organisierten Frauen in einer Umfrage 1970 eine für Mädchen und Jungen *unterschiedslos* verbesserte Ausbildung zu den wichtigsten Forderungen erhoben. Vgl. dazu: *DGB-Geschäftsberichte 1968–1971*, S 319.

sollte jedoch ausgedehnt werden auf verstärkte wissenschaftliche Forschung zur Empfängnisverhütung und deren mögliche Verbesserung.[197] Obschon die zunehmende Familienplanung sich inzwischen bemerkbar macht, zum Beispiel darin, daß seit 1964 die Geburtenrate in der Bundesrepublik um ein Drittel zurückging, vor allem seit dem sogenannten »Pillenknick« 1968[198], so ist sie doch abhängig vom Grad der Aufklärung: nur 27 % der Frauen der »Unterschicht« hatten ihre Schwangerschaft geplant, aber 33 % der »Mittelschicht« und 50 % der »Oberschicht«[199], wobei hier zur Unterschicht Arbeiter und zur Mittelschicht u. a. Angestellte gerechnet werden. Eine weitere Abnahme der Geburtenziffer ist zu erwarten, wenn »von 1 000 schwangeren Frauen 1/4 sich ›heute weniger Kinder‹ wünscht, ›als sie sich früher gewünscht haben oder als sie heute tatsächlich besitzen‹.«[200] Die verbreitete Anwendung von Verhütungsmitteln hat also die Diskussion um den § 218 nicht hinfällig werden lassen. Ein Folgephänomen des Abteibungsparagraphen sind die »Muß-Ehen«, die häufig eine frühe Ehescheidung zur Folge haben. »Fast jeder Zweite unter den Erstlingen einer Familie wurde vor der Ehe aufgelegt – und hält die statistische Zahl der ehelichen Geburten auf der respektablen Höhe von 95 %.«[201] Überdies bringt das Verbot legaler Abteibung jährlich rund 1 Million Frauen[202] in demütigende Situationen; aus der Not dieser Frauen wird auf der Basis dieses Gesetzes Geld geschlagen – eines Gesetzes »im Namen des deutschen Volkes, das junge Menschen braucht«[203], und zu dessen Auswirkungen gehört, daß jährlich etwa 50 Frauen an den Folgen eines unsachgemäßen Eingriffs sterben.[204]

Der im Sommer 1971 wiederaufgenommene Kampf gegen

197 Zur Diskussion der medizinischen und sozialen Aspekte der bisher entwickelten Verhütungsmittel siehe *Frauenhandbuch Nr. 1. von Brot und Rosen,* a.a.O.

198 Vgl. *Der Spiegel,* a.a.O., S. 84.

199 Vgl. *Die Welt* vom 22. 3. 72, zitiert nach Osterland, a.a.O., S. 58.

200 *Der Spiegel,* a.a.O., S. 86.

201 *Der Spiegel,* a.a.O., S. 85.

202 Schätzung der Ärztekammer; die katholische Kirche vermutet dagegen 400 000.

203 Vgl. *Deutschland-Union-Dienst der CDU/CSU,* zitiert in: *Der Spiegel,* S. 135.

204 Ebd.

den 100 Jahre alten Paragraphen ist Bestandteil der Tradition der deutschen Arbeiterbewegung, denn nach wie vor sind die breiten Schichten der Arbeiter und Angestellten, vorab die sozial schwachen Familien, von ihm am stärksten betroffen. Den Frauen aus diesen Schichten ist der Weg in die teuren Privatkliniken Englands verschlossen, häufig sind sie auf »Engelmacherinnen« angewiesen und schrecken in ihrem Elend auch nicht vor Selbstverstümmelung zurück.[205] War es in der Weimarer Republik die SPD, die die Fristenlösung[206] vor dem Reichstag forderte, so vertrat dieselbe Partei in ihrer Mehrheit jüngst eine Indikationslösung, die der prinzipiellen Beibehaltung dieses Paragraphen gleichkommt. In dem *Entwurf eines Fünften Gesetzes zur Reform des Strafrechts* werden u. a. folgende restriktiven Interpretationen zugängliche Indikationen für straffreie Ausnahmefälle formuliert:

»– wenn die Schwangerschaft durch ein Sexualdelikt aufgezwungen wurde oder
wenn die Schwangere nach medizinischem Urteil befürchten muß, ein schwer geschädigtes Kind zur Welt zu bringen.
– Bei der Feststellung der medizinischen Indikationen soll mehr als bisher auf die Lebensumstände der Frau Rücksicht genommen werden.
– Eine Schwangerschaft darf auch abgebrochen werden, wenn die Frau von der Gefahr einer schwerwiegenden Notlage bedroht ist, die auf andere Weise nicht abgewendet werden kann.«[207]

Da »schließlich nur der einzelne Abgeordnete nach eigenem Gewissen seine Entscheidung zu treffen vermag«[208], ist dem Bundestag auch der Minderheitenentwurf einer Gruppe von Abgeordneten (der SPD und vor allem der FDP) zur Diskussion vorgelegt worden, der dem von der SPD in der Wei-

205 Vgl. hierzu die Selbstdarstellungen der Frauen in: Jochimsen, L., *§ 218. Dokumentation eines 100jährigen Elends,* Hamburg 1971; Pross, H., *Abtreibung. Motive und Bedenken,* Stuttgart 1971, und Schwarzer, A., *Frauen gegen den § 218,* Frankfurt/M. 1971.

206 Der Schwangerschaftsabbruch sollte straffrei sein, wenn er innerhalb von 3 Monaten nach ärztlicher Beratung von einem fachkundigen Arzt vorgenommen wird.

207 *Frauenenquete* 1972, a.a.O., S. 11.

208 Ebd.

marer Republik vorgelegten »Fristenmodell« entspricht. Bereits 1921 war die Argumentation der SPD (trotz positiver Fristenlösung) bestimmt von einer individualisierenden bürgerlichen Ausgangsposition; sie unterschied sich dabei immerhin noch von der Einstellung bürgerlicher Frauenrechtlerinnen. »Entschuldbar soll das Verhalten der Schwangeren sein, die in zwingender Not den schweren Entschluß der Schwangerschaftunterbrechung faßt, und die Hilfe, die der Arzt ihr aus Mitleid gewährt, nicht berechtigt. Nicht die Freigabe der Abtreibung in den Grenzen unseres Vorschlags ist unsere Tendenz, sondern lediglich ihre Straflosigkeit. Wir wollen nicht ein Recht verleihen, sondern nur eine Strafe aufheben. Völlig fern liegt uns die individualistische Begründung bürgerlicher Frauenrechtlerinnen für die Aufhebung der Abtreibungsstrafe: daß jedermann unbedingt freier Herr seines Körpers sei. Der sozialistische Gedanke fordert Verantwortung gegenüber der Volksgemeinschaft auch für den eigenen Körper; nur *die* Frage bleibt, ob diese Verantwortung vor dem Strafrichter oder nur vor dem eigenen Gewissen bestehen soll.«[209] Hier wird als Gewissensentscheidung deklariert, was in Wahrheit Ausdruck der objektiven gesellschaftlichen Situation der Frauen ist.

Die Hintergründe der ethischen Bedenken derer, die nicht betroffen sind von der Sorge um den bedrohten Arbeitsplatz als Zusatzverdienerin bei geringer Qualifikation, und die auch nicht belastet sind durch Kinderaufzucht bei Erwerbstätigkeit, bei fehlenden (oder unzureichenden) Kindergärten und bei Wohnungsnot können hier nicht weiter untersucht werden. Fest steht, daß sich Klerus und Ärzteschaft und die Mehrzahl der Strafwissenschaftler in immer spitzfindigere Überlegungen verstrickt haben. Bestimmte Repräsentanten der katholischen (kritischer Katholizismus) und evangelischen Kirche, Strafwissenschaftler (»Alternativ-Professoren«), die Humanistische Union, die Jungsozialisten, Jungdemokraten, die Frauenaktion '70, die Aktion § 218, die FDP, eine Gruppe in der SPD (vorab der Bundesfrauenausschuß), die DKP und die Gewerkschaften[210] haben jedoch trotz der Diffamierungen

209 Pross, *Abtreibung. Motive und Bedenken*, a.a.O., S. 64 f.

210 Vgl. Beschluß des Antrags 304 auf dem 9. Ordentlichen Bundeskongreß des DGB, Berlin 1972.

in der Presse und durch einzelne Politiker auf die einzig zulässige, nämlich die *soziale* Interpretation verwiesen und eine entsprechend begründete Fristenlösung gefordert. In diesem Kampf, in dem Tausende Frauen in gezielten Aktionen[211] zum ersten Mal aus ihrer passiven Isoliertheit heraustraten, mußte sich ein Bündnis zwischen klassenbewußten lohnabhängigen Frauen und Bürgerinnen bewähren. Zugleich wurde die politische Arbeit von den Frauen selbst als Auseinandersetzung mit den dem Abtreibungsproblem zugrunde liegenden sozialen Mißständen begriffen. »Die Aktion 218 ist dazu ein Ansatz.«[212] Dies zum Ausdruck zu bringen ist den an den Aktionen Beteiligten offenbar gelungen, wie die Ergebnisse neuerer Meinungsumfragen (infas, August 1971) zeigen, die bereits einen Widerspruch der öffentlichen Meinung zum Jahn-Entwurf dokumentieren: »Unter Bezugnahme darauf, daß der gegenwärtige Zustand in sozialer Hinsicht ungerecht sei, weil derjenige, der über genügend Geldmittel verfüge, auch einen Fachmann im In- oder Ausland trotz des Abtreibungsverbots finden würde, wünschen 65 % der Bevölkerung eine Aufhebung des § 218.«[213]
Die Mutterschaftsideologie und deren Implikationen für die soziale Geschlechtsrolle der Frau blieben so lange unangetastet, wie die Situation der öffentlichen Kleinkinderziehung dies erforderte. 1967 fand nur jedes dritte Kind einen Platz im Kindergarten und nur jedes 23. Kleinkind erwerbstätiger Mütter einen Krippenplatz; 1971 wurde ein ebenso großer Prozentsatz unbeaufsichtigter Kinder von erwerbstätigen Müttern – nämlich 15 % – ermittelt.[214] E. Pfeil hat bereits 1961 in ihrer Untersuchung über Müttererwerbstätigkeit diesen Sachverhalt dargelegt.[215] Gegen diesen Mißstand wandten sich die betroffenen Eltern, vor allem die »Doppelver-

211 Hierbei sind vor allem die Selbstbezichtigungs-, Fragebogenaktionen und die zahlreichen Demonstrationen in das Bewußtsein der Öffentlichkeit gedrungen.

212 Schwarzer, A., *Frauen gegen den § 218*, a.a.O., S. 156.

213 Zit. nach Jochimsen, L., (Hrsg.), *§ 218*, a.a.O., S. 111; vgl. dort auch weitere Daten zur Einstellung der Befragten gegenüber der »Fristenlösung«.

214 Vgl. *Informationen zur Wirtschaftsentwicklung und Lage der Arbeiterklasse* (IMSF), Nr. 4/Dez. 1971, S. 10.

215 Vgl. Pfeil, E., *Die Berufstätigkeit von Müttern*, a.a.O., S. 328–332.

diener«, mit spontanen Protest- und Selbsthilfeaktionen in allen größeren Städten der Bundesrepublik. Sie forderten den Ausbau der gesellschaftlichen Entrichtungen, eine verbesserte Ausbildung und Entlohnung der Erzieher, Verringerung der Gruppengröße, Mitbestimmungsrecht für Eltern und Kindergärtnerinnen und wehrten sich mit umfangreichen Unterschriftenaktionen gegen die geplanten Gebührenerhöhungen.
Die Kleinkinderziehung soll nun künftig als »Elementarerziehung«, d. h. als Bestandteil des Bildungssystems und nicht länger des Fürsorgewesens, ausgebaut, der Erzieherbestand (Fachkräfte) soll verdoppelt und gleichzeitig die Platzzahl um 320 000 erhöht werden. Etliche Bundesländer haben bereits Kindergartengesetze und Durchführungsbestimmungen erlassen, die auf eine vollständige Beaufsichtigung der 3- bis 6jährigen abzielen. 1985 sollen in der Bundesrepublik mindestens 80 % der Kinder dieser Alterklasse erfaßt sein, d. h. die Vorschulpflicht ist absehbar.[216] Die zielstrebige Reform gerade dieses Bereichs nach Jahren fast völliger Nichtbeachtung ist nicht allein eine Antwort auf die öffentlichen Aktionen, sondern auch eine gesellschaftlich notwendige Maßnahme, um die Bildungsmisere an ihrer Wurzel zu packen. Die Vorschulerziehung ist deshalb von den allgemeinen Kürzungen der als »Paket« geplanten Reformmaßnahmen nicht betroffen[217]. Man weiß inzwischen, daß die in der frühen Kindheit erworbenen psychischen Dispositionen später nur modifiziert, bis an die mit der frühen Sozialisation gesetzten »Grenzen« entwickelt, aber nur schwerlich strukturell verändert werden können. Alle Reformen auf den folgenden Bildungsstufen haben daher die Umwandlung der Basiserziehung zur Voraussetzung.
Mit den neuen Erziehungsmaßnahmen soll – in den Worten der Bildungsplaner – folgendes erreicht werden: »So wichtig alle speziellen Lernleistungen auch sein mögen, die wesentlichen Lernziele müssen in den Lernprozessen gesehen werden, die den Grund für eine Bereitschaft zum lebenslangen Lernen

216 Vgl. hierzu das Sofortprogramm der Bundesregierung zur Bildungsplanung.
217 Vgl. die Entwicklung der Reformmaßnahmen vom Bildungsbericht 1970 über ›Strukturplan‹, Zwischenbericht der Bund-Länder-Kommission für Bildungsplanung bis zum ›Sofortprogramm‹.

legen.«[218] Die familiale Sozialisation kann diesen Zielvorstellungen nicht mehr genügen: »Die Erziehung ist oft noch viel zu sehr auf Kritik am Kind, auf Einschränkung und Hemmung seiner natürlichen Neugier und Wißbegierde eingestellt.«[219] Und: »Die Wertschätzung des braven, stillen, ruhigen, gesitteten Kindes stehen so im Vordergrund [der familialen Erziehung, d. Vf.], daß die wichtige Pflege der Neugier, der kindlichen Erfindungsgabe, der phantasievollen Spieleinfälle, der Lernbereitschaft und der Betätigung kindlicher Entdeckungsfreude zu kurz kommt.«[220]
Das Ergebnis der Erziehung in der Familie ist bestimmt durch die innerfamilialen Spannungen, die vermitteltes Resultat der gesellschaftlichen Erfahrungen und Anforderungen an die erwachsenen Mitglieder dieser Instituion sind. Die in der Familie zwangsläufig personalisierten Konfliktlösungsstrategien zur Aufarbeitung der erfahrenen gesellschaftlichen Widersprüche und somit zur kompensatorischen Stabilisierung der Mitglieder dieser Gesellschaft belasten die Entwicklung der Kinder als nicht-gleichrangige Partner. Da sich dieser Mechanismus »schichtenspezifisch« nach unten in der gesellschaftlichen Hierarchie verstärkt, soll die geplante Vorschulerziehung vor allem eine begrenzte Korrektur der erlittenen eingeschränkten Möglichkeiten zur Ausbildung kognitiver Strukturen bringen. Chancengleichheit wird dabei freilich nur auf dem Papier erzielt werden, denn der Zweck dieser kompensatorischen Erziehung ist es, die Basis für mögliche Weiter- und Andersqualifikationen zu erweitern. Die notwendigen – aber in ihrer konkreten Erscheinung nicht absehbaren – Entwicklungen und beständigen Veränderungen der Produktion und der diesen Veränderungen entsprechende Bedarf an qualifizierten Arbeitskräften dürfen nicht an der starren Schichtenreproduktion scheitern.[221] – Die Vorschulpflicht wird die

218 Deutscher Bildungsrat, *Empfehlungen der Bildungskommission, ›Strukturplan‹ für das Bildungswesen*, Stuttgart 1970, S. 50.
219 A.a.O., S. 44.
220 A.a.O., S. 45.
221 Eine genauere Untersuchung der veränderten Zielrichtung der Erziehung, d. h. ihrer Funktionalität für die Erstellung des vom kapitalistischen Produktionsprozeß benötigten Arbeitsvermögens kann hier nicht geleistet werden; wir verweisen auf die unseres Wissens ersten grundlegenden Untersuchungen dieser Fragen: Heinsohn, G., *Vorschulerziehung und Kapi-*

Familie und somit die Frauen nicht von Erziehungsfunktionen (ab dem dritten Lebensjahr des Kindes) völlig freisetzen, aber immerhin entlasten.

4.3. Bestimmung der psychischen Dispositionen und Verhaltensmöglichkeiten durch die geschlechtsspezifische Sozialisation

4.3.1. *Überlegungen zum Erklärungswert psychologischer Interpretationsmodelle für das Verhalten der Frau*

Die Möglichkeit der Frau, sich von den materiellen und psychischen Handlungszwängen in Betrieb und Familie zu befreien, ist (auch) abhängig von ihrer Fähigkeit, ein ihren objektiven Interessen entsprechendes Bewußtsein von ihrer Lage zu entwickeln und ihr politisches Handeln daran zu orientieren. Die Entfaltung solchen Bewußtseins und Verhaltens bestimmen, neben direkten psychischen Auswirkungen der Situation am Arbeitsplatz, subjektive Prädispositionen, die die konkreten Verhaltensmöglichkeiten vorstrukturieren und die im Sozialisationsprozeß der frühen Kindheit ausgeprägt werden.

Die Entstehung solch eingeschränkter Handlungsspielräume erklärt die Psychoanalyse, die von der Rekonstruktion der individuellen Lebens- und Leidensgeschichte ausgeht. Eine grundlegende Annahme der psychoanalytischen Theorie ist die von der Triebnatur des Menschen, die sich in der Auseinandersetzung mit gesellschaftlichen Anforderungen nur modifiziert durchsetzt. Die motivationalen Strukturen der Erwachsenenpersönlichkeit, die sich in der »Charakterpanzerung« (Reich) verfestigt haben, sind demnach zu verstehen als Resultat von Abwehrprozessen gegen bestimmte frühkindliche sexuelle Triebregungen, die nicht befriedigt wurden. Ebenso werden die Objektbeziehungen als Fortsetzung von oder in Analogie zu den ersten Objektbindungen und Identifikationen gebildet. Die Rekonstruktionen der Biographien von Individuen verschiedener Schichtzugehörigkeit und verschiedenen Ge-

talismus, Ffm. 1971; Du Bois-Reymond, M., *Strategien kompensatorischer Erziehung,* Ffm. 1971; Becker, E. und Jungblut, G., *Strategien der Bildungsproduktion,* Ffm. 1972.

schlechts zeigen, bei aller Unterschiedlichkeit, daß die Anpaßbarkeit des Menschen nicht unbegrenzt ist: noch im neurotischen Symptom lassen sich sowohl die verdrängte Triebregung als auch die unterdrückenden äußeren Instanzen wiederentdecken. Das Symptom als Zeichen eines nach innen verlagerten Konflikts verweist in seinem Kompromißcharakter auf die nicht gelungene Konfliktauflösung. Der Widerspruch zwischen Bedürfnissen des Individuums und versagender Außenwelt artikuliert sich, wenn auch dem Individuum nicht direkt zugänglich, im Leiden, das den aufrechterhaltenen Triebanspruch erkennen läßt. Dem Individuum selbst ist häufig die Prüfung, ob ein Anspruch »berechtigt« ist und Realisierungschancen bestehen, durch Identifikation mit den versagenden Instanzen und durch damit verknüpfte Schuldgefühle nicht möglich.[222] Die nicht mehr der Realität angemessenen infantilen Ängste können modifiziert fortbestehen, indem sie sich einen der neuen Realität entsprechenden Ausdruck verschaffen. Dem kommen die gesellschaftlichen Institutionen in ihren Strukturen (z. B. analog der familialen Situation) und die daran festgemachten Interaktionsschemata (z. B. Lehrer-Schüler, Vorgesetzter-Arbeiter, Ehefrau-Ehemann) grundsätzlich entgegen. Gerade das Zusammengehen irrationaler Ängste und sie begleitender Schuldgefühle mit realen und berechtigten Ängsten läßt die gesellschaftlichen Zwänge, denen der Einzelne unterliegt, als naturnotwendige und unveränderbare erscheinen. So kommt es zu einer verzerrten Einschätzung der Realität und zu einem – mit Leid erkauften – Anpassungsverhalten. Das Leiden und die darin gebundenen Energien können umschlagen in Aggressionen gegen die Unterdrücker, wenn der Widerspruch zwischen Triebanspruch und Außenwelt als gesellschaftlicher bewußtgemacht werden kann und durch kollektive Erfahrung gemeinsamer Beschädigungen politische an die Stelle individueller Problemlösungsversuche treten. Voraussetzung für einen organisierten politischen Kampf, gemeinsame Zielvorstellungen und Strategien ist jedoch die Erkennt-

222 »Im weiteren Verlauf der Entwicklung haben Lehrer und Autoritäten die Vaterrolle fortgeführt; deren Gebote und Verbote sind im Ich-Ideal mächtig geblieben und üben jetzt als *Gewissen* die moralische Zensur aus. Die Spannung zwischen den Ansprüchen des Gewissens und den Leistungen des Ichs wird als Schuldgefühl empfunden.« Freud, S., *Das Ich und das Es*, *GW* Bd. XII, Frankfurt a. M. 1969, S. 265.

nis der den gesellschaftlichen Verhältnissen zugrunde liegenden Gesetzmäßigkeiten.

4.3.2 *Objektive und subjektive Funktionen der Geschlechtsrollen*

Die bestehende Form geschlechtlicher Arbeitsteilung, die Trennung von Familie und Gesellschaft, öffentlichem und privatem Bereich und der Widerspruch von Individuum und Gesellschaft sind Ausdruck des Klassenantagonismus. Die jeweilige historische Definition von Mann und Frau impliziert, daß Bedürfnisse, die der gesellschaftlichen Arbeitsteilung zuwiderlaufen, abgespalten und verdrängt werden müssen. Während mit fortschreitender Entwicklung der Produktivkräfte die Entfaltung der Individuen – auch in ihrer Geschlechtlichkeit – sich als möglich abzeichnet, wird sie durch die herrschenden Produktionsverhältnisse gehemmt und die Geschlechtlichkeit selbst zu einem Instrument gegenseitiger Unterdrückung.

Die Abhängigkeit der Geschlechtsdefinition von den ökonomischen Erfordernissen bestätigt sich in ihrer möglichen totalen Umkehrung. Was Engels im Hinblick auf die Phase der ursprünglichen Akkumulation (Verdrängung der Männer aus dem Produktionsprozeß durch billige Frauenarbeit), die Übernahme der Haushalts- und Erziehungsfunktionen durch die arbeitslosen Männer formulierte, gilt grundsätzlich noch heute[223]: »Und doch ist dieser Zustand, der den Mann entmannt und dem Weibe seine Weiblichkeit nimmt, ohne imstande zu sein, dem Manne wirkliche Weiblichkeit und dem Weibe wirkliche Männlichkeit zu geben, [...] die letzte Folge unserer hochgelobten Zivilisation. [...] wir müssen zugeben, daß eine so totale Umkehrung der Stellung der Geschlechter nur daher kommen kann, daß die Geschlechter von Anfang an falsch gegeneinandergestellt worden sind.«[224]

Die Geschlechtsrollen als psychisches Korrelat der gesellschaftlichen Arbeitsteilung der Geschlechter haben die Funktion, Jungen und Mädchen auf ihre zukünftigen Aufgaben vorzubereiten und ihnen als Mann und Frau eine Interpretation

223 Die Weiblichkeitsideologie verhinderte nicht die Heranziehung der Frauen zu Schwerstarbeit im Ersten und Zweiten Weltkrieg.

224 Engels, *Zur Lage* ..., a.a.O., S. 371.

ihrer Lage im Sinne der Anpassung an das Bestehende zu ermöglichen.[225] Über ihre objektive Funktion hinaus erfüllen die Geschlechtsrollen für das Individuum die Aufgaben der Orientierung und der Identitätsfindung. Die mit den gesellschaftlichen Funktionen von Mann und Frau jeweils nicht zu vereinbarenden Bedürfnisse und Eigenschaften werden auf das andere Geschlecht projiziert und damit zugleich die eigenen Schuldgefühle in Form von Aggressionen gegen das andere Geschlecht gerichtet. »Das Gefühl der Einheit, der Intaktheit des eigenen Selbstbewußtseins verschafft man sich da, wo sie fragwürdig wird, indem man sich von einer Gegengruppe abgrenzt, auf die man die Spaltung des Selbstbewußtseins und die Unvereinbarkeit mehrerer notwendig zu spielender Rollen projizieren kann.«[226] Der Versuch, die »Geschlechterspannung« zu durchbrechen, bewirkt Angst »vor einer Befreiung des Menschen vom Zwang der Selbstverstümmelung«.[227] Diese Abwehr gegengeschlechtlicher Züge erfordert beständige Aufwendung psychischer Energien, die die Fähigkeit zur Realitätskontrolle, die intellektuelle Entwicklung und die Fähigkeit zur sexuellen Befriedigung beeinträchtigt. »Die Geschlechtsrollen bieten, wie jede neurotische Fixierung, dem Bedrohten einen Schutz.«[228] Der Mechanismus der Angstabwehr verstärkt die objektive Funktion der Geschlechtsrollen; er ist subjektiv ein Hindernis für Emanzipationsbestrebungen. So bedeutet für den Mann die Frau, die ihre »männlichen« Strebungen, ihre Aktivität nicht verbirgt, eine Gefahr insofern, als er seine abgespaltenen »weiblichen« Triebregungen nicht auf die Frau projizieren kann, sondern sie statt dessen reaktiviert werden.

4.3.3. *Produktion des gesellschaftlich notwendigen Verhaltens der Frau durch die familiale Sozialisation*

Die Grundlagen des Geschlechtsrollenverhaltens werden in der Familie geschaffen. Die Formen und Inhalte der familia-

225 So verdient der Mann mehr, weil »er ein Mann ist«, weil er »schließlich der Ernährer ist«; das Mädchen braucht keine Ausbildung, weil es »nur ein Mädchen« ist.

226 Dörner, K., a.a.O., S. 31.

227 Heinrich, K., *Geschlechterspannung und Emanzipation*, 1967, S. 25.

228 Ebd.

len Erziehung sind gebunden an die Klassenlage der Individuen.
Die Forderungen der bürgerlichen Emanzipationsbewegung nach Integration der Frauen in die Gesellschaft sind bis heute nicht vollständig eingelöst, auch wenn die Bedingungen ausreichender Qualifikation oder finanzieller Unabhängigkeit – bei Angehörigen der Mittelschicht z. B.[230] – gegeben sind.
Die steigende Bedeutung der Frauenerwerbsarbeit auch in der Mittelschicht, Auflösungserscheinungen der Familie und die Konsequenzen des geplanten Ehescheidungsgesetzes machen deutlich, daß die Erziehung der Mädchen allein auf die Ehe hin nicht mehr funktional ist. Diesen Sachverhalt reflektieren die Theorien über geschlechtsspezifische Sozialisation nur insofern, als sie die psychologischen Barrieren der Frau in bezug auf intellektuelle Fähigkeiten, Leistungsmotivation und Konkurrenzverhalten untersuchen, mit dem Ziel, durch eine Veränderung der Erziehungspraktiken auch die »psychologischen Defizite« der Mädchen zu eliminieren. Eine bewußte Planung der Erziehung unter Anwendung psychologischer Kenntnisse ist jedoch, wenn überhaupt, nur in der Mittelschicht möglich. Die Abhängigkeit geschlechtsspezifischer Sozialisationsprozesse von den gesellschaftlichen Verhältnissen verurteilt solche Modelle zum Scheitern, die die Situation der Arbeiterin mit Hilfe von Veränderungen im Sozialisationsbereich aufheben wollen.
Die ökonomischen Interessen, die hinter der Diskriminierung der Frau der Unterschicht stehen, die ihre psychischen Dispositionen ausnutzen, sind bereits in den vorhergehenden Kapiteln analysiert worden. Der Zweck dieses Kapitels ist es also nicht, Leitbilder im Hinblick auf ihre Überalterung und

229 Die uns bekannten Theorien über die geschlechtsspezifische Sozialisation verschleiern diesen Klassencharakter der Familie ebenso wie der Begriff »Familie« selbst.

230 Die bürgerliche Sozialisationsforschung geht von Schichtmodellen aus, denen vorwiegend die Kriterien Ausbildung, Einkommen, soziales Prestige und kulturelles Niveau zugrunde liegen. Der u. E. einzig brauchbare Versuch geht von der Stellung im Produktionsprozeß aus und kommt von daher zu einem Schichtmodell: Unter- und Mittelschicht. Der Unterschicht werden körperlich Arbeitende, in der unmittelbaren Fertigung Beschäftigte zugerechnet, der Mittelschicht Angestellte und Beamte (ohne Spitzenpositionen). Mit diesen Kategorien wird jedoch nicht die Klassenzugehörigkeit erfaßt.

Widersprüchlichkeit zu kritisieren; sie sind Ausdruck des Bestehenden und spiegeln somit die widersprüchlichen Anforderungen an die Frau wider: es gibt bereits das »fortgeschrittene« Leitbild der »emanzipierten« Frau, »des Wunders an Arbeitskraft, die sämtliche Rollen erfolgreich in sich vereint: qualifiziert im Beruf, liebenswert als Ehefrau und sexuelle Partnerin, besorgte Mutter und repräsentable Hausfrau.«[231] Vielmehr beabsichtigen wir hier,

a) die Prozesse aufzuzeigen, die zum »angemessenen« Geschlechtsrollenverhalten der Frau führen, und zwar sowohl im Hinblick auf ihre familiale Funktion als auch auf ihre Rolle im Produktionsprozeß;

b) die Auswirkungen objektiver Veränderungen der Situation der Frau auf den Sozialisationsprozeß zu klären und die Kenntnis der in den Sozialisationsprozessen entstandenen Dispositionen für die politische Praxis verfügbar zu machen.[232]

4.3.4. *Aussagewert der angewandten Interpretationsmodelle*

Die recht »umwegige Entwicklung«[233] der Mädchen enthält viele Möglichkeiten der »Fixierung« und »Regression«. Sie sind vorwiegend mit zwei lebensgeschichtlichen Wendepunkten verknüpft: dem Wechsel des Liebesobjekts und der erogenen Leitzone. Die Art, wie diese Umstellungen und aufgrund welcher spezifischer sozialer Bedingungen sie stattfinden, gibt Aufschluß über die psychischen Grunddispositionen, die das »typisch weibliche Verhalten« in unserer Gesellschaft ausmachen. Ausgehend davon, daß die Erkenntnisse Freuds auf einem gesellschaftlichen Hintergrund gewonnen wurden, der sich bis heute nicht wesentlich geändert hat, und daß darüber hinaus die grundlegenden charakterlichen Strukturen immer noch vorwiegend in der kleinfamilialen Situation geprägt werden, können wir die Psychoanalyse als Basis unserer Interpretationsversuche benutzen. Die – unserer Meinung nach berechtigte – Kritik an Freuds Biologismus – gerade im

231 Holzer, u. a., a.a.O., S. 130.

232 Die bürgerliche Human-relations-Theorie knüpft bereits mit Erfolg an die Ergebnisse der Sozialisationsforschung an.

233 Freud, *Über die weibliche Sexualität,* in: *Drei Abhandlungen zur Sexualtheorie und verwandte Schriften,* Frankfurt a. M., 1961, S. 173.

Hinblick auf die weibliche Entwicklung – ändert nichts daran, daß die Ontogenese des Mädchens sich historisch so darstellt, wie Freud sie beschrieben hat. Selbst dort, wo sich seine Aussagen als biologisch abgeleitete herausstellen, enthalten sie noch gesellschaftliche Determinanten.[234]

Die Arbeiten der Neoanalytiker ebenso wie die explizit von gesellschaftlichen Voraussetzungen ausgehende Rollentheorie machen den Kompromißcharakter der Persönlichkeit als Antwort auf den Konflikt zwischen nach Befriedigung drängendem Trieb und versagender Außenwelt oft nicht hinreichend durchsichtig. In der neoanalytischen Theorie erscheint »Herrschaft [...] als Familiendisziplin, Mangel an Liebe und andere Epiphänomene, Triebunterdrückung als eine Ängstlichkeit. [...] Je mehr die Psychoanalyse soziologisiert wird, um so stumpfer wird ihr Organ für die Erkenntnis der sozial verursachten Konflikte.«[235] So läuft die Theorie Gefahr, zu einem Anpassungskonzept zu werden.

Wenn wir die Thesen der »kulturalistischen Schule« zur weiblichen Entwicklung dennoch ausführlich wiedergeben, so deshalb, weil sie die weiblichen Verhaltensweisen, die sich als gesellschaftlich gewordene wiederum als gesellschaftlich bedeutsam erweisen, differenziert darstellen, so daß sich in den gegebenen Grenzen dieser Arbeit direkte Verbindungen ziehen lassen zu den Fragestellungen, die sich in den vorangegangenen Teilen für die Sozialisationsproblematik ergaben. Die psychoanalytisch orientierten Erklärungsansätze des Geschlechtsrollenlernens[236] erlauben die Formulierung pädagogischer Handlungsanweisungen und Interpretationsmodelle; verbunden mit den Ergebnissen historisch-materialistischer Sozialwissenschaft kann die Begrenztheit des Einflusses partieller Veränderungen (Kommune statt Kleinfamilie, wissenschaftlich geplante statt generationsmäßig überlieferte Erziehungsstile) bei im Kern gleichbleibender Gesellschaftsstruktur eingeschätzt werden.

234 Vgl. vor allem die Fallstudien, *GW*, a.a.O., Bd. I u. V.

235 Adorno, Th. W., *Die revidierte Psychoanalyse*, zit. nach Raubdruck, S. 6/7.

236 Zum Erklärungswert des rollentheoretischen Ansatzes vgl. Neumann-Schönwetter, M., *Zur Geschlechtsrollenidentifikation*, in: Gottschalch, W. u. a., *Sozialisationsforschung*, a.a.O., S. 121 ff.

4.3.5. *Zur psychoanalytischen Erklärung der weiblichen Sozialisation*

Die psychische Differenzierung der Geschlechter findet Freud zufolge erst in der ödipalen Phase statt. Bis zu diesem Zeitpunkt sind für Jungen und Mädchen sowohl das Sexualziel der jeweiligen Entwicklungsstufe (der oralen, der analen und phallischen) als auch das Sexualobjekt (bis in die phallische Phase hinein die Mutter) gleich. Der Ödipuskomplex ist also nicht nur der »Kern der Neurose«, er entscheidet auch über die psychische Aneignung des anatomisch bereits festgelegten Geschlechts, die sexuelle Identität. Hierbei spielen sowohl die frühkindlichen Identifizierungen als auch die erste Objektbesetzung eine wesentliche Rolle.

Freuds Prämissen zur Erklärung der weiblichen Entwicklung sind folgende: Das Genitalorgan der Frau ist durch zwei erogene Zonen gekennzeichnet, die Klitoris und die Vagina. Die Klitoris ist phylogenetisch ein rudimentärer Penis und bis zur Pubertät das einzige Genitalorgan des Mädchens. Die Sexualität des kleinen Mädchens in der ödipalen Phase ist also wie die des Jungen phallisch: »Die Klitoris des Mädchens benimmt sich zunächst ganz wie ein Penis.«[237] Infolgedessen spricht Freud von der ödipalen Phase für beide Geschlechter als einer »phallischen«. »Der Hauptcharakter dieser *›infantilen Genitalorganisation‹* ist zugleich der Unterschied von der endgültigen Genitalorganisation der Erwachsenen. Er liegt darin, daß für beide Geschlechter nur *ein Genitale*, das männliche, eine Rolle spielt. Es besteht also nicht ein Genitalprimat, sondern ein Primat des *Phallus.*«[238] Die ›Aufgabe‹, die das Mädchen bei seiner Entwicklung zur Weiblichkeit zu lösen hat, ist – wie bereits erwähnt – doppelter Natur:

a) das Verlassen der Mutter als Liebesobjekt zugunsten des Vaters und die Identifikation mit der Mutter;

b) die ›Preisgabe‹ der Klitoris als Sexualorgan zugunsten der Vagina.[239]

237 Freud, S., *Der Untergang des Ödipuskomplexes*, *GW* XIII, Frankfurt a. M., 1969, S. 400.

238 Freud, S., *Die infantile Genitalorganisation*, *GW*, XIII, a.a.O., S. 295.

239 Die Untersuchungen von Masters und Johnson ergaben, daß eine strenge Trennung von vaginalen und Klitorissensationen nicht aufrechtzuerhalten ist, da beide Organe eng zusammen liegen und Erregungen

Bei der Lösung dieser Aufgabe kommt dem Mädchen eine »folgenschwere Entdeckung« zu Hilfe. »Es bemerkt den auffällig sichtbaren, groß angelegten Penis eines Bruders oder Gespielen, erkennt ihn sofort als überlegenes Gegenstück seines eigenen, kleinen und versteckten Organs und ist von nun an dem Penisneid verfallen. [...] Sie ist im Nu fertig mit ihrem Urteil und ihrem Entschlußpunkt. Sie hat es gesehen, weiß, daß sie es nicht hat und will es haben.«[240] Aus dieser Entdeckung des kleinen Mädchens leitet Freud die beiden Hauptrichtungen der weiblichen Entwicklung ab: Die »normale Entwicklung« und den »Männlichkeitskomplex«, der charakterisiert ist durch den nie aufgegebenen Wunsch, doch noch einen Penis zu bekommen. Die »normale« Entwicklung verlange, daß die Penislosigkeit als vollzogene Kastration akzeptiert wird. »Auf der Stufe der prägenitalen sadistisch-analen Organisation ist von männlich und weiblich noch nicht zu reden, der Gegensatz von *aktiv* und *passiv* ist der herrschende. Auf der nun folgenden Stufe der infantilen Genitalorganisation gibt es zwar ein *männlich*, aber kein weiblich; der Gegensatz lautet: *männliches Genitale* oder *kastriert«*.[241] Die aufgrund der »Organminderwertigkeit« erfahrene narzißtische Kränkung schlägt sich häufig in einem *Minderwertigkeitsgefühl* nieder. Ebenso bestimmt sie die beiden Reaktionsweisen auf die Penislosigkeit, die, wie Freud sagt, wesentlich sind für die Entwicklung der »normalen« Weiblichkeit:

a) Das Motiv für die Abwendung von der Mutter ist der Vorwurf, sie sei für den Penismangel verantwortlich. Frühe Frustrationen durch die Mutter – Abstillen, Sauberkeitstraining und andere von ihr ausgehende Versagungen – erleichtern dieses Lockerung der Beziehung. Das kleine Mädchen »verzichtet« zwar auf den Penis, aber es überträgt seine Liebe nun auf den Vater, um von ihm entschädigt zu werden. »Das Mädchen gleitet – man möchte sagen: längs einer symbolischen Gleichung – vom Penis auf das Kind hinüber, sein Ödipuskomplex gipfelt in dem lange festgehaltenen Wunsch,

des einen auf das andere übergreifen. Vgl. Masters, W. H. und V. E. Johnson, *Die sexuelle Reaktion*, Frankfurt a. M. 1967.

240 Freud, S., *Einige psychische Folgen des anatomischen Geschlechtsunterschieds*, in: *Drei Abhandlungen zur Sexualtheorie und verwandte Schriften*, Frankfurt a. M. 1961, S. 162/163.

241 Freud, *Die infantile Genitalorganisation*, a.a.O., S. 297.

vom Vater ein Kind als Geschenk zu erhalten, ihm ein Kind zu gebären. Man hat den Eindruck, daß der Ödipuskomplex dann langsam verlassen wird, weil dieser Wunsch sich nie erfüllt.«[242]

b) Die mit dem Penismangel verknüpfte narzißtische Kränkung macht den Weg frei für die Aufgabe der Klitorissexualität. Der Penisneid setzt eine intensive Gegeneinstellung zur Klitorisonanie in Gang, da »man es in diesem Punkte doch nicht mit dem Knaben aufnehmen kann und darum die Konkurrenz mit ihm am besten unterläßt«.[243] Die aktiven Strebungen werden nun durch *passive* Sexualregungen ersetzt, wodurch die Zuwendung zum Vater verstärkt wird. »Erst mit der Vollendung der Entwicklung zur Zeit der Pubertät fällt die sexuelle Polarität mit *männlich und weiblich* zusammen. Das Männliche faßt das Subjekt, die Aktivität und den Besitz des Penis zusammen, das Weibliche setzt das Objekt und die Passivität fort.«[244]

Die beiden Reaktionen auf den Penisneid, die Freud zufolge die Entwicklung der passiven Strebungen der Frau konstituieren, erklären auch den *Masochismus* der Frau. Helene Deutsch leitet den Masochismus zunächst aus anatomisch bedingter Passivität der Frau ab: nach der Abkehr von der Klitorisonanie können aktiv-sadistische Triebregungen nicht mehr abgeführt werden. Das Mädchen erlebt ein »genitales Trauma«[245], da es weder ein aktives Organ (den Penis) noch ein passives (die Vagina) besitzt. Der Masochismus ist somit das Produkt der konstitutionell vorbestimmten Wendung aktiv-aggressiver Strebungen, die nicht mehr nach außen verwirklicht werden können, sondern sich gegen das eigene Ich kehren. Sowohl der geringere Aktivitätsdrang des kleinen Mädchens (aufgrund des anatomischen Geschlechtsunterschieds) als auch die Hemmungen von außen bedingen seine Passivität. Der Vater als »Repräsentant der Realität« unterstützt zwar beide Kinder in der Lösung aus der Abhängigkeit von der Mutter, verbietet aber gleichzeitig dem Mädchen jede Aggression. Die »Bestechungsprämie«, die der

242 Freud, *Der Untergang des Ödipuskomplexes,* a.a.O., S. 401.
243 Freud, *Einige psychische Folgen . . .,* a.a.O., S. 166.
244 Freud, *Die infantile Genitalorganisation,* a.a.O., S. 297/98.
245 Deutsch, H., *Psychologie der Frau,* Bern 1948, S. 214.

Vater dem Mädchen dafür anbietet, ist Liebe und Zärtlichkeit. »Bei diesem Verzicht müssen die nicht aktiv verbrauchten, aggressiven Kräfte untergebracht werden, und verleihen dem passiven Geliebtwerden einen masochistischen Charakter.«[246]
Die weibliche *Eifersucht* ist ein Resultat dieser Passivität und der *Abhängigkeit* von der Liebe anderer. Sie spielt, wie Freud sagt, vor allem deshalb bei Frauen eine besondere Rolle, weil sie »aus der Quelle des abgelenkten Penisneides eine ungeheure Verstärkung bezieht«.[247] Die Definition der eigenen Rolle, der eigenen Existenz durch den Mann ist eine Konsequenz dieser »Unfähigkeit«, die eigene Geschlechtlichkeit zu akzeptieren. »Ihr ganzes Schicksal wird mit jedem Blick in Frage gestellt, den der geliebte Mann auf eine andere Frau richtet, da sie ihr ganzes Wesen in ihm entfremdet hat.«[248]
Aus den spezifischen Bedingungen des weiblichen Ödipuskomplexes, die im Objektwechsel von der Mutter zum Vater begründet liegen, und den dabei auftretenden Schwierigkeiten leitet die Psychoanalyse die Ausprägung des weiblichen Über-Ich ab. Den Unterschied zwischen männlicher und weiblicher Entwicklung kann man in dieser Sicht als unterschiedliche Bedeutung des Kastrationskomplexes für beide Geschlechter fassen: Während beim kleinen Jungen der Ödipuskomplex unter dem Schock der Kastrationsdrohung förmlich »zerschellt«, fehlt beim Mädchen ein solch zwingendes Motiv zur Abwendung von der infantilen Genitalorganisation, also zur Entwicklung eines Über-Ich, wie Freud es für den Jungen als charakteristisch ansah, da das Mädchen die Kastration als bereits vollzogen akzeptieren muß. Erst die Erfahrung, daß der Wunsch nach einem Kind vom Vater nicht erfüllt werden kann, die Vertröstung auf die spätere Zukunft, bewirkt die langsame Überwindung des Komplexes. »Diese Veränderungen scheinen weit eher als beim Knaben Erfolg der Erziehung, der äußeren Einschüchterung zu sein, die mit dem Verlust des Geliebtwerdens droht.«[249]
Das weibliche Über-Ich beruht also nicht auf Internalisierung, sondern auf der *Angst vor Liebesverlust*. Freud folgert dar-

246 A.a.O., S. 228.
247 Freud, *Einige psychische Folgen . . .*, a.a.O., S. 164.
248 Simone de Beauvoir, *Das andere Geschlecht*, Hamburg 1968, S. 624/25.
249 Freud, *Der Untergang . . .*, a.a.O., S. 401.

aus, daß das »Niveau des sittlich Normalen« für die Frau ein anderes sei als für den Mann, daß ihr Über-Ich niemals so »unerbittlich, so unpersönlich, so unabhängig von seinen affektiven Ursprüngen«[250] sein könne wie das des Mannes. Die stärkere Abhängigkeit des weiblichen Über-Ich von Erziehungsfaktoren impliziert jedoch zugleich die Möglichkeit positiver Einflußnahme.

Die Komplikationen, die sich aus dem Ödipuskomplex des Mädchens ergeben können, sind durch den Objektwechsel bedingt: das kleine Mädchen muß, unter dem Einfluß des Penisneides, die libidinöse Beziehung zur Mutter aufgeben und sich mit ihr identifizieren. An ihre Stelle soll der Vater treten. Die lange Bindung an die Mutter, die das erste Liebesobjekt ist, und die Frustrationen, die den Objektwechsel bewirken, machen Enttäuschungen durch das neue Liebesobjekt wahrscheinlich. Der geringen Frustrationstoleranz gegenüber dem Vater, bedingt durch die schwierige Ablösung von der Mutter, kommt häufig die Tatsache entgegen, daß der Vater die Tochter nicht akzeptiert. Diese Enttäuschung durch den Vater kann zu folgenden Regressionen führen:

a) Das Mädchen regrediert auf die erste Objektbeziehung zur Mutter: Deutsch stellt die These auf, daß der Objektwechsel nie vollkommen gelingt, daß die Fixierung auf die Mutter im weiblichen Seelenleben eine große Rolle spielt. Sie leitet den *infantilen* Charakter, den *fehlenden Drang zur Selbständigkeit*, das *Bedürfnis nach Anlehnung* und die *geringe Frustrationstoleranz* aus der mißlungenen Ablösung von der Mutter ab.[251]

b) Bei Enttäuschung durch den Vater kann dieser zwar das Sexualobjekt bleiben, das Sexualziel jedoch wird auf die früher befriedigendere orale Organisationsstufe zurückgenommen. Die auf den Vater gerichteten oralen Wünsche ermöglichen die »Introjektion« des – wenn auch versagenden – Vaters. Die Entsagungsforderung, auf der das weibliche Über-Ich aufbaut, verleiht der Frau, wie Freud argumentiert, eine wesentliche Charaktereigenschaft: die *Bereitschaft zum Verzicht*.[252]

250 Freud, *Einige psychische Folgen* . . ., a.a.O., S. 168.

251 Vgl. Deutsch, H., a.a.O., S. 24.

252 Sachs, H., *Über einen Antrieb bei der Bildung des weiblichen Überichs*, in: *Int.Ztschr. PsA*, 14, 1928, S. 168.

c) Eine weitere Regression kann die Objektbeziehung zum Vater selbst betreffen. Freud hatte bei der Analyse neurotischer Symptome festgestellt, daß die Objektwahl wieder zur Identifizierung regredieren kann und dann das Ich die Eigenschaften des Objektes übernimmt.[253] »Man erfährt sehr häufig aus der Analyse, daß das kleine Mädchen, nachdem es auf den Vater als Liebesobjekt verzichten mußte, nun seine Männlichkeit hervorholt und sich anstatt mit der Mutter, mit dem Vater, als mit dem verlorenen Objekt identifiziert.«[254] Dieser Typus von Objektidentifizierung wird bei Frauen häufig aus Angst vor Liebesverlust gewählt. Er läßt sich nachweisen in Symptomen der Identitätsdiffusion, der häufigen Veränderung von Charakterzügen. Werden diese Identifizierungen zu zahlreich, so kann es zu einer pathologischen Ich-Veränderung kommen.[255]

Die Übernahme von Eigenschaften des verlorenen Liebesobjekts durch das Ich ist ein Versuch, die Eigenliebe zu retten.[256] Das totale Abhängigmachen des Selbstbewußtseins von der Liebe anderer erklärt die Psychoanalyse aus der als narzißtische Kränkung empfundenen Penislosigkeit des Mädchens. Nur durch die Erfahrung des Geliebtwerdens kann das damit verknüpfte Minderwertigkeitsgefühl, das im Laufe der weiblichen Entwicklung durch wiederholte Verletzungen des Narzißmus[257] seine Bestätigung erfährt, abgewehrt werden. Der »sekundäre Narzißmus« der Frau als Entschädigung für die narzißtischen Kränkungen setzt sie freilich wiederum der totalen Abhängigkeit von der Zuwendung durch die Außenwelt aus, stellt also eine dauernde Gefährdung der Eigenliebe dar.[258] Ein Versuch, diesen Kreislauf zu durchbrechen, muß daher ansetzen an den fehlenden Möglichkeiten für die Frau, ihr Selbstbewußtsein aus ihren eigenen Aktivitäten zu be-

253 Freud, S., *Massenpsychologie und Ich-Analyse*, Hamburg 1967, S. 46.

254 Freud, S., *Das Ich und das Es*, *GW* XIII, 1969, S. 261.

255 Vgl. Freud, a.a.O., S. 259.

256 Vgl. Freud, a.a.O., S. 258.

257 So z. B. durch mögliche fehlende Bestätigung durch den Vater, durch Zurücksetzung hinter den Bruder bei Gewährung einer Ausbildung durch die Eltern, durch Diskriminierung im Beruf.

258 Die Frau, die die schönste, begehrteste und meistgeliebte sein will, muß in jeder anderen Frau, die diese Sonderstellung gefährden könnte, eine Bedrohung sehen. Vgl. Abraham, K., *Äußerungsformen des weiblichen Kastrationskomplexes*, in: Int. Ztschr. PsA, Bd. VII, 1921, S. 422 ff.

ziehen. Schon in der frühen Kindheit bleibt ihre frühe Aggressivität unbefriedigt. »Viel wichtiger ist aber noch, daß die Tätigkeiten des Mannes ihr versagt sind, sie beschäftigt sich wohl, aber sie *tut* nichts. Bei ihren Funktionen als Gattin, als Mutter, als Hausfrau wird sie in ihrer Eigenart nicht anerkannt. Betätigungslos, isoliert kann die Frau nirgendwo Fuß fassen, noch ein Maß ihrer selbst finden. Sie mißt sich eine überwältigende Bedeutung bei, weil ihr kein wichtiges Objekt zugänglich ist.«[259] Die Befriedigung des Narzißmus durch Überschätzung der eigenen Person, die ihren Ausdruck häufig in Tagträumen findet, ist somit nicht primär Kompensation für den versagten Penis, sondern Einschränkung der eigenen Handlungsfähigkeit.

Die Erklärungsansätze der »kulturalistischen Schule« beziehen die gesellschaftlichen und kulturellen Hintergründe, die die Erziehung und somit die Erfahrungen des Mädchens prägen, mit ein, wobei sie allerdings die gesellschaftlichen Faktoren auf die unterschiedliche Stellung von Mann und Frau reduzieren. Sie gehen an der Funktion der sexuellen Unterdrückung der Frau vorbei, wenn sie die »phallozentrische« Gesellschaft dafür verantwortlich machen; eine ähnlich vereinfachende Zurückführung des gesellschaftlichen Problems auf den Kampf zwischen Mann und Frau hatte auch die bürgerliche Frauenbewegung vorgenommen.

Über die Falsifizierung der Freudschen Prämisse von der »Unentdecktheit der Vagina« bis in die Pubertät gelangen die Neoanalytiker jedoch zu neuen Interpretationsformen für eine differenziertere Analyse der sozialen Entwicklung der Frau, indem sie aufzeigen, was äußere Repressionen wirklich anrichten, deren Folgen Freud lediglich als reifungsbedingte Prozesse beschrieb. »It would require tremendous evidence to make it plausible that women physically built for female functions, should be psychically determined by a wish for attributes of the other sex.«[260] Horney weist nach, daß *vaginale Sensationen* bei kleinen Mädchen auftreten und vaginale Masturbationstechniken nicht selten sind.[261] Daß sich erwach-

259 de Beauvoir, S., a.a.O., S. 594.
260 Horney, K., *New Ways in Psychoanalysis*, New York 1939, S. 104.
261 Vgl. Horney, K., *The Denial of the Vagina*, in: Ruitenbeek, *Psychoanalysis and Female Sexuality*, New Haven 1966, S. 78.

sene Patientinnen, vor allem Neurotikerinnen, nicht mehr an diese Sensationen erinnern, liegt ihrer Meinung nach an der frühen Verleugnung der Vagina. Der anatomische Geschlechtsunterschied wird erst wirksam in Verbindung mit dem Onanieverbot durch die Eltern.

In den Träumen und Phantasien von Neurotikerinnen spielt häufig die Angst eine Rolle, innerlich verletzt zu sein.[262] Während der kleine Junge sich vergewissern kann, daß sein Geschlechtsorgan nach der Masturbation noch intakt ist, bleibt beim Mädchen immer Unsicherheit zurück. Der Penisneid wird infolgedessen als *sekundäre Bildung* angesehen, seine Manifestitationen werden den männlichen Reaktionen auf die Fähigkeit der Frau, Kinder zu gebären oder zu ernähren (Gebärneid), gleichgesetzt. Überdies wird auch der narzißtischen Kränkung des kleinen Jungen, einen kleineren Penis zu haben als der Vater und einen zu kleinen für die Mutter, Bedeutung beigemessen und somit Neid und Minderwertigkeitsgefühl nicht mehr als spezifisch weibliche Eigenschaften betrachtet; sie werden dies erst dadurch, daß der Frau keine ähnlichen Kompensations- und Sublimierungsmöglichkeiten zugestanden werden wie dem Mann.

Im Gegensatz zu Freud vertritt Horney die Auffassung, daß nicht der Penis als Organ Objekt des Neides ist, sondern die soziale Privilegierung des Mannes, die unter das *Symbol des Phallus* subsumiert wird. Während die orthodoxe Psychoanalyse das Gefühl sozialer Benachteiligung bei der Frau als Rationalisierung ihres Penisneids interpretieren würde[263], nimmt Thompson an, daß Frauen, da sie ihre Diskriminierung nicht auf gesellschaftliche Ursachen zurückführen können, ihre Benachteiligung den organischen Unterschieden zwischen Mann und Frau und deren Implikationen zuschreiben und im »Penisneid« die gesellschaftlich angebotene Rationalisierung akzeptieren.[264] Das Minderwertigkeitsgefühl der Frau sei daher nicht aus ihrer Organminderwertigkeit abzuleiten, sondern aus ihrer sozialen Diskriminierung, die auch auf ihre Genitalorgane übertragen wird.

262 Vgl. Horney, K., *Flight from Womanhood,* in: Horney, K., *Feminine Psychology,* New York, 1967.

263 Horney, K., *Flight from Womanhood,* in: *Feminine Psychology,* a.a.O.

264 Thompson, C., *Penis Envy in Women,* in: Ruitenbeek, a.a.O., S. 248.

Solange die Frau als Gebärende, als Erzieherin und Hausfrau hoch geschätzt wurde, konnte sie aus ihrer Reproduktionsfunktion Selbstachtung und Selbstwertgefühl gewinnen. Sowohl ihre Hausfrauen- und Erzieherfunktion als auch die Kinderzahl wurden im Laufe der Entwicklung des Kapitalismus eingeschränkt. Dennoch blieb die Frau auf ihre Gebärfunktion festgelegt, während zur gleichen Zeit die Sexualität (auch des Mannes) zunehmender Unterdrückung ausgesetzt war.[265]
Das für die kapitalistische Gesellschaft typische rigide Reinlichkeitstraining (Hygiene und Sterilität) und die daraus abgeleitete Sphinctermoral verstärken – besonders in Verbindung mit der Menstruation – die Minderbewertung des weiblichen Genitals, die sich in der »Kloakentheorie« ausdrückt.[266] Dieses Reinlichkeitstraining, die von der Mutter akzeptierte Organminderwertigkeit im Kontext genereller Sexualunterdrückung, d. h. verknüpft mit dem Onanieverbot, machen es wahrscheinlich, daß die anatomische Nähe der Vagina zum Anus negative Bedeutung für die Entwicklung der weiblichen Sexualität erlangt: Mit der Abspaltung und Verdrängung der analen Partialtriebe müssen auch die auf die Vagina gerichteten aktiven Strebungen verdrängt werden. Das erklärt auch, warum vaginale Masturbation in der ödipalen Phase kaum noch auftritt.[267]
Das Mädchen, das aufgrund dieser Tabuisierung der weiblichen Genitalfunktionen seine Sexualität verdrängt, seine Vagina verleugnet, »kastriert« sich selbst. Hier erst knüpfen Kastrationskomplex und Penisneid, von Freud als primäre Erscheinungen aufgefaßt, an. »I believe that much more important than penis envy in the psychology of woman is her reaction to the underevaluation of her own organs, I think we can concede that the acceptance of one's body and all its functions is a basic need in the establishment of self-respect and self-esteem.«[268]

265 Vgl. Horney, K., *New Ways in Psychoanalysis*, a.a.O., S. 117.
266 Vgl. Thompson, C., *Some Effects of the Derogatory Attitude Towards Female Sexuality*, in: Ruitenbeek, a.a.O., S. 59.
267 An diese auf die Geschlechtsorgane übertragenen Ekel- und Schamgefühle knüpft die Kosmetikindustrie erfolgreich mit dem Verkauf von Intimsprays an. (Vgl. *Frauenhandbuch Nr. 1* von »Brot und Rosen«, Berlin 1972, S. 8.)
268 A.a.O., S. 57/58.

Auch der »feminine Masochismus« erfährt durch Horney eine Neuinterpretation. Der Theorie von H. Deutsch über die masochistische Wendung der phallischen Aggressivität gegen das Ich stellt Horney das Argument entgegen, daß die Aufgabe der Klitorisonanie aufgrund der aussichtslosen Konkurrenz mit dem Jungen dem Lust- und Realitätsprinzip widerspreche. »The latter implies that one is bound to seek satisfaction in every given situation, even when it does not provide the maximal pleasure possibilities, and even though the possibilities are meager.«[269]

Da die Aggressivität beim Mädchen strenger sanktioniert wird als beim Jungen, Passivität und Anpassung dagegen belohnt werden, sind diese Eigenschaften für es die einzige Möglichkeit, Sicherheit, Liebe und Befriedigung zu erlangen. Da Anpassung aber immer am anderen orientiert ist, stellt die Sicherheit, die die Frau durch die Liebe des Mannes gewinnt, gleichzeitig eine Bedrohung für sie dar. Simone de Beauvoir beschreibt diese Ambivalenz in der Liebesbeziehung der Frau: »Um sich zu finden, sich zu retten, hat sie damit angefangen, sich in ihm zu verlieren. Nach und nach verliert sie sich tatsächlich in ihm, die ganze Wirklichkeit ist bei dem Anderen.«[270] Nur wenn das »Geschenk, das sie mit sich selbst macht«[271], nicht angenommen wird, zeigt die Frau masochistische Reaktionsweisen: sie lehnt sich nicht gegen den Mann auf, sondern gegen sich selbst. Sie macht sich zum Opfer ihrer Abhängigkeit und verwandelt ihren Narzißmus in Demütigung, Haß und Selbstbestrafung.

Andererseits sind masochistische Verhaltensformen ein Mittel, Macht über andere zu erlangen. Die uneingeschränkte, bedingungslose Liebe erwartet Dankbarkeit, erregt Schuldgefühle bei der geliebten Person und führt somit zu deren Abhängigkeit. So kann durch Schwäche und Leiden Kontrolle über andere ausgeübt werden. »Dadurch, daß sie sich zur Sklavin macht, hat sie das sicherste Mittel gefunden, ihn zu fesseln. Darin liegt eine weitere Lüge der Liebe [...]: Sie gibt sich als Geschenk und ist doch eine Tyrannei.«[272]

269 Horney, K., *The Problem of Feminine Masochism*, in: *Feminine Psychology*, S. 219.

270 De Beauvoir, S., a.a.O., S. 614.

271 A.a.O., S. 615.

272 A.a.O., S. 618.

Die Abhängigkeit der Frau vom Mann verhindert eine solidarische Beziehung zwischen den Geschlechtern. Sie errichtet Schranken zwischen ihnen; sie führt zur gegenseitigen Beherrschung, nicht zur gemeinsamen Verwirklichung in der Beziehung. Da Frauen und Männer in einer von Konkurrenz und Leistung geprägten Gesellschaft leben, den Frauen aber aufgrund der geltenden Normen Aggression, Konkurrenzverhalten und somit Erfolg versagt werden, sind die Verleugnung von Ehrgeiz oder die Beschränkung auf »weibliche« Tätigkeiten, Hilflosigkeit und Abhängigkeit die einzige Möglichkeit, sowohl Schuldgefühle, die aus dem Verstoß gegen das Aggressionsverbot resultieren, als auch Unzulänglichkeitsgefühle zu vermeiden.[273]
Abhängigkeit und Hilflosigkeit der Frau sind Horney zufolge hauptsächlich durch ihre Einbindung in die Familie bedingt. Die ökonomische Abhängigkeit vom Mann läßt seine Liebe und Zuwendung zum Kriterium materieller Sicherheit werden. Der Verlust der Liebe des Mannes ist in einer solchen Situation nicht nur eine psychische, sondern auch und vor allem eine materielle Bedrohung, Liebe selbst hat dadurch Warencharakter. Die Eifersucht allen anderen Frauen gegenüber, die eine potentielle Gefahr darstellen, ist eine Konsequenz dieser Situation. So interpretiert Horney auch alle sogenannten Abweichungen vom »normalen« weiblichen Verhalten nicht als individuelle Fehlentwicklung, sondern als gesellschaftlich adäquate Reaktionsform im Dienste der Abwehr von Unterdrückung.[274]

4.3.6. *Geschlechtsspezifische Lernmethoden bei der Geschlechtsrollenidentifikation*

In Anlehnung an die von der Psychoanalyse beschriebene Entwicklung der Objektbeziehungen in der ödipalen Phase untersuchte Lynn[275] spezielle Aspekte dieser Objektbeziehungen, nämlich das geschlechtsspezifische Erlernen der Geschlechts-

273 Vgl. Thompson, ›*Penis Envy*‹ . . ., a.a.O., S. 249.
274 Vgl. Horney, *Flight from Womanhood*, a.a.O.
275 Lynn, D. B., *Sex-role and parental identification*, in: *Child Development*, 33, 1962, S. 555–64.

rolle, von dem er annimmt, daß es alle späteren Lernprozesse und das leistungsorientierte Verhalten determiniert.[276]
Eine genauere Bestimmung des in der Sozialisationstheorie gebrauchten Begriffs der Identifikation läßt die geschlechtsspezifisch prägende Wirkung dieses Prozesses auf die Persönlichkeit des Kindes verstehen: Identifikation bezeichnet nicht nur die Imitation beobachtbarer Verhaltensweisen, sondern auch die Übernahme normativer Erwartungen. Dadurch wird äußere Kontrolle überflüssig, weil Sanktionen in Form von Schuldgefühlen vorweggenommen werden.
In der psychosexuellen Kindheitsentwicklung läßt sich eine Serie sukzessiver Identifikationen mit zunehmend spezialisierten sozialen Rollen erkennen. Jungen und Mädchen identifizieren sich auf der frühesten Entwicklungsstufe mit der Mutter. Diese primäre Identifikation ist jedoch noch nicht im eigentlichen Sinne geschlechtsprägend. Während Jungen zur Erlangung der geschlechtsadäquaten Identität das ursprüngliche Identifikationsobjekt wechseln müssen, können Mädchen die Mutter als geschlechtliches Rollenmodell beibehalten. Aus der Grundstruktur der Kernfamilie, in der die Rolle der Mutter ausschließlich innerhalb der Familie institutionalisiert ist, ergibt sich, daß das Mädchen den gleichgeschlechtlichen Elternteil in einem stärkeren Maße als Identifikationsobjekt benutzt als der Junge. Ein großer Teil des zufälligen Lernens beim Mädchen geht von dem Kontakt aus, den es mit seiner Mutter hat und den es direkt in sein Rollenverhalten übernehmen kann. Eine Fortsetzung der Identifikation mit gleichgeschlechtlichen Erwachsenenvorbildern wird dem Mädchen in Kindergarten und Schule angeboten, da dort der Anteil der weiblichen Erzieher (besonders in den unteren Klassen) überwiegt. Für den Jungen steht, bei außerhäuslicher Berufstätigkeit des Vaters und zunehmender Undurchschaubarkeit der väterlichen Berufsrolle, nicht in gleicher Weise ein persönliches Identifikationsobjekt zur Verfügung. Er lernt seine Geschlechtsrolle primär anhand negativ definierter Verhaltensweisen weiblicher Personen und identifiziert sich mit einem kulturellen Stereotyp der männlichen Rolle. Diese unterschiedlichen Identifikationsmuster lassen es nach Lynn sinnvoll

276 Diese Fragestellung hat u. E. Bedeutung für Überlegungen zur kompensatorischen Erziehung in außerfamilialen Sozialisationsinstanzen.

erscheinen, die Geschlechtsrollenidentifikation des Jungen als »masculine-role-identification« und die des Mädchens als »mother-identification« zu begreifen.[277]
Die Aufgaben, die sich für jedes Geschlecht aus den verschiedenen Problemen der Identifikation ergeben, erfordern nach Lynn unterschiedliche Lernmethoden. Die Definition des Identifikationsziels, die Umstrukturierung der Situation durch Wechsel des Identifikationsobjekts, das Erlernen von Prinzipien, die aus dem Verhalten weiblicher Bezugspersonen negativ erschlossen werden, fordern vom Jungen ein gezieltes Problemlösungsverhalten. Im Gegensatz dazu lernt das Mädchen seine »Lektion« überwiegend durch Nachahmung eines Vorbildes, unterstützt durch das belohnende Verhalten der Mutter. – Aus diesen unterschiedlichen Lernmethoden leitet Lynn folgende Hypothesen über die Persönlichkeitsunterschiede zwischen den Geschlechtern ab:
a. Da die ursprüngliche Lernsituation der Geschlechtsrollenidentifikation bei Mädchen sehr viel deutlicher durch eine enge persönliche Bindung und entsprechende Belohnung gekennzeichnet ist, neigen Frauen eher als Männer dazu, ein starkes *Bedürfnis nach sozialer Anerkennung* zu entfalten. Hierin finden wohl die *Personenorientiertheit* und das *›soziale‹ Verhalten* der Frau eine Erklärung.
b. Mädchen sind stärker als Jungen von den *äußeren Bedingungen* einer Situation abhängig und zögern auch mehr, davon abzuweichen. Dieses Verhalten der Mädchen wird darauf zurückgeführt, daß sie sich von dem gegebenen konkreten Vorbild der Mutter nicht lösen müssen. Solche Situationsabhängigkeit trägt möglicherweise dazu bei, daß sich Frauen tendenziell *konformistischer* und *konservativer* verhalten als Männer.
c. Da im Verlauf der männlichen Rollenidentifikation der Junge eine Lernmethode braucht, welche auf andere Problemlösungen anwendbar ist, neigen Jungen dazu, Mädchen in der Geschicklichkeit von *Problemlösungen* zu übertreffen (fehlende Fähigkeit zum Problemlösen, Lektionslernen).
d. Mädchen sind eher bereit, die Regeln anderer zu ak-

277 Bub, B., *Familienstruktur und geschlechtsspezifische Sozialisationsvorgänge*, Dipl.-Arbeit, Frankfurt a. M. 1968, S. 59.

zeptieren, da ihr Geschlechtsrollenverhalten sich auf vorgegebene Verhaltensweisen bezieht.
Die *Dependenz* bestimmt den kognitiven wie auch den motivationalen Bereich: Die verschiedenen Beziehungen der Lernmethoden zu abstrakten Prinzipien können verallgemeinert werden bei der Betrachtung der *Überich-Bildung.* Weil Mädchen sich persönlich verantwortlich fühlen für die moralischen Standards und diese auch immer am konkreten Muttervorbild kontrollieren können, ist es für sie vergleichsweise unwichtig, sie zu internalisieren. Werden moralische Standards jedoch vornehmlich über abstrakte Prinzipien erlernt, dann ist es unerläßlich, sie zu internalisieren. Da dies für Jungen eher zutrifft als für Mädchen, kann gefolgert werden, daß Männer häufiger als Frauen moralische Standards zu verinnerlichen suchen. – Der unterschiedliche Grad der Auflösung frühkindlicher Dependenz und die daraus resultierende vorwiegend intrinsische Motivierung beim Jungen und extrinsische Motivierung beim Mädchen können als entscheidender Faktor zur Begründung der geschlechtsspezifisch unterschiedlichen Ausprägung der Leistungsmotivation angesehen werden. Heckhausen definiert Leistungsmotivation als das »Bestreben, die persönliche Tüchtigkeit in all jenen Bereichen und Tätigkeiten zu steigern oder möglichst hoch zu halten, in denen man einen Gütemaßstab für verbindlich hält und deren Ausführung deshalb gelingen oder mißlingen kann«.[278] Leistungsmotivation ist also eine vorwiegend intrinsische Motivierung, d. h. eine, die ein Individuum unabhängig von äußerer Belohnung durch erfolgreiche Problemlösung positiv bestärkt.
Inwieweit die Leistungsmotivation die Realisierung des Begabungspotentials beeinflußt, zeigen die Untersuchungen von Maccoby[279] und Kagan[280]: Mädchen weisen durchschnittlich bessere Schulleistungen auf fast allen Gebieten auf, bei Jungen fällt eine Diskrepanz zwischen Begabung und Leistung auf.

278 Heckhausen, H., *Förderung der Lernmotivierung und der intellektuellen Tüchtigkeiten,* in: *Begabung und Lernen,* 1969, S. 195.
279 Vgl. Maccoby, E. E., *Sexdifferences in intellectual functioning,* in: Maccoby, *The development of sexdifferences,* Stanford 1966, S. 25–55.
280 Kagan, J., *The acquisition and significance of sextyping and sex role identity,* in: M. V. Hoffmann (Hrsg.), *Review of child development research,* N.Y., 1964, 1, S. 137–167; vgl. auch Bub, a.a.O., S. 132 ff.

Das Bestreben nach sozialer Anerkennung motiviert das Mädchen in seinen Leistungen, während der Junge die Anforderungen der Schule, besonders wenn sie von einer Lehrerin artikuliert werden, als »feminin« zurückweist. Erst in der Adoleszenz realisieren die Jungen ihr Begabungspotential; sie holen die Leistungen der Mädchen ein.

Als Erklärung hierfür scheint folgende Hypothese plausibel: Intellektuelle Leistungen werden zunehmend als »männliche« Eigenschaften interpretiert, was damit zusammenhängen kann, daß männliche Lehrer in den oberen Klassen häufiger vertreten sind und daß die Anforderungen selbst sich qualitativ ändern, d. h. mehr und mehr Problemlösungsverhalten erfordern. Die stärkere Berufsbezogenheit der Jungen läßt den erfolgreichen Schulabschluß für sie als erstrebenswert erscheinen.[281] Die Leistungen der Mädchen sinken in der Adoleszenz. Intellektuelle Leistungen symbolisieren jetzt einen Mangel an Weiblichkeit und nicht mehr Wohlverhalten wie in den ersten Schuljahren. Der Rollenkonflikt wird verstärkt, wenn Väter auf Qualitäten, die sie beim Sohn schätzen, bei der Tochter mit Besorgnis reagieren.[282] Hinzu kommt, daß für Mädchen aufgrund der fehlenden Berufsorientierung und der mangelnden Einsicht in den Produktionsprozeß der Schulabschluß keine Funktion hat, ja mit Angst besetzt wird. Die Aggressionshemmung und Angstbereitschaft des Mädchens verhindern wettbewerbbezogenes Verhalten in der Schule und lassen auch die durch Konkurrenz charakterisierte Berufswelt bedrohlich erscheinen.

Zusammenfassend läßt sich feststellen, daß die Schule die in der familialen Sozialisation getroffenen Basisentscheidungen verlängert. Hier wird die Widersprüchlichkeit der Institution Schule deutlich: Als Institution ist sie dem Egalitätsprinzip verpflichtet – und steht prinzipiell allen offen. Dadurch aber, daß sie sich gleichgültig gegenüber mitgebrachten Unterschieden verhält, verstärkt sie noch die vorhandenen Defizite. Schon die konkrete Lehrplangestaltung zeigt eine deutliche Benachteiligung der Mädchen, die sich auf der Interaktionsebene Lehrer-Schüler fortsetzt. Wenn auch Lehrer (und Leh-

281 Zinnecker, Jürgen, *Weibliche Schülerrolle und Emanzipation der Frau*, unveröffentl. Diss., Manuskript, Berlin FU, 1971.
282 Bub, a.a.O., S. 88.

rerinnen) bemüht sein mögen, kein Geschlecht dem anderen vorzuziehen – und als die besten Schüler sogar meist Mädchen nennen –, so zeigt sich gerade darin, daß diese nicht für Selbständigkeit, Aktivität und Leistung, sondern für Anpassung und Wohlverhalten belohnt werden. Dies spiegelt sich vor allem wider in besseren Noten für Fleiß, Ordnung und Beteiligung am Unterricht. Jungen werden dagegen häufiger als »disziplinschwierig« bezeichnet, wobei festzuhalten bleibt, daß diese Tatsache nicht unbedingt negativ bewertet, sondern von den Lehrern als notwendiges Verhalten toleriert wird.[283] Mit Disziplinlosigkeit sind positive Merkmale wie mutig, kühn, unternehmungslustig und selbstbewußt verbunden, während das positive weibliche Disziplinverhalten Merkmale wie autoritätsgläubig, schüchtern, scheu, empfindlich, Furcht vor der Strafe aufweist.[284] Mädchen bekommen für ihr Verhalten zwar bessere Noten, Jungen dagegen mehr Aufmerksamkeit, sei es auch in Form von Tadel und Strafe. Der »disziplinschwierige« Junge, der »aufgeweckte Querulant« paßt genausogut zum Bild des »richtigen Jungen« wie das brave Verhalten des Mädchens zur Rolle des »schwachen Geschlechts«. So wird das geschlechtsdifferenzierende Verhalten von den Lehrern (meist unbewußt) provoziert, indem die Leistungsmotivation der Mädchen durch Honorierung ihres passiven Verhaltens absorbiert wird. Dies trägt dazu bei, daß aufgrund fehlender Leistungsmotivation und fehlenden Selbstvertrauens das äußere Bildungsverbot für Mädchen (vor allem für Mädchen aus der Arbeiterschicht) häufig gar nicht erst aktuell wird. Die gesellschaftliche Schranke kann als solche nicht erfahren werden, wodurch auch von vornherein jedes Widerstandsverhalten unterbunden ist.

4.3.7. *Entwicklung und Äußerungsformen der psychischen Dispositionen in der Unterschicht*

Ausgehend davon, daß in der Unterschicht die Erziehung strenger nach Geschlecht differenziert und die Sexualität stärke-

283 Vgl. hierzu Zinnecker, J., *Weibliche Schülerrolle und Emanzipation der Frau*, Berlin FU, unveröff. Diss. 1971.

284 Otto, K., *Psychische Geschlechtsunterschiede im Kindes- und Jugendalter*, in: *Frau und Wissenschaft*, Berlin (DDR), 1968, S. 115 ff.

ren Repressionen unterliegt als in der Mittelschicht, kann man sagen, daß bei der Sozialisation des Mädchens hier alle negativen Momente – die Beschädigungen durch Klasse und Geschlecht – kulminieren. Die in der Unterschicht stärker auf das Geschlecht des Kindes ausgerichtete Erziehung[285] entspricht der rigiden geschlechtlichen Arbeitsteilung der Eltern. Die Arbeits- und Kompetenzbereiche beider Elternteile sind streng getrennt, häufig sogar in der Freizeit. Währund für die Arbeiterfrauen Eltern und Verwandte die wichtigsten Kontaktpersonen neben dem Ehemann sind, verbringen die Männer die Freizeit meist mit Freunden außerhalb der Familie.[286]

Je stärker die Trennung in den Rollenbeziehungen der Ehepartner ist, desto stärker ist auch die »Trennung« beim sexuellen Kontakt.[287] Hinzu kommt die häufig fehlende oder ungenügende Familienplanung in der Unterschicht. Die Spannung der Ehepartner nimmt zu, je mehr der Frau die alleinige Verantwortung für die Empfängnisverhütung überlassen wird. Die Frau muß sich als Sexualobjekt des Mannes empfinden; ihre negative Einstellung der Sexualität gegenüber drückt sich daher nicht nur in ihrer Beziehung zu ihrem Mann aus[288], sondern wird auch den Kindern vermittelt, vor allem den Mädchen. Diese Vermittlung reicht von der Erziehung zu Ordnung und Reinlichkeit bis zur Warnung vor den »schlechten« Männern.

Die mangelnde Solidarität der Eltern und die Dominanz der Mutter in der Kindererziehung stellen eine besondere Schwierigkeit für die Geschlechtsrollenidentifikation der Kinder dar. Vor allem dann, wenn der Vater kein geeignetes Identifikationsobjekt für den Jungen und kein geeignetes Liebesobjekt

285 Vgl. *Sozialisation und kompensatorische Erziehung*, FU Berlin, 1969, S. 128.

286 Vgl. Rainwater, L. u. a., *Working man's wife, her Personality, World and Life-Style*, N.Y., 1959, nach Hack, *Das subkulturelle Milieu der Arbeiterklasse*, Berlin WS, 1969/70, S. 4 ff.

287 Reiche, R., *Sexualität und Klassenkampf*, Frankfurt a. M. 1968, S. 53.

288 Rainwater stellte fest, daß Frauen, deren sexuelle Befriedigung durch dauernde Angst vor Schwangerschaft beeinträchtigt ist, ihre Männer generell als rücksichtslos und aggressiv empfinden und eine ausgeprägte Abneigung gegen die Sexualität haben. Vgl. Rainwater, L., *And the Poor Get Children*, Chicago 1960, nach Hack, *Das subkulturelle Milieu der Arbeiterklasse*, Berlin WS, 1969/70, S. 5.

für das Mädchen darstellt, wenn überdies die Mutter nicht auf ihn als Vorbild verweist, sondern Verachtung für ihn zeigt, wird auch die Ablösung von der Mutter erschwert. Hinzu kommt, daß die Mütter selbst – erst recht, wenn sie nicht berufstätig sind – die Kinder an sich binden, da sie ihren wichtigsten Lebensinhalt bilden, und, bei fehlender Übereinstimmung mit dem Mann, versuchen, die Kinder zu ihren ›Bundesgenossen‹ zu machen.

Die Ablösung des Jungen von der Mutter kann nur erfolgen durch Abwehr aller weiblichen Strebungen, die sich bisweilen zu einer rigiden »aufgesetzten« Männlichkeit verfestigt. Die Integration in die »peer-groups«, in denen betont »männliches« Verhalten die Norm ist, hilft ihm, die Abhängigkeit von der Mutter zu überwinden. Mädchen dagegen haben diese Möglichkeit nur selten; sie bleiben im allgemeinen lange an die Mutter gebunden. Auch die frühen heterosexuellen Beziehungen (die häufig nur kompensatorischen Charakter haben[289]) ändern daran nichts.

Die psychischen Dispositionen des Mädchens aus der Unterschicht, die aus dieser starken Mutterbindung bzw. den erschwerten Bedingungen der Ablösung von der Mutter resultieren – das Bedürfnis nach Anlehnung, der Verzicht auf Aggressivität und Aktivität, die Regressionsbereitschaft und die geringe Ambivalenztoleranz –, kommen nicht nur den späteren Tätigkeitsmustern der Frau im familialen Bereich entgegen, sondern auch den Anforderungen einer restriktiven Arbeitsplatzsituation. Wir haben in den vorangegangenen Kapiteln bereits das Verhalten der erwerbstätigen Frauen am Arbeitsplatz dargestellt. Es soll nun abschließend kurz gezeigt werden, welche besonderen Funktionen die in der Sozialisation angelegten Reaktions- und Abwehrformen über die Reproduktion des in der frühen Kindheit erlernten Verhaltens hinaus haben.

Die Charakteristika der Frauenarbeit: fehlende Qualifikation (Bindung an die Funktionsfähigkeit des Körpers), Minderentlohnung und diskriminierende Arbeitsbedingungen, aktivieren die Inferioritätsgefühle der Frau. Selbstbestätigung, Initiative und Verantwortung läßt der Arbeitsprozeß kaum zu. Auch

289 Vgl. Reiche, R., a.a.O., S. 51.

hier kann das Selbstbewußtsein nur aus der sozialen Zuwendung anderer (z. B. Vorgesetzter) bezogen werden, die freilich nur als »Bestechungsprämie« verstanden werden kann, d. h. als Forderung nach Verzicht auf Kritik und Widerstand. Den Aggressionshemmungen und der fehlenden Leistungs- und Konkurrenzmotivation der Frau steht im Betrieb der Mangel an Aufstiegsmöglichkeiten gegenüber, so daß sie auch hier wieder auf Passivität und Abhängigkeit verpflichtet wird. Die minimale körperliche Mobilität am Arbeitsplatz, die Isolation und die permanente Wiederholung gleichförmiger Handgriffe führen zur Verselbständigung der physischen Tätigkeit und werfen »die psychischen Bewegungen ständig auf ihren Ausgangspunkt« zurück. Die Akkordarbeit als »Regressionsinstrument«[290] verstärkt das »Rückzugsverhalten« der Frau. Der Charakter der Fluchtmechanismen – Tagträume oder Krankheitsentwicklung – zeigt jedoch, daß die Frauen, bei aller Regressions- und Introversionsneigung, an Wünschen und Vorstellungen von Selbstentfaltung als berechtigten Ansprüchen festhalten. Daß die Tagträume »mit der Zeit gehen« und von ihr eine »Zeitmarke«[291] empfangen, bedeutet letztlich, daß die Wünsche nicht völlig irreal sind, sondern ebenso eine Beziehung zu konkreten Verwirklichungsmöglichkeiten haben, wie sie »die Wiederherstellung der Unabhängigkeit der Lustgewinnung von der Zustimmung der Realität«[292] beanspruchen. Der Abzug der Aufmerksamkeit von der Außenwelt ist realitätsgerecht im Hinblick auf den Charakter der Arbeit, aber zugleich auch individueller Widerstand gegen die Anforderungen und Zwänge am Arbeitsplatz. Die Träume vom Möglichen unter Berücksichtigung der gegebenen Situation – in den genannten Äußerungsformen wie dem Traum von ökonomischer Selbständigkeit, dem Festhalten an erlebten und als befriedigend empfundenen Situationen, Wünschen für eine bessere Zukunft des Kindes[293] – korrespondieren mit dem »heimlichen Boykott«.[294]

290 Schneider, a.a.O., S. 100.
291 Freud, S., *Vorlesungen zur Einführung in die Psychoanalyse*, GW, Bd. XI, Frankfurt a. M. 1966, S. 96.
292 A.a.O., S. 387.
293 »Um den Akkord aushalten zu können, flüchten die Frauen während der Akkordarbeit in Träume, in die sie alle Sehnsüchte mit hineinträumen. Frau W. träumt von einem Eiscafé, in dem sie Besitzerin ist. [...]

Die frühkindlichen Erlebnisse und die diese beständig reproduzierenden Erfahrungen in der Familie und im Beruf haben die Frauen »gelehrt«, mit Widersprüchen zu leben, sie individuell zu bewältigen, d. h. sich anzupassen, und zwar in weit höherem Maße als die Männer. Daß sie sich dieser Unterschiede und ihrer Situation bewußt sind, zeigt sich in Bemerkungen wie denen, daß Männer eine solche Arbeit, wie sie sie täglich leisten müssen, niemals bewältigen könnten, daß sie Bandarbeit als eine Strafe empfinden und die Fabrik ein »Gefängnis«, eine »Schweißbude« und »Totengrube« sei.[295] »Die Wut gegen die Unterdrückung und Ausbeutung ist im Betrieb ständig gegenwärtig.«[296] Sie bezieht sich jedoch meist auf Personen – die Kollegen, den Vorarbeiter, den Chef –, nicht auf die Organisation der Arbeit selbst. Sie wird daher in momentanen Ausbrüchen »abreagiert«; zu einer aktiven Auseinandersetzung mit der Umwelt kommt es nicht. So haben die »Freiheitsbeweise« der Frauen, die sich manifestieren in antiautoritärem Verhalten gegenüber dem Vorgesetzten, gerade die Funktion, die tatsächliche Unterdrückung zu verleugnen. Regressionsversuche wie Tagträume und – bei langer Akkorderfahrung – Flucht in die Krankheit bezeugen dieses Interesse, die Konflikte nicht bewußt werden zu lassen, und gleichzeitig den Kompromiß mit den Triebansprüchen, die sich, wenn auch in angepaßten Formen des Widerstands, gleichwohl durchsetzen. Daß die einzelne Frau außerstande ist, die Auseinandersetzung mit der gesellschaftlichen Realität zu führen, entspricht ihrer vermuteten und wirklichen Ohnmacht. Sie kann sich erst dann aktiv mit den sie unterdrückenden Lebensbedingungen auseinandersetzen, wenn sie ihre Interessen als kollektive erfährt und deren Durchsetzung kollektiv zu organisieren gelernt hat.

Frau L. träumt von den Verhältnissen, die sie vor ihrer Ehe hatte, und wie alles geworden wäre, wenn sie nicht ihren, sondern einen anderen Mann geheiratet hätte.« Herzog, M., a.a.O., S. 118.

294 Schneider, P., a.a.O., S. 84.

295 Deppe, F. u. Lange, H., *Zur Soziologie des Arbeiter- und Klassenbewußtseins* (II), 1971, S. 804.

296 Schneider, P., a.a.O., S. 109.

Anhang

Tabelle 1

Bevölkerung und Bevölkerungsbewegung.
Quelle: *Statistisches Jahrbuch 1971*, S. 15

Gegenstand der Nachweisung	*) Einheit	1962	1963	1964	1965	1966	1967	1968	1969	1970
		Bevölkerung und Bevölkerungsbewegung								
Wohnbevölkerung	D 1 000	56 938	57 587	58 266	59 012	59 638	59 873	60 184	60 848	61 508
männlich	D 1 000	26 858	27 226	27 595	28 032	28 367	28 413	28 558	28 966	29 402
weiblich	D 1 000	30 080	30 362	30 671	30 979	31 270	31 460	31 627	31 882	32 107
Eheschließungen	JS 1 000	531	508	506	492	485	483	444	447	444
Gerichtliche Ehelösungen	JS 1 000	50	51	56	59	59	63	65	73	...
Lebendgeborene	JS 1 000	1 019	1 054	1 065	1 044	1 050	1 019	970	903	811
Gestorbene	JS 1 000	645	673	644	678	686	687	734	744	735
Geburtenüberschuß	JS 1 000	374	381	421	367	364	332	236	159	76
Zuzüge über die Grenzen	JS 1 000	607	646	764	840	746	432	686	1 012	1 072
Fortzüge über die Grenzen	JS 1 000	355	454	486	496	614	609	408	440	498
Zu- (+) bzw. Abwanderungsüberschuß (–)	JS 1 000	+ 252	+ 193	+ 278	+ 344	+ 132	— 177	+ 278	+ 572	+ 574
Wanderungen innerhalb des Bundesgebietes	JS 1 000	3 380	3 417	3 576	3 600	3 692	3 613	3 618	3 666	2 645

*) D = Durchschnitt
JS = Jahressumme

Tabelle 2

Weibliche Wohnbevölkerung nach Altersgruppen und Familienstand.
Quelle: *Statist. Jahrbuch 1971*, S. 38

Alter von ... bis unter ... Jahren	ledig		verheiratet		verwitwet		geschieden	
	1 000	%	1 000	%	1 000	%	1 000	%
unter 15	6 925,3	100	—	—	—	—	—	—
15—20	1 887,1	95,9	79,3	4,0				
20—25	907,0	49,4	912,7	49,7				
25—30	343,1	15,7	1 793,8	81,8	227,6	0,3	126,5	1,5
30—35	207,1	8,9	2 039,1	87,6				
35—40	150,4	8,1	1 635,1	87,5				
40—45	173,1	8,6	1 706,6	84,9	87,1	2,2	125,2	3,2
45—50	223,5	10,0	1 767,6	79,3				
50—55	129,2	8,9	1 037,2	71,7	365,8	10,0	152,3	4,1
55—60	183,8	8,3	1 382,0	62,7				
60—65	191,6	9,0	1 181,3	55,5	1 217,3	28,1	174,1	4,0
65—70	191,4	10,6	833,3	46,0				
70—75	161,0	11,4	480,9	34,1	1 459,1	45,3	93,6	2,9
75 und mehr	188,2	11,3	279,5	16,8	1 165,2	70,0	30,9	1,9
insgesamt	11 861,9	37,1	15 128,2	47,3	4 322,0	13,5	702,5	2,2

Tabelle 3

Erwerbspersonen im April 1970 nach Altersgruppen sowie Erwerbsquoten.*

Quelle: *Statist. Jahrbuch 1971*, S. 122

Alter von … bis unter … Jahren	Erwerbspersonen: insgesamt	männlich	weiblich: zusammen	weiblich: ledig	weiblich: verheiratet	weiblich: verwitwet/geschieden	Erwerbsquoten[1]: männlich	weiblich: zusammen	weiblich: ledig	weiblich: verheiratet	weiblich: verwitwet/geschieden
	1 000						%				
15—20	2 242	1 188	1 054	1 008	45	/	55,4	53,6	53,4	58,1	85,7
20—25	2 934	1 670	1 264	757	493	14	85,9	69,8	84,2	55,1	79,2
25—30	2 868	1 892	976	258	680	38	92,9	51,1	86,4	43,5	79,9
30—35	3 620	2 530	1 090	190	836	64	98,4	45,4	88,5	39,8	76,5
35—40	2 908	2 032	876	137	680	60	98,8	46,2	89,0	41,1	70,3
40—45	2 974	1 998	976	157	725	94	98,5	48,4	90,5	42,3	71,8
45—50	2 710	1 626	1 084	198	734	152	96,8	48,9	88,9	41,7	64,9
50—55	1 799	1 088	711	121	427	163	95,1	44,8	84,8	37,5	52,8
55—60	2 201	1 403	799	138	419	241	89,2	37,2	76,5	31,1	39,1
60—65	1 726	1 223	503	93	234	177	74,7	22,5	46,7	18,8	22,3
65—70	646	444	203	42	86	75	30,6	10,7	20,9	9,8	9,2
70—75	246	152	94	18	35	41	15,7	6,2	10,0	6,8	5,0
75 und mehr	122	76	47	12	9	26	7,6	2,5	5,7	2,9	1,9
Insgesamt[2]	27 011	17 328	9 683	3 135	5 402	1 146	59,1	30,2	27,0	35,6	21,6

* Ergebnis des Mikrozensus. — Einschl. Soldaten.

1 Anteil der Erwerbspersonen an 100 Personen der Wohnbevölkerung entsprechenden Alters, Geschlechts und Familienstandes.

2 Die den »Insgesamt-Quoten« zugrunde liegende Zahl der Erwerbspersonen enthält auch eine geringe Zahl von 13- und 14jährigen Erwerbspersonen; spezifische Erwerbsquoten für diese Altersgruppe werden wegen des relativ hohen Stichprobenfehlers jedoch nicht ausgewiesen.

Tabelle 4
Familienstand weiblicher Erwerbspersonen
Quelle: *Frauenerwerbsarbeit* ...[1]

1950				
	ledig	4,0 Mill.	=	53,8 %
	verheiratet	2,7 Mill.	=	36,4 %
	verwitwet/geschieden	0,7 Mill.	=	9,8 %
	insgesamt	7,4 Mill.	=	100 %
1961				
	ledig	4,1 Mill.	=	44,0 %
	verheiratet	4,3 Mill.	=	46,2 %
	verwitwet/geschieden	0,9 Mill.	=	9,8 %
	insgesamt	9,3 Mill.	=	100 %
1968				
	ledig	3,3 Mill.	=	34,8 %
	verheiratet	5,1 Mill.	=	53,2 %
	verwitwet/geschieden	1,2 Mill.	=	12,0 %
	insgesamt	9,6 Mill.	=	100 %

1 *Frauenerwerbsarbeit* ... a.a.O., S. 14.

Tabelle 5

Frauen im April 1970 nach Altersgruppen, Familienstand, Beteiligung am Erwerbsleben und Kinderzahl*

Quelle: *Statist. Jahrb. 1971*, S. 128

1 000

Alter von ... bis unter ... Jahren – Zahl der Kinder	Insgesamt Erwerbstätige zusammen	Insgesamt Erwerbstätige dar. außerh. der Land- u. Forstwirtsch.	Insgesamt Erwerbslose/Nichterwerbspersonen	Verheiratet Erwerbstätige zusammen	Verheiratet Erwerbstätige dar. außerh. der Land- u. Forstwirtsch.	Verheiratet Erwerbslose/Nichterwerbspersonen	Verwitwet oder geschieden Erwerbstätige zusammen	Verwitwet oder geschieden Erwerbstätige dar. außerh. der Land- u. Forstwirtsch.	Verwitwet oder geschieden Erwerbslose/Nichterwerbspersonen	Ledig Erwerbstätige zusammen	Ledig Erwerbstätige dar. außerh. der Land- u. Forstwirtsch.	Ledig Erwerbslose/Nichterwerbspersonen
Insgesamt												
15—25	2 188	2 098	1 443	528	501	438	14	13	—	1 647	1 584	1 002
25—35	1 993	1 806	2 234	1 493	1 319	2 157	98	97	28	402	389	49
35—45	1 807	1 521	2 061	1 390	1 122	1 970	149	145	63	267	254	28
45—55	1 755	1 486	2 015	1 154	922	1 741	309	293	231	292	271	43
55 und mehr	1 592	1 168	7 820	781	503	3 499	555	448	3 715	257	217	606
Insgesamt	9 335	8 079	15 573	5 346	4 368	9 805	1 124	997	4 040	2 865	2 715	1 728
mit Kindern ohne Altersbegrenzung												
15—25	232	211	378	201	182	370	8	8	—	23	22	6
25—35	1 087	923	2 048	995	834	2 018	60	59	24	31	30	5
35—45	1 222	963	1 852	1 107	853	1 798	90	87	50	25	24	—

45—55	895	685	1 324	738	540	1 218	133	122	103	24	23	—
55 und mehr	381	225	1 147	261	139	731	113	80	409	7	6	7
Zusammen	3 817	3 007	6 750	3 302	2 547	6 136	405	356	587	110	104	26
1 Kind	1 824	1 598	2 869	1 482	1 287	2 442	247	221	410	95	90	17
2 Kinder	1 213	942	2 300	1 090	832	2 183	113	100	112	10	10	5
3 und mehr Kinder	780	468	1 581	730	428	1 512	45	35	65	5	—	—
mit Kindern unter 18 Jahren												
1 Kind	1 546	1 360	2 120	1 329	1 155	2 018	143	135	91	74	71	11
2 Kinder	927	716	1 876	864	657	1 831	56	52	41	7	7	—
3 und mehr Kinder	552	329	1 208	529	308	1 174	20	18	31	—	—	—
Zusammen	3 025	2 406	5 204	2 722	2 120	5 023	219	205	163	84	80	18
mit Kindern unter 15 Jahren												
1 Kind	1 420	1 234	2 026	1 246	1 068	1 949	109	104	68	65	63	9
2 Kinder	775	593	1 696	729	548	1 661	40	39	32	6	6	—
3 und mehr Kinder	413	241	979	396	227	955	14	12	22	—	—	—
Zusammen	2 608	2 068	4 701	2 371	1 843	4 564	164	155	122	73	70	15
mit Kindern unter 6 Jahren												
1 Kind	938	770	1 845	861	696	1 811	39	37	26	38	37	7
2 Kinder	205	138	666	199	132	657	—	—	7	—	—	—
3 und mehr Kinder	32	16	100	31	15	98	—	—	—	—	—	—
Zusammen	1 175	923	2 611	1 090	842	2 566	44	42	35	41	39	10

* Ergebnis des Mikrozensus. – Ohne Anstaltsbevölkerung.

Tabelle 6

Erwerbstätige nach Stellung im Beruf 1970.

Quelle: *Statist. Jahrbuch 1971*, S. 125

Stellung im Beruf	insgesamt		männlich		weiblich	
	1 000	%	1 000	%	1 000	%
Selbständige	2 811	10,7	2 237	79,6	574	20,4
Mithelfende Familien-angehörige	1 809	6,9	277	15,3	1 532	84,7
Beamte	1 447	5,5	1 218	84,2	229	15,8
Angestellte	7 802	29,6	4 017	51,5	3 785	48,5
Arbeiter	12 474	47,4	8 992	72,1	3 482	27,9

Tabelle 7

Armutsgrenze: Nettoeinkommen nach dem Bemessungszeitraum 1967. Zit. nach: Gräser, H. [1]

Personen je Haushalt	Nettoeinkommen pro Monat in DM
1	350
2	500
3	650
4	850
5	1 000
6 und mehr	1 200

1 Gräser, Harry, *Gibt es Armut in der Bundesrepublik?* in: *Marxistische Blätter* 5/1971, S. 64.

Tabelle 8

Erwerbstätige nach Stellung im Beruf und Nettoeinkommensgruppen 1970 (in 1 000).

Quelle: *Statist. Jahrbuch 1971*, S. 127

	männl. insg.	unter 150 DM	150—300	300—600	600—800	800—1 200	1 200—1 800
Selbständige	1 381	0,4	1,2	5,7	10,6	24,8	24,1
Beamte	1 205	—	—	2,9	10,4	40,5	31,2
Angestellte	3 950	2,1	3,4	4,1	12,1	39,6	27,9
Arbeiter	8 850	4,0	3,0	10,8	39,3	39,1	3,6
		2,9	2,7	8,0	27,5	38,1	13,9

	insg. weiblich						
Selbständige	377	6,2	9,3	20,8	18,3	19,9	12,5
Beamte	225	—	—	6,4	11,3	40,3	35,3
Angestellte	3 700	5,1	10,6	32,7	28,5	19,4	3,2
Arbeiter	3 428	6,4	19,3	55,7	16,3	2,3	—
		5,6	14,1	41,5	22,1	12,4	3,2

Tabelle 9

Vermögensbildung privater Haushalte 1962/63.
Quelle: *Wirtschaft und Statistik*, Heft 6, 1967, S. 349. Zit. nach Gräser[1]. Der Verfasser bemerkt dazu in einer Fußnote: »Obwohl diese Zahlen älteren Datums sind, haben sie an Aktualität nicht verloren. Gleitze kommt in seiner Studie zu dem Ergebnis, daß 1967 jeder Lohnabhängige in der BRD pro 100 DM Lohn sogar nur DM 3,40 real sparen konnte.«

Haushalte		Haushaltsvorstände	
ausgabefähige Einkommen in DM	Vermögensbildung in DM von 100 DM ausgabefähig	Beruf	Vermögensbildung in DM von 100 DM ausgabefähig
unter 300	0	nicht erwerbstätig	6
300—600	2	Arbeiter	7
600—800	4	Angestellter	8
800—1 200	8	Beamter	7,5
1 200—2 000	14	Landwirt	15
über 2 000	42	selbständig	34

Daraus folgt, daß eine Familie mit 800,— DM Monatseinkommen 24,— DM pro Monat vom Nettoeinkommen sparen kann, während bei 2 000,— DM Nettoeinkommen 280,— DM (= 3 360,— DM pro Jahr) gespart werden können.
Laut Sozialbericht der Bundesregierung (*Frankfurter Rundschau* vom 16. 4. 1970) liegt das Nettoeinkommen von 25 % aller Arbeiterhaushalte unter 800,— DM.

1 A.a.O., S. 63.

Tabelle 10

Lehr- und Anlernlinge in kaufmännischen Ausbildungsberufen der Industrie und des Handels [1]

	Lehrlinge insgesamt	davon Mädchen	Anlernlinge insgesamt	davon Mädchen
1962	449 728	267 183 = 59,4 %	22 143	21 604 = 97,5 %
1963	462 874	280 062 = 60,4 %	21 872	21 132 = 97,5 %
1964	465 618	281 121 = 60,3 %	22 539	21 733 = 96,4 %
1965	468 898	282 859 = 60,3 %	22 455	21 940 = 97,7 %

Tabelle 11

Lehr- und Anlernlinge in den gewerblichen Lehrberufen der Industrie[2]

	Lehrlinge insgesamt	davon Mädchen	Anlernlinge insgesamt	davon Mädchen
1962	238 900	13 335 = 5,6 %	14 231	10 820 = 76,1 %
1963	244 541	17 698 = 7,2 %	13 698	10 814 = 78,9 %
1964	240 122	18 207 = 7,5 %	13 213	10 501 = 97,4 %
1965	243 859	19 547 = 8,0 %	13 747	10 875 = 79,1 %

1 *Mädchen in Schule und Berufsausbildung. Eine Übersicht.* Zusammengestellt für die Delegierten der 6. Frauenkonferenz der IG-Metall am 31. 8. und 1. 9. 67 in Braunschweig, S. 14.
2 A.a.O., S. 15.

Tabelle 12

Schüler in Berufsfachschulen.
(Auszug)[1]

Fachrichtung	insgesamt	davon weiblich
Metallberufe ohne Metallfeinbauer	4 542	18
Metallfeinbauer	409	151
Elektriker	1 059	10

Tabelle 13

Schüler an Berufsaufbauschulen (1963–1965)[2]

Land	insgesamt	davon weiblich
Baden-Württemberg	4 343	101
Bayern	5 964	952
Berlin	1 608	65
Bremen	534	23
Hamburg	1 336	909
Hessen	5 038	206
Niedersachsen	4 839	206
Nordrhein-Westfalen	19 993	806
Rheinland-Pfalz	2 522	97
Saarland	2 025	993
Schleswig-Holstein	2 152	69
	50 355	3 321

Anteil der Mädchen: 6,6 %

1 A.a.O., S. 18.
2 Ebd.

Tabelle 14

Durchschnittsbeträge der Versichertenrenten (pro Monat)

Quelle: *Informationen* ...[1]

	Männer	Frauen	Frauen in % der Männer
	in DM		
Rentenversicherung der Arbeiter	383,37	154,52	40,3
darunter:			
Berufsunfähigkeitsrente	244,68	86,49	35,3
Erwerbsunfähigkeitsrente	329,25	120,63	36,6
Altersruhegeld (65. Lebensjahr)	414,69	166,40	40,1
Altersruhegeld (60. Lebensjahr)	440,05	213,85	48,6
Rentenversicherung der Angestellten	602,15	310,92	51,6
darunter			
Berufsunfähigkeitsrente	306,47	143,01	46,7
Erwerbsunfähigkeitsrente	445,01	220,97	49,7
Altersruhegeld (65. Lebensjahr)	641,96	323,55	50,2
Altersruhegeld (60. Lebensjahr)	654,01	426,39	65,2

Tabelle 15

Monatliche Versichertenrenten am 1. 1. 1968.

Quelle: *Informationen* ...[2]

Betrag in DM	Arbeiter		Angestellte	
	Männer	Frauen	Männer	Frauen
	Anteil in %			
unter 50	0,4	7,2	0,2	2,9
50–100	1,7	14,0	0,6	6,0
100–150	5,4	33,4	1,3	7,3
150–200	8,8	24,9	3,1	17,4
200–250	8,7	9,5	4,5	15,6
250–300	9,0	5,5	4,4	10,3
300–400	19,0	4,5	9,9	14,0
400–600	34,9	1,0	23,1	16,4
600–800	11,8	0,0	28,2	7,4
800 und mehr	0,3	0,0	24,7	2,7
insgesamt	100,0	100,0	100,0	100,0

1 *Informationen*, a.a.O., S. 10, zit. n. *WWI-Mitteilungen* 5/71, S. 134.
2 Ebd.

Tabelle 16

Gewerkschaftsmitglieder – Deutscher Gewerkschaftsbund (DGB), Deutsche Angestelltengewerkschaft (DAG), Deutscher Beamtenbund 1970.

Quelle: *Statistisches Jahrbuch 1971*, S. 140.

a) Deutscher Gewerkschaftsbund (DGB)

Stichtag 31. 12. Gewerkschaft	Mitglieder			Arbeiter		Angestellte		Beamte	
	insgesamt	männlich	weiblich	insgesamt	weiblich	insgesamt	weiblich	insgesamt	weiblich
1968	6 375 972	5 404 382	971 590	4 863 591	633 610	896 492	267 992	615 889	69 988
1969	6 482 390	5 498 316	984 074	4 926 943	635 700	930 233	275 164	625 214	73 210
1970	6 712 547	5 685 397	1 027 150	5 088 713	656 708	986 112	292 591	637 722	77 851
davon (1970):									
Bau, Steine, Erden	504 230	499 494	4 736	475 701	2 192	28 529	2 544	—	—
Bergbau und Energie	387 301	382 604	4 697	342 604	1 914	44 529	2 783	168	—
Chemie, Papier, Keramik	598 831	498 827	100 004	519 092	84 709	79 739	15 295	—	—
Druck und Papier	148 325	124 922	23 403	138 458	21 352	9 867	2 051	—	—
Eisenbahner Deutschlands	413 087	400 380	12 707	223 138	7 685	9 705	3 638	180 244	1 384
Erziehung und Wissenschaft	119 738	71 242	48 496	—	—	7 956	4 742	111 782	43 754

Gartenbau, Land- und Forstwirtschaft	46 085	44 102	1 983	40 954	1 786	2 033	195	3 098	2
Handel, Banken und Versicherungen	157 671	80 432	77 239	29 790	7 816	127 881	69 423	—	—
Holz und Kunststoff	129 721	119 693	10 028	123 023	9 272	6 698	756	—	—
Kunst	34 138	25 408	8 730	—	—	34 138	8 730	—	—
Leder	62 253	38 596	23 657	60 305	23 211	1 948	446	—	—
Metall	2 223 467	1 996 516	226 951	1 985 022	181 169	238 445	45 782	—	—
Nahrung, Genuß, Gaststätten	247 163	168 604	78 559	216 631	62 302	30 532	16 257	—	—
Öff. Dienste, Transport und Verkehr	977 031	804 134	172 897	551 516	71 341	315 649	96 664	109 866	4 892
Deutsche Postgewerkschaft	360 961	288 392	72 569	99 328	26 902	29 069	17 848	232 564	27 819
Textil-Bekleidung	302 545	142 051	160 494	283 151	155 057	19 394	5 437	—	—

b) Deutsche Angestelltengewerkschaft
(DAG)

Stichtag 30. 9. Gruppe	Mitglieder insgesamt	 männlich
1968	471 147	316 619
1969	467 796	316 300
1970	461 291	313 471
davon (1970):		
Kaufmännische Angestellte	181 010	101 969
Bank- und Sparkassenangestellte	41 607	29 266
Versicherungsangestellte	29 993	19 785
Angestellte im Öffentlichen Dienst	98 245	57 624
Technische Angestellte und Beamte	63 990	58 982
Meister	26 598	26 393
Schiffahrt	9 996	9 957
Bergbauangestellte	9 852	9 495

c) Deutscher Beamtenbund
(Gewerkschaften der Berufsbeamten)

Stichtag 30. 9.	Mitglieder
1968	717 569
1969	718 914
1970	720 974

Literaturverzeichnis

Abendroth, Wolfgang, *Sozialgeschichte der europäischen Arbeiterbewegung*, 4. Aufl., Frankfurt/M. 1968.

Abraham, Karl, *Äußerungsformen des weiblichen Kastrationskomplexes.* In: *Internat. Zsch. f. Psychoanalyse*, 7/1921, S. 422–452.

Adorno, Theodor W., *Die revidierte Psychoanalyse.* In: *Soziologica II*, Frankfurt/M. 1962 *(Frankfurter Beiträge zur Soziologie 10).*

Aktionsrat zur Befreiung der Frauen (Hrsg.), *Woman Power – Frauenmacht*, Berlin o. J.

Altvater, Elmar, *Der historische Hintergrund des Qualifikationsbegriffs.* In: *Erlanger Bildungsökonomie-Paper*, Göttingen 1970.

Autorität und Familie. Hrsg. Fromm, Erich u. a., Bd. 1, 2, Paris 1936.

Baby-Baisse und volle Kassen. In: *Der Spiegel* 26/72, Nr. 31, S. 84–87.

Bateson, Gregory u. a., *Schizophrenie und Familie*, Frankfurt/M. 1969.

Baumann, Jürgen (Hrsg.), *Das Abtreibungsverbot des § 218*, Neuwied und Berlin 1971.

Beauvoir, Simone de, *Das andere Geschlecht*, Hamburg 1968.

Bebel, August, *Die Frau und der Sozialismus*, 61. Aufl., Berlin 1964.

Benston, Magaret, *Zur politischen Ökonomie der Frauenemanzipation.* In: *Frauenemanzipation*, München 1970, S. 45 ff.

Bericht der Bundesregierung über die Lage der Familien in der Bundesrepublik Deutschland. Bundestagsdrucksache V/2532 (1968).

Bericht der Bundesregierung über die Maßnahmen zur Verbesserung der Situation der Frau, Bundestagsdrucksache VI/3689, August '72.

Bericht der Bundesregierung über die Situation der Frauen in Beruf, Familie und Gesellschaft, Bundestagsdrucksache V/909 (1966).

Bernstein, Eduard, *Die Voraussetzungen des Sozialismus und die Aufgaben der Sozialdemokratie*, Stuttgart 1902.

Biamino, Hanna, *Die Emanzipation der Frau nach Engels und Bebel — ein kritischer Rückblick aus der Sicht des Jahres 1969*, Berlin, Dipl.-Arbeit, Otto-Suhr-Inst. 1969.

Bildungsbericht 70. Bericht der Bundesregierung zur Bildungspolitik, Bonn 1970.

Binder-Wehberg, Friedelind, *Ungleichbehandlung von Mann und Frau*, Berlin 1970 (Schriften zum Sozial- und Arbeitsrecht 6).

Bloch, Ernst, *Kampf ums neue Weib.* In: *Das Argument* 22/4. Aufl. 1967, S. 49–59.

Bloch, Ernst, *Die Frau im Dritten Reich.* In: Bloch, *Politische Messungen, Pestzeit, Vormärz*, Frankfurt/M. 1970, S. 106–113.

Blos, Anna, *Die Frauenfrage im Lichte des Sozialismus,* Dresden 1930.

Bölke, Gundula, *Die Wandlung der Frauenemanzipationstheorie von Marx bis zur Rätebewegung.* Berlin (um 1970).

Bonaparte, Marie, *Passivity, masochism and feminity.* In: Ruitenbeek, Hendrik M., *Psychoanalysis and female sexuality,* New Haven 1966, S. 130–139.

Borris, Maria, *Die Benachteiligung der Mädchen in Schulen der Bundesrepublik und Westberlin,* Frankfurt/M. 1972.

Braun, Adolf, *Die Arbeiterinnen und die Gewerkschaften,* Berlin 1913 (Sozialdemokratische Frauenbibliothek 6).

Braun, Siegfried, *Zur Soziologie der Angestellten,* Frankfurt/M. 1964.

Braun-Gizycki, Lily, *Die Frauenfrage, ihre geschichtliche Entwicklung und wirtschaftliche Seite,* Leipzig 1901.

Braun-Gizycki, Lily, *Frauenfrage und Sozialdemokratie,* Berlin 1896.

Bremme, Gabriele, *Die politische Rolle der Frau in Deutschland,* Göttingen 1956 (Schriftenreihe des UNESCO-Inst. f. Sozialwiss., Köln 4).

Brückner, Peter u. a., *Psychoanalyse,* Frankfurt/M. 1968.

Brunotte, Erika-R., *Die Bildungssituation der Frauen in der Industriegesellschaft.* Hrsg. IG Metall (1969) (Arbeitsheft 212).

Brunotte, Erika-R., *Vorurteile gegenüber Frauen.* In: *Das Vorurteil als Bildungsbarriere,* Göttingen 1965, S. 258–286.

Bub, Brigitte, *Familienstruktur und geschlechtsspezifische Sozialisationsvorgänge,* Frankfurt/M. Dipl.-Arbeit Soz. 1968.

César, Christine u. a., *Die Diskriminierung der Schülerinnen. Am Beispiel der nordrhein-westfälischen Lehrpläne.* In: *Blätter f. deutsche u. internat. Politik,* 9/1970, S. 958–966.

Cieslak, Werner u. Marianne Konze, *Gewerkschaften im Kampf um die Rechte der berufstätigen Frau.* In: *Marxistische Blätter* Nr. 4, Frankfurt/M. 1972, S. 60–68.

Claessens, Dieter, *Familie und Wertsystem,* Berlin 1967.

Daten, Fakten, Hinweise zur Frauenerwerbsarbeit. Hrsg. IG Metall, Frankfurt/M. 1970.

Deppe, Frank u. Hellmuth Lange, *Zur Soziologie des Arbeiter- und Klassenkampfbewußtseins,* T. 1. In: *Das Argument* 61/1970, S. 699–715, T. 2. In: *Das Argument* 62/1970, S. 803–821.

Dessai, Elisabeth, *Hat der Mann versagt? Streitschrift für eine weibliche(re) Gesellschaft.* Reinbek 1972.

Deutsch, Helene, *On female homosexuality.* In: Ruitenbeek, Hendrik M., *Psychoanalysis and female sexuality,* New Haven 1966, S. 106–129.

Deutsch, Helene, *Der feminine Masochismus und seine Beziehung zur Frigidität.* In: *Internat. Zschr. f. Psychoanalyse* 19/1930, S. 172–184.

Deutsch, Helene, *Psychologie der Frau*, Bern 1948.

Dörner, Klaus, *Der Zwang zur Dissoziation von Lust und Leistung.* In: *Das Argument* 23/5. Aufl. 1968, S. 29–36.

Dörner, Renate, *Zum Frauenbild der Illustrierten.* In: *Das Argument* 22/4. Aufl. 1967, 41–48.

Dräger, Käthe, *Übersicht über die psychoanalytischen Auffassungen von der Entwicklung der weiblichen Sexualität.* In: *Psyche* 22/1968, S. 410–422.

Der große Duden, Bd 5: *Fremdwörterbuch*, Mannheim 1966.

Dürkop, Marlis u. Hannelore May, *Der Kampf gegen das Abtreibungsverbot.* In: *Das Argument* 67/1971, S. 706–719.

Ehe vor der Ehe. In: *Der Spiegel*, 25/1971, Nr. 13, 174–190.

Elias, Norbert, *Der Prozeß der Zivilisation*, Bd. 1, 2, Basel 1939.

Die unfertige Emanzipation. Hrsg. von Erika Wisselinck, München 1965.

Engels, Friedrich, *Die Lage der arbeitenden Klassen in England. MEW* Bd. 2, S. 225–506, Berlin 1970.

Engels, Friedrich, *Der Ursprung der Familie, des Privateigentums und des Staats, MEW* Bd. 21, S. 27–173, Berlin 1969.

Erfahrungen mit der Teilzeitarbeit der Frauen. In: *Der neue Betrieb* (Hrsg.: Studienkreis für betriebliche Personal- und Sozialpolitik e. V.), Schrift 14.

Soziologische Exkurse. Kap. 9: *Familie.* Frankfurt/M. 1956 *(Frankfurter Beiträge zur Soziologie 4).*

Die Familie in der DDR, Berlin 1969.

Fischer, Edmund, *Frauenarbeit und Familie*, Berlin 1914.

Die berufstätige Frau heute und morgen, Berlin 1966 (Schriften d. Ges. f. sozialen Fortschritt 17).

Frau – Gesellschaft – Gewerkschaft (Ergebnis eines repräsentativen Querschnitts von 1011 Arbeitnehmern über 18 Jahre, durchgeführt von INFAS 1968). In: *Frau und Arbeit* 11/1969.

Frau und Öffentlichkeit. INFAS-Report, Bad Godesberg 1965.

Die Frau und ihre Rechte – gestern und heute. Hrsg. IG Metall (Dortmund 1970) (Arbeitsheft 603 a).

Frau und Wissenschaft. Hrsg. Anita Grandke. Berlin 1968.

Frauen im Kapitalismus, Berlin 1970 (Pelagea 1).

Frauen 1968. Hrsg. Sozialdemokratische Partei Deutschlands. Bad Godesberg (um 1968).

Frauenemanzipation, München 1970 (Schriften zum Klassenkampf 10).

Frauenerwerbsarbeit – Realitäten – Konsequenzen. 7. Frauenkonferenz der IG Metall. T. 1. Berichterstattung. T. 2. Protokoll. Dortmund 1970.

Frauenhandbuch Nr. 1. Abtreibung und Verhütungsmittel. Hrsg. von ›Brot und Rosen‹, Berlin 1972.

Freud, Sigmund, *Bruchstück einer Hysterieanalyse – Fall Dora.* In: Freud, *Ges. Werke* Bd. 5, 4. Aufl. Frankfurt/M. 1968, S. 163 bis 274.

Freud, Sigmund, *Einige psychische Folgen des anatomischen Geschlechtsunterschieds.* In: Freud, *Drei Abhandlungen zur Sexualtheorie und verwandte Schriften,* Frankfurt/M. 1961.

Freud, Sigmund, *Die infantile Genitalorganisation.* In: Freud, *Ges. Werke* Bd. 13, 6. Aufl., S. 293–298, Frankfurt/M. 1969.

Freud, Sigmund, *Das Ich und das Es.* In: Freud, *Ges. Werke* Bd. 13, 6. Aufl. S. 237–289, Frankfurt/M. 1969.

Freud, Sigmund, *Massenpsychologie und Ich-Analyse,* Frankfurt/M. 1967.

Freud, Sigmund, *Das ökonomische Problem des Masochismus.* In: Freud, *Ges. Werke* Bd. 13, 6. Aufl., S. 371 ff., Frankfurt/M. 1969.

Freud, Sigmund, *Über die Psychogenese eines Falles weiblicher Homosexualität.* In: Freud, *Ges. Werke* Bd. 12, 3. Aufl., S. 271–302, Frankfurt/M. 1966.

Freud, Sigmund, *Über die weibliche Sexualität.* In: Freud, *Drei Abhandlungen . . .* Frankfurt/M. 1961.

Freud, Sigmund, *Vorlesung zur Einführung in die Psychoanalyse.* In: Freud, *Ges. Werke* Bd. 11, 4. Aufl., Frankfurt/M. 1966.

Friedan, Betty, *Der Weiblichkeitswahn oder die Mystifizierung der Frau,* Reinbek 1970.

Friedländer, Elfriede, *Zur Sexualethik des Kommunismus,* Wien 1920 (Raubdruck).

Fromm, Erich, *Die sozialpsychologische Bedeutung der Mutterrechtstheorie.* Fromm, *Analytische Sozialpsychologie und Gesellschaftstheorie,* S. 77–114, Frankfurt/M. 1970.

Fromm, Erich, *Die gesellschaftliche Bedingtheit der psychoanalytischen Theorie.* In: *Zschr. f. Sozialforschung.*

Fromm, Erich, *Das Menschenbild bei Marx,* Frankfurt/M. 1963.

Fürstenau, Peter, *Psychoanalytische Aspekte der Emanzipation.* In: *Das Argument* 23, 6. Aufl., S. 15-21, 1970.

Fürstenau, Peter, *Soziologie der Kindheit,* Heidelberg 1969.

Funke, Hans-Joachim, *Die Differenzierung der Lohnformen im westdeutschen Kapitalismus seit 1950,* unveröff. Diplom-Arbeit, Berlin 1971.

Gebauer, S., *Familie und Staat,* Heidelberg, Berlin 1961.

Geschichte der Erziehung. Red. K. H. Günther u. a., 9. Aufl. Bd. 1, 2, Berlin 1969.

Geschäftsbericht. Frauenarbeit 1968–1970. Abteilung Frauen im Bundesvorstand des Deutschen Gewerkschaftsbundes (Hrsg.), Bochum.
Geschäftsbericht des Bundesvorstandes des Deutschen Gewerkschaftsbundes 1969 bis 1971, Bochum.
Anträge und Entschließungen an den 9. Ordentlichen Bundeskongreß des DGB vom 25. Juni bis 1. Juli 1972 in Berlin, Manuskript.
Das schöne Geschlecht und die Gleichberechtigung in der DDR, Berlin 1970.
Gilgenmann, Klaus, *Begründung einer längerfristigen Arbeitsperspektive im Schwerpunkt Sozialisation.* Zum Lehr- und Forschungsprogramm des Inst. f. Soziologie der FU Berlin, Berlin 1971 (Ms.).
Gilgenmann, Klaus u. W. Doerr, *Allgemeine Bestimmungen der Familienform auf der Stufe der einfachen Warenproduktion*, Berlin 1970 (Ms.).
Gmelin, Otto u. Helene Saussure, *Bankrott der Männerherrschaft. Material zu Problemen der Frauenemanzipation.* Frankfurt/M. 1971.
Gottschalch, Wilfried, Marina Neumann-Schönwetter u. G. Soukup, *Sozialisationsforschung. Materialien, Probleme, Kritik*, Frankfurt/M. 1971.
Gräser, Harry, *Gibt es Armut in der Bundesrepublik?* In: *Marxistische Blätter*, 8/1970, H. 5, S. 59–66.
Greenacre, Phyllis, *Special Problems of early female sexual development.* In: *Child Development*, 5/1950, S. 122.
Gurland, Arkadij, *Marxismus und Diktatur*, Leipzig 1930.
Habermas, Jürgen, *Strukturwandel der Öffentlichkeit*, 2. Aufl. Neuwied, Berlin 1965.
Hack, Lothar, *Das subkulturelle Milieu der Arbeiterklasse*, Paper Soz.-Inst. FU Berlin 1969/70.
Hack, Lothar u. Hartmut Neuendorff, *Zur Vermittlung von gesellschaftlichem Sein und Bewußtsein.* Paper Soz.-Inst. FU Berlin 1969.
Hähnle, Walter, *Die Gleichberechtigung der Frau ist keine soziale Realität.* In: *Radius*, Juni 1969, H. 2, S. 37–44.
Haensch, Dietrich, *Repressive Familienpolitik*, Reinbek 1969.
Haensch, Dietrich, *Zerschlagt die Kleinfamilie.* In: *Sozialistische Politik* H. 4/1969, S. 81–88.
Haufs-Brodersen, Christa M., *Familie und politische Sozialisation*, Berlin FU, Dipl.-Arbeit Soz. 1969.
Heckhausen, H., *Förderung der Lernmotivierung und der intellektuellen Tüchtigkeit.* In: *Begabung und Lernen*, 1969.

Heinrich, Klaus, *Geschlechterspannung und Emanzipation.* In: *Das Argument* 23, 6. Aufl., S. 22–25.
Heinsohn, Gunnar, *Vorschulerziehung und Kapitalismus,* Frankfurt/M. 1971.
Herkommer, Sebastian, *Gesellschaftsbild und politisches Bewußtsein.* In: *Das Argument* 50/1969, S. 208–222.
Herkommer, Sebastian, *Rationalisierung und Mechanisierung in der industriellen und öffentlichen Verwaltung – Alternativen zum ›Sachzwang‹?* In: *Futurum* 3/1970, S. 182–215.
Herkommer, Sebastian, *Zur Situation von Arbeitern und Angestellten.* In: *Politische Vierteljahresschrift* 9/1968, S. 129–141.
Herrmann, Monika, *Unterschiede zwischen Mann und Frau in der Reaktion auf Arbeitsbedingungen,* Berlin FU, Dipl.-Arbeit Soz. 1967.
Herzog, Marianne, *Akkordarbeiterinnen bei AEG/Telefunken.* In: *Kursbuch* 21/1970, S. 110–127.
Heß, Peter, *Monopole, Staat und das Problem des gesellschaftlichen Fortschritts im gegenwärtigen Kapitalismus.* In: *Marxistische Blätter,* Sonderh. 1/1967, S. 17–30.
Höhn, Elfriede, *Das berufliche Fortkommen der Frau,* Bad Harzburg, Frankfurt/M. 1964.
Hoernle, Erwin, *Grundlagen proletarischer Erziehung,* Darmstadt 1969.
Hörz, Helga, *Die Frau als Persönlichkeit,* Berlin 1968.
Hofbauer, Hans, Ursula Bintig und Werner Dadzio, *Die Rückkehr von Frauen in das Erwerbsleben.* In: *Mitteilungen* des Instituts für Arbeitsmarkt und Berufsforschung Erlangen, Nr. 9, August 1969. S. 313–733.
Holzer, Dagmar u. a., *Frauenemanzipation in der BRD.* In: *Kürbiskern,* 1/1971, S. 120–134.
Horkheimer, Max, *Autorität und Familie,* Bd. 1. Paris 1936, S. 3–76.
Horney, Karen, *The Denial of the vagina.* In: Ruitenbeek, H. M., *Psychoanalysis and female sexuality,* New Haven 1966, S. 73–87.
Horney, Karen, *Flight from womanhood.* In: Horney, *Feminine psychology,* New York 1967.
Horney, Karen, *Zur Genese des weiblichen Kastrationskomplexes.* In: *Internat. Zschr. f. PSA,* 9/1923, S. 12–26.
Horney, Karen, *The Problem of feminine masochism.* In: Horney *Feminine psychology,* New York 1967.
Horney, Karen, *New Ways in psychoanalysis,* New York 1939.
Huffschmid, Jörg, *Die Politik des Kapitals,* Frankfurt/M. 1969.
Huffschmid, Jörg, u. a., *Die Widersprüche des westdeutschen Kapitalismus und die Wirtschaftspolitik der SPD.* In: *Kursbuch,* 21/1970, S. 37–80.

Huisken, Frerk, *Versuch einer kurzgefaßten Darstellung marxistischer Kategorien, die zur Kritik der bürgerlichen Bildungsökonomie dienen können.* In: *Erlanger Bildungsökonomie – Paper.* Göttingen 1970.

Statistisches Jahrbuch für die Bundesrepublik Deutschland, Stuttgart/Mainz 1971.

Jaide, Walter, *Junge Arbeiterinnen,* München 1969.

IG Metall Bundesvorstand, Abt. Bildungswesen, *Fallstudie 001: Bericht über eine Befragung von Arbeiterinnen aus einem Betrieb der Metallindustrie,* 1967.

Ihrer, Emma, *Die Arbeiterinnen im Klassenkampf,* Hamburg 1898.

Ihrer, Emma, *Die Organisation der Arbeiterinnen Deutschlands, ihre Entstehung und Entwicklung,* Berlin 1893.

Informationen zur Wirtschaftsentwicklung und Lage der Arbeiterklasse. Hrsg. Inst. für Marxist. Studien u. Forschungen (IMSF) Frankfurt/M., Nr. 2. Juni 1972.

Jochimsen, Luc, *Frauen in der Bundesrepublik: Die Mehrheit, die sich als Minderheit verhält.* In: *Kursbuch,* 17/1969. S. 90–97.

Jochimsen, Luc (Hrsg.), *§ 218. Dokumentation eines 100jährigen Elends,* Hamburg 1971.

Dritter Jugendbericht. Hrsg.: Der Bundesminister für Jugend, Familie und Gesundheit, Bonn 1972.

Jung, Heinz, *Computer und Angestellte.* In: Marxistische Blätter, 6/1968, H. 3, S. 63–66.

Jung, Heinz, *Zur Diskussion um den Inhalt des Begriffs ›Arbeiterklasse‹ und zu Strukturveränderungen in der westdeutschen Arbeiterklasse.* In: *Argument* 61/1970, S. 665–698.

Junker, Reinhold, *Die Lage der Mütter in der Bundesrepublik Deutschland. Ein Forschungsbericht.* 3 Bde., Frankfurt/M. 1965 bis 1968.

Kätsch, Elke Maria, *Langfristige Bestimmungsgründe für die Erwerbstätigkeit verheirateter Frauen,* Köln und Opladen 1965.

Kagan, J., *The Acquisition and significance of sextyping and sex role identity.* In: Hoffman, M. C. u. Hoffman, L. W., *Review of child development research,* New York 1964, S. 137–167.

Karras, Heinz, *Die Grundgedanken der sozialistischen Pädagogik in Marx' Hauptwerk ›Das Kapital‹.* Hrsg. RZS-Pädagogik Hannover (um 1971) (Raubdruck).

Kaufhold, Bernhard u. a., *Veränderungen in der Qualifikationsstruktur der Industriearbeiterschaft.* In: *Berichte des Inst. für Internat. Politik und Wirtschaft* – IPW, 2/1972, S. 15 ff.

Kern, H. u. M. Schumann, *Industriearbeit und Arbeiterbewußtsein.* (RKW, *Wirtschaftliche und soziale Aspekte* ..., Bd. 8, 1. 2.) Frankfurt 1970.

Kohler, Hans und Lutz Reyher, *Erwerbstätigkeitsphasen der Frauen.* In: Sonderdruck aus: *Mitteilungen* aus der Arbeitsmarkt- und Berufsforschung, Stuttgart 3. Jg./1970, Nr. 3, S. 286–297.
Kolb, Klaus (Hrsg.), *Ausbeutung. Ich arbeite bei der Post,* Berlin 1972.
Kollontai, Alexandra, *Autobiographie einer sexuell emanzipierten Kommunistin*, München 1970.
Kollontai, Alexandra, *Die neue Moral der Arbeiterklasse*, 2. Aufl. Berlin 1920 (Raubdruck).
Konrad, Regina, *Die Frauenarbeit des Deutschen Gewerkschaftsbundes*, Berlin FU, unveröff. Dipl.-Arbeit Soz. 1971.
Konze, Marianne (Hrsg.), *Für die Befreiung der Frau*, Frankfurt/M. 1972.
Krais, Beate, *Familienorientierte Erziehung oder berufsbezogene Ausbildung: Zur Problematik der Mädchenausbildung an Gymnasien*, Berlin FU. Dipl.-Arbeit Soz. 1969.
Kroeber-Keneth, L., *Frauen unter Männern*, Düsseldorf 1955.
Kuczynski, Jürgen, *Die Bewegung der deutschen Wirtschaft von 1800 bis 1946*, Meisenheim 1948.
Kuczynski, Jürgen, *Studien zur Geschichte der Lage der Arbeiterin in Deutschland von 1700 bis zur Gegenwart*, Berlin 1963.
Kuhlmann, Henning, *Gesellschaftspolitische Aspekte in der Lehrlingsausbildung am Beispiel der Stufenpläne in der Metallindustrie*, Berlin 1971.
Kuhrig, Hertha, *Zur Entwicklung sozialistischer Familienbeziehungen in der Deutschen Demokratischen Republik.* In: *Einheit*, 8/1962, S. 38–50, u. *Einheit* 9/1962, S. 101–111.
Läge, Helga, *Die Industriefähigkeit der Frau*, Düsseldorf 1962. (Schriftenreihe d. Landesvereinigung d. industr. Arbeitgeberverb. Nordrh.-Westf. 17)
Die Lage der Arbeiterin im Spätkapitalismus. Autorenkollektiv am Psych. Inst. der FU Berlin, Berlin 1970.
Lange, Helene, *Die Frauenbewegung in ihren modernen Problemen*, Leipzig 1908.
Lenin, W. I., *Über die Aufgaben der proletarischen Frauenbewegung.* In: Lenin, *Werke*, Bd. 30, S. 23–29.
Lenin, W. I., *Zum vierten Jahrestag der Oktoberrevolution.* In: Lenin, *Über Kultur und Kunst*, S. 401 ff., Berlin 1960.
Lisop, Ingrid, *Die Situation der berufstätigen Frau in der Industriegesellschaft.* Hrsg. IG Chemie-Papier-Keramik, Hannover (um 1967).
Lukács, Georg, *Geschichte und Klassenbewußtsein*, Neuwied, Berlin 1970.
Luxemburg, Rosa, *Sozialreform oder Revolution?* In: Luxemburg, *Politische Schriften*, S. 5–99. Leipzig 1970.

Lynn, David B., *Sex role and parental idetification.* In: *Child Developm.* 1962, S. 555–564.
Maccoby, Eleanor E., *The Development of sex differences*, Stanford 1966.
Mädchen in Schule und Berufsausbildung. Zusammengest. f. die 6. IG Metall-Frauenkonferenz. Braunschweig 1967 (Ms.).
Maeder, Paula, *Die gesellschaftliche Situation der Frau,* Hannover 1968.
Mandel Ernest, *Marxistische Wirtschaftstheorie*, Frankfurt 1968.
Manheim, Ernst, *Beiträge zu einer Geschichte der autoritären Familie.* In: *Autorität und Familie*, Bd. 2, Paris 1936, S. 523–574.
Sie werden doppelt ausgebeutet! Zur Situation der erwerbstätigen Frau in der BRD. In: *Marburger Blätter* Nr. 8/1971 – Jg. 22, S. 8–14.
Marx, Karl, *Brief an Kugelmann vom 12. 12. 1868.* In: *MEW*, Bd. 32, Berlin 1965, S. 582.
Marx, Karl u. Friedrich Engels, *Die heilige Familie*, Berlin 1965.
Marx, Karl, *Die Frühschriften*, Stuttgart 1964.
Marx, Karl u. Friedrich Engels, *Die deutsche Ideologie, MEW* Bd. 3, Berlin 1969.
Marx, Karl, *Zur Judenfrage*, In: Marx, Engels, Studienausgabe Bd. 1, S. 31–60, Frankfurt/M. 1966.
Marx, Karl, *Das Kapital* Bd. 1, *MEW* Bd. 23, Berlin 1970.
Marx, Karl, *Kritik des Gothaer Programms*, Berlin 1969.
Marx, Karl, *Lohn, Preis und Profit.* 11. Aufl. Berlin 1968.
Marx, Karl, *Lohnarbeit und Kapital.* 11. Aufl. Berlin 1970.
Marx, Karl u. Friedrich Engels, *Manifest der Kommunistischen Partei*, Moskau 1970.
Marx, Karl, *Texte zu Methode und Praxis.* Bd. 2, Reinbek 1966.
Masters, W. H. u. V. E. Johnson, *Die sexuelle Reaktion*, Ffm. 1967.
Maxson, Rhea, *Warum sind Frauen erwerbstätig?* Bad Godesberg 1952.
Meinhof, Ulrike M., *Frauen sind billiger.* T. 1. in: *Frankfurter Hefte* 22/1967, S. 349–356; T. 2. in: *Frankfurter Hefte* 22/1967, S. 401–408.
Menschik, Jutta, *Gleichberechtigung oder Emanzipation? Die Frau im Erwerbsleben der Bundesrepublik*, Frankfurt/M. 1971.
Merfeld, Mechthild, *Die Emanzipation der Frau in der sozialistischen Theorie und Praxis*, Reinbek 1972.
Metscher, Thomas, *Zum Strukturwandel von Autorität und Familie.* In: *Das Argument* 22, 4. Aufl. 1967, S. 26–33.
Meusel, Alfred, *Die Familie in der deutschen Gesellschaftsauffassung seit 1933.* In: *Autorität und Familie*, Bd. 2, Paris 1936, S. 753 bis 770.

Mikrozensuszusatzbefragung. In: *Wirtschaft und Statistik* 1971, 3.
Mitchell, Juliet, *Frauen: die längste Revolution*, In: *Frauenemanzipation*, 1970, S. 7–44.
Mitteilungen des Instituts für Arbeitsmarkt- und Berufsforschung, Erlangen 1968 ff.
Mohl, Liselotte u. Ingrid Langer-ElSayed, *Die Frau im amtlichen Schubladen*. In: *Frankfurter Hefte* 22/1967, S. 113–122.
Mohl, Liselotte, *Frauen am Gängelband der Ideologie*. In: *Frankfurter Hefte* 22/1967, S. 31–40.
Monat, Anneliese, *Sozialdemokratie und Wohlfahrtspflege*, Stuttgart 1961.
Mühlbauer-Braun, Eva, *Die Situation der Industriearbeiterin in der BRD*. In: *Kürbiskern* 6/1968, S. 43–49.
Müller, Ludmilla, *Die Nichtbewertung der Arbeit der Kinderaufzucht im Kapitalismus und ihre Folgen für das Bewußtsein der Frauen*, Berlin FU, unveröff. Dipl.-Arbeit Soz. 1972.
Müller, Wolfgang u. Neusüss, Christel, *Die Sozialstaatsillusion und der Widerspruch von Lohnarbeit und Kapital*. In: *Sozialistische Politik* 2/1970, Nr. 6/7, S. 4–67.
Müller-Braunschweig, Karl, *Die erste Objektbesetzung des Mädchens und ihre Bedeutung für Penisneid und Weiblichkeit*, In: *Psyche* 13/1959, H. 1.
Müller-Lyer, F., *Die Familie*, München 1921.
Müller-Plantenberg, Urs, *Zur Geschichte der Lage der Frauen*. In: *Das Argument* 22, 4. Aufl. 1967, S. 20–26.
Mütter und Kinder in der BRD II. Hrsg.: Bundesministerium für Familie und Jugend, Bad Godesberg 1969.
Murray, Florence H., *Die Frauen im deutschen Faschismus*. In: *Das Argument* 24, 2. Aufl. 1968, S. 19–22.
Myrdal, Alva u. Viola Klein, *Die Doppelrolle der Frau*, Köln 1961.
Neelsen, Karl, *Wirtschaftsgeschichte der BRD*, Berlin 1971.
Negt, Oskar, *Soziologische Phantasie und exemplarisches Lernen*, Frankfurt/M. 1968.
Neumann-Schönwetter, Marina, *Zur Geschlechtsrollenidentifikation*. In: Gottschalch, Wilfried u. a., *Sozialisationsforschung*, Frankfurt/M. 1971.
Offe, Klaus, *Politische Herrschaft und Klassenstruktur*, 1969 (Ms.).
Osterland, Martin, Wilfried Deppe u. a., *Materialien zur Lebens- und Arbeitssituation der Industriearbeiter in der BRD*, Zwischenbericht im Rahmen eines Projekts des SOFI Göttingen, Juni 1972.
Otto, Karl-H., *Disziplin bei Jungen und Mädchen*, Berlin 1970.
Otto, Karl-H., *Psychische Geschlechtsunterschiede im Kindes- und Jugendalter*. In: *Frau und Wissenschaft*, Berlin 1968, S. 115–118.
Otto, Karl-Heinz, *Geschlechtsspezifische Unterschiede im Disziplin-*

verhalten bei Schülerinnen und Schülern. In: *Psychologie als gesellschaftliche Produktivkraft*, Berlin 1965, S. 356 ff.
Parsons, Talcott u. Robert F. Bales, *Family*, London 1956.
Peisert, Hansgert, *Soziale Lage und Bildungschancen in Deutschland*, München 1967.
Personalführung, Bd. 1 und 2, Wiesbaden 1969–70.
Pfeil, Elisabeth, *Die Berufstätigkeit von Müttern*, Tübingen 1961.
Ploetz, Dagmar, *›Brigitte‹ oder das Geschäft mit der Frau.* In: *Kürbiskern* 1/1971, S. 65–79.
Preller, Ludwig, *Praxis und Probleme der Sozialpolitik*, 1, 2, Tübingen 1970.
Probleme der empirischen Analyse des Ausbildungssektors, Berlin FU, Paper Otto-Suhr-Inst. WS 70/71.
Sozialistische Projektarbeit im Berliner Schülerladen Rote Freiheit. Autorenkollektiv, Frankfurt/M. 1971.
Pross, Helge, *Abtreibung, Motive und Bedenken*, Stuttgart, Berlin, Köln, Mainz 1971.
Pross, Helge, *Perspektiven für die Zukunft: Untersuchungen und Maßnahmen im Anschluß an den Frauenbericht der Bundesregierung.* In: *Festschrift f. Otto Brenner*, Frankfurt/M. 1967, S. 197 bis 209.
Pross, Helge, *Über die Bildungschancen von Mädchen in der BRD*, Frankfurt/M. 1969.
Protokoll I: Erfahrungen der Arbeiterin R. D. In: *Kürbiskern* 1/1971, S. 161–168.
Radke, Olaf u. Wilhelm Rathert, *Gleichberechtigung?* Ffm. 1964.
Rainwater, Lee u. a., *Workingman's wife, her personality, world and life style*, New York 1959.
Redaktionskollektiv Gewerkschaften, *Zum Zusammenhang von Kapitalakkumulation, Veränderungen in den Formen der Profitproduktion und der Rolle neuerer Entlohnungsmethoden in der BRD*, in: *Probleme des Klassenkampfs* Nr. 4/1972.
Reich, Wilhelm, *Charakteranalyse*, Berlin 1933.
Reich, Wilhelm, *Der Einbruch der Sexualmoral*, Kopenhagen 1935.
Reich, Wilhelm, *Massenpsychologie des Faschismus*, 2. Aufl. (Kopenhagen) 1933.
Reich, Wilhelm, *Was ist Klassenbewußtsein?* Berlin 1934.
Reiche, Reimut, *Sexualität und Klassenkampf*, Frankfurt/M. 1968.
Reichenbach, R., *Langeweile und Befriedigung bei monotoner Arbeit.* In: *Mensch u. Arbeit*, 4/1952.
Richter, Horst-E., *Eltern, Kind und Neurose*, Reinbek 1969.
Richter, Horst-E., *Patient Familie*, Reinbek 1970.
Richtlinien für den Unterricht in der höheren Schule, Ratingen 1964. (Die Schule in Nordrh.-Westfalen 8).

Ritter, Henner, *Grenzen der Emanzipation von Sexualität und Familie im Spätkapitalismus.* In: *Das Argument* 50/1969, S. 299 ff.
RKW (Hrsg.), *Wirtschaftliche und soziale Aspekte des technischen Wandels in der BRD,* Frankfurt/M. 1970.
Roth, Karl H. u. Eckard Kanzow, *Unwissen als Ohnmacht,* Berlin 1970.
Rosenberg, Arthur, *Entstehung der Weimarer Republik,* Frankfurt 1970.
Rotzoll, Christa (Hrsg.), *Emanzipation und Ehe. Zehn Antworten auf eine heikle Frage.* München o. J. (ca. 1969).
Rowntree, Mickey u. John Rowntree, *Zur politischen Ökonomie der Frauenemanzipation.* In: *Frauenemanzipation,* München 1970, S. 57–62.
Rowntree, Mickey u. John Rowntree, *Weiteres zur politischen Ökonomie der Emanzipation der Frau.* In: *Frauenemanzipation,* München 1970, S. 57–62.
Rückkehr der Frau in das Erwerbsleben. Hrsg. Dt. Zentrale f. Gesundheitswesen, Frankfurt/M. 1967.
Rüger, Sigrid, *Gesellschaftliche Verwendung und Bewertung von Frauenarbeitskraft in der BRD,* Berlin FU, Dipl.-Arbeit Soz. 1970.
Rühle, Otto, *Die Sozialisierung der Frau.* In: Friedländer, E. u. a., *Zur Sexualethik des Kommunismus,* Berlin (um 1970).
Rühle, Otto, *Von der bürgerlichen zur proletarischen Revolution,* Berlin 1970.
Ruitenbeek, Hendrik M. (Hrsg.), *Psychoanalysis and female sexuality,* New Haven 1966.
Runge, Erika, *Frauen. Versuche zur Emanzipation,* Frankfurt/M. 1969.
Runge, Erika, *Bottroper Protokolle,* Frankfurt/M. 1968.
Rutenfranz, J., *Überlegungen zur arbeitsmedizinischen Bewertung sogenannter ›leichter‹ Frauenarbeiten,* Frankfurt/M. 1970.
Sachs, Hanns, *Über einen Antrieb bei der Bildung des weiblichen Über-Ich.* In: *Internat. Zschr. f. PSA,* 14/1928.
Salomon, Alice, *Die Ursachen der ungleichen Entlohnung von Männer- und Frauenarbeit,* Leipzig 1906.
Scheffler, Erna, *Die Stellung der Frau in Familie und Gesellschaft im Wandel der Rechtsordnung seit 1918,* Ffm./Berlin 1970.
Schelsky, Helmut, *Wandlung der deutschen Familie in der Gegenwart,* Dortmund 1953.
Schmidt-Kolmer, E. u. H. H. Schmidt, *Über Frauenarbeit und Familie.* In: *Einheit,* H. 12/1962.
Schmiederer, Ursula, *Emanzipation der Frauen.* In: *Das Argument,* 35/1965, S. 41–46.

Schneider, Michael, *Siemens, deine Kulis.* In: *Konkret,* Nr. 5/1971, S. 44–47.
Schneider, Peter, *Frauen bei Bosch.* In: *Kursbuch,* 21/1970, S. 83 bis 109.
Schrader-Klebert, Karin, *Die kulturelle Revolution der Frau.* In: *Kursbuch,* 17/1969, S. 1–46.
Schrickel, Karl B., *Lohnformen und technischer Fortschritt.* In: *Personalpolitik* Bd. 1., Wiesbaden 1969, S. 227–243.
Schubnell, Herman, *Die Entwicklung der Erwerbstätigkeit von Frauen und Müttern und Gründe für Veränderungen dieser Entwicklung.* Unveröff. Manuskript, Wiesbaden (um 1971).
Schwarzer, Alice, *Frauen gegen den § 218. 18 Protokolle,* Frankfurt/M. 1971.
Sexualität und Herrschaft. In: *Das Argument* Nr. 22, 23, 24, 35, 56 u. 67.
Simoleit, Hildegard, *Das Kapital schafft es.* In: *Kürbiskern* 1/1971, S. 56 f.
Simon, Dieta, *Frauenarbeit und Mädchenberufsausbildung,* Berlin FU, unveröff. Dipl.-Arbeit Soz. 1972.
Simon, Wilma, *Kritische Analysen der gegenwärtigen Auseinandersetzungen um die Reform des Eherechts.* Berlin FU, unveröff. Dipl.-Arbeit am Otto-Suhr-Institut. 1970.
So ist es geworden. Der Weg zur Gleichberechtigung der Frau in Deutschland. Hrsg. IG Metall. 2. Aufl., Dortmund 1969.
Sozialbericht 1971 der Bundesrepublik Deutschland, Bundestagsdrucksache VI/2155 (1971).
Sozialbericht 1972 der Bundesrepublik Deutschland, Bundestagsdrucksache VI/3432 (1972).
Sozialisation und kompensatorische Erziehung. Ein soziologisches Seminar an der FU Berlin SS 1968, WS 1968/69, Berlin 1969.
Sozialismus und Frauenfrage. Hrsg. Wally Zeppler. Berlin 1919.
Spitz René A., *Hospitalism.* In: *The psychoanalytic Study of the child,* 1/1945, S. 53 ff.
Staewen-Haas, R., *Identifizierung und weibliche Kastrationsangst.* In: *Psyche,* 24/1970, S. 23–39.
Steiner, Helmut, *Soziale Strukturveränderungen im modernen Kapitalismus,* Berlin 1967.
Steiner, J., *Die Familienpolitik der SED und die Familienwirklichkeit in der DDR.* In: *KZSS,* 16/1964.
Stellungnahme zum Bericht der Bundesregierung über die Situation der Frauen in Beruf, Familie und Gesellschaft. Hrsg. IG Metall, Frankfurt/M. 1967.
Strang, Heinz, *Erscheinungsformen der Sozialhilfebedürftigkeit,* Stuttgart 1970.

Strasser, I., *Frauenarbeit und Rationalisierung*, Moskau 1927.
Teilzeitarbeit von Frauen in der BRD. In: *IPW-Berichte* 2/1972.
Einführende Thesen zur Analyse des Ausbildungssektors. Darstellung und Kritik der bürgerlichen Bildungsökonomie, Berlin, Sozialwiss. Arbeitskreis 1971 (unveröff. Ms.)
Thiel, Reinhold E., *Zum Frauenbild des Films*. In: *Das Argument*. 24, 2. Aufl. 1968, S. 5–9.
Thönnessen, Werner, *Frauenemanzipation*, Frankfurt/M. 1969.
Thomas, Konrad, *Die betriebliche Situation der Arbeiter*, Stgt. 1964.
Thompson, Clara, *Some Effects of derogatory attitude towards female sexuality*. In: Ruitenbeek, Hendrik M., *Psychoanalysis and female sexuality*, New Haven 1966, S. 51–60.
Thompson, Clara, *Psychoanalysis, evolution and development*, New York 1950.
Thompson, Clara, *Psychology of woman*, Mullahy 1957.
Thompson, Clara, *Penis-envy in Woman*. In: Ruitenbeek, Hendrik M., *Psychoanalysis and female sexuality*, New Haven 1966, S. 246–251.
Tjaden-Steinhauer, M. u. K. H. Tjaden, *Zur Analyse der Sozialstruktur des deutschen Kapitalismus*. In: *Das Argument*, 61/1970, S. 645–664.
Tomberg, Friedrich, *Der Begriff der Entfremdung in den ›Grundrissen‹ von Karl Marx*. In: *Das Argument* 52/1969, S. 187–223.
Ulshoefer, Helgard, *Mütter im Beruf. Die Situation erwerbstätiger Mütter in neun Industrieländern*. Annotierte Bibliographie. PZ-Veröffentlichungen, Reihe A: Dokumentation, Bd. 9, Weinheim, Berlin, Basel 1969.
Um eine ganze Epoche voraus, Leipzig 1970.
Weber, Erich u. Walter Bitzer, *Arbeitsrechts- und Sozialfibel*, Köln 1972.
Weinmayer, Barbara, *Frauenromane in der BRD*. In: *Kürbiskern* 1/1971, S. 80–92.
Weltz, Friedrich, *Bestimmungsgrößen der Frauenerwerbstätigkeit*. In: *Mitteilungen* aus der Arbeitsmarkt- und Berufsforschung. 4. Jg/1971, S. 201 ff.
Wer am Fließband saß, steht nicht mehr im Leben. In: *Der Spiegel*, Nr. 5/1971, S. 36–50.
Winter, R., *Kein Frauenabschlag mehr*. In: *Frankfurter Hefte*, 22/1967, S. 214–216.
Wittfogel, Karl A., *Wirtschaftsgeschichtliche Grundlagen der Entwicklung der Familienautorität*. In: *Autorität und Familie*, Bd. 2., Paris 1936, S. 473–522.
Philosophisches Wörterbuch. Hrsg. Georg Klaus u. a. 6./7. Aufl. Bd. 1, 2, Berlin 1969/70.

Wurzbacher, Gerhard u. a.: *Die junge Arbeiterin*, München 1958.
Wurzbacher, Gerhard, *Leitbilder des gegenwärtigen deutschen Familienlebens*, 4. Aufl., Stuttgart 1969.
Zahn-Harnack, Agnes, *Die Frauenbewegung*, Berlin 1928.
Zetkin, Clara, *Ausgewählte Reden und Schriften*, Bd. 1–3, Berlin 1957–60.
Zetkin, Clara, *Zur Geschichte der proletarischen Frauenbewegung Deutschlands*, 3. Aufl. Berlin 1958.
Zinnecker, Jürgen, *Weibliche Schülerrolle und Emanzipation der Frau*, Berlin FU, unveröff. Diss. 1971.

Bibliothek Suhrkamp

Verzeichnis der letzten Nummern

406 André Breton, Nadja
407 Walter Benjamin, Denkbilder
409 Rainer Maria Rilke, Über Dichtung und Kunst
410 Ödön von Horváth, Italienische Nacht
411 Jorge Guillén, Ausgewählte Gedichte
412 Paul Celan, Gedichte I
413 Paul Celan, Gedichte II
414 Rainer Maria Rilke, Das Testament
415 Thomas Bernhard, Die Macht der Gewohnheit
416 Zbigniew Herbert, Herr Cogito
417 Wolfgang Hildesheimer, Hauskauf
418 James Joyce, Dubliner
419 Carl Einstein, Bebuquin
420 Georg Trakl, Gedichte
421 Günter Eich, Katharina
422 Alejo Carpentier, Das Reich von dieser Welt
423 Albert Camus, Jonas
424 Jesse Thoor, Gedichte
425 T. S. Eliot, Das wüste Land
426 Carlo Emilio Gadda, Die Erkenntnis des Schmerzes
427 Michel Leiris, Mannesalter
428 Hermann Lenz, Der Kutscher
430 Ramón del Valle-Inclán, Tyrann Banderas
431 Raymond Queneau, Zazie in der Metro
433 William Butler Yeats, Die geheime Rose
434 Juan Rulfo, Pedro Páramo
435 André Breton, L'Amour fou
436 Marie Luise Kaschnitz, Gedichte
437 Jerzy Szaniawski, Der weiße Rabe
438 Ludwig Hohl, Nuancen und Details
439 Mario Vargas Llosa, Die kleinen Hunde
440 Thomas Bernhard, Der Präsident
441 Hermann Hesse – Thomas Mann, Briefwechsel
442 Hugo Ball, Flametti
443 Adolfo Bioy-Casares, Morels Erfindung
444 Hermann Hesse, Wanderung
445 Ödön von Horváth, Don Juan
446 Flann O'Brien, Der dritte Polizist
447 Giuseppe Tomasi di Lampedusa, Der Leopard
448 Robert Musil, Törleß
449 Elias Canetti, Der Überlebende
450 Robert Walser, Geschwister Tanner

451 Alfred Döblin, Berlin Alexanderplatz
452 Gertrude Stein, Paris Frankreich
453 Johannes R. Becher, Gedichte
454 Federico García Lorca, Bluthochzeit/Yerma
455 Ilja Ehrenburg, Julio Jurenito
456 Boris Pasternak, Kontra-Oktave
457 Juan Carlos Onetti, Die Werft
458 Anna Seghers, Die schönsten Sagen vom Räuber Woynok
464 Franz Kafka, Der Heizer
465 Wolfgang Hildesheimer, Masante
466 Evelyn Waugh, Wiedersehen mit Brideshead
467 Gershom Scholem, Walter Benjamin
468 Rainer Maria Rilke, Duineser Elegien
470 Alain, Die Pflicht glücklich zu sein
471 Wolfgang Schadewaldt, Der Gott von Delphi
472 Hermann Hesse, Legenden
473 H. C. Artmann, Gedichte
474 Paul Valery, Zur Theorie der Dichtkunst
476 Erhart Kästner, Aufstand der Dinge
477 Stanisław Lem, Der futurologische Kongreß
478 Theodor Haecker, Tag- und Nachtbücher
479 Peter Szondi, Satz und Gegensatz
480 Tania Blixen, Babettes Gastmahl
481 Friedo Lampe, Septembergewitter
482 Heinrich Zimmer, Kunstform und Yoga
483 Hermann Hesse, Musik
486 Marie Luise Kaschnitz, Orte
487 Hans Georg Gadamer, Vernunft im Zeitalter der Wissenschaft
488 Yukio Mishima, Nach dem Bankett
489 Thomas Bernhard, Amras
490 Robert Walser, Der Gehülfe
491 Patricica Highsmith, Als die Flotte im Hafen lag
492 Julien Green, Der Geisterseher
493 Stefan Zweig, Die Monotonisierung der Welt
494 Samuel Beckett, That Time/Damals
495 Thomas Bernhard, Die Berühmten
496 Günter Eich, Marionettenspiele
497 August Strindberg, Am offenen Meer
498 Joseph Roth, Die Legende vom heiligen Trinker
499 Hermann Lenz, Dame und Scharfrichter
501 Andrej Belyj, Petersburg
504 Juan Rulfo, Der Llano in Flammen
505 Carlos Fuentes, Zwei Novellen
506 Augusto Roa Bastos, Menschensohn
508 Alejo Carpentier, Barockkonzert
509 Elisabeth Borchers, Gedichte
510 Jurek Becker, Jakob der Lügner

Alphabetisches Verzeichnis der edition suhrkamp